Frédéric Schwilden
TOXIC MAN

Sein Vater stirbt, er heiratet. Im Kölner Museum Ludwig eröffnet seine bisher größte Ausstellung. Der Erzähler, 29, ist auf dem Weg, einer der wichtigsten deutschen Fotografen der Gegenwart zu werden. Mit seiner Frau bekommt er das erste Kind. Er wird depressiv. Sein Cousin trinkt sich zum Organversagen und sein bester Freund verschwindet im Meer. Er selbst schlägt seinen Kopf gegen die Wand, bis er ohnmächtig wird.

Vordergründig ist es die Geschichte eines Menschen voller Privilegien. Die Eltern sind Akademiker, an den Wochenenden spielen sie Golf. Aber seine Schwester wurde als Kind wochenlang im Keller eingesperrt. Es flogen Gläser an die Wand. Es wurde geschrien und getrunken. Sein Aufwachsen in einem Dorf in Bayern war nicht blau-weiß-idyllisch. Die Wirklichkeit ist, dass man es oft noch viel schlimmer macht, wenn man alles besser machen möchte als die eigenen Eltern. Und die Wirklichkeit ist auch, dass man selbst als Mann, der Frauenkleider trägt und auf schwule Partys geht, toxisch sein kann.

»Toxic Man« ist die radikale Bilanz eines jungen Mannes, der gleichzeitig Vater, Ehemann, Freund und Künstler sein, der bewundert und geliebt werden will. Es ist die Geschichte eines der größten Probleme der Gegenwart: die Krise zeitgenössischer Männlichkeit.

Frédéric Helmut Johannes Schwilden wird 1988 in Bonn geboren und wächst in der Fränkischen Schweiz auf. Nach dem Abitur zieht er nach Berlin, studiert Gartenbau und wird Journalist. Er schrieb für *Rolling Stone* und war Reporter für das Magazin *Focus*, seit 2018 arbeitet er exklusiv für die *Welt* und *Welt am Sonntag*. Schwilden interessiert sich vor allem für zeitgenössische Kunst, Politik und deutschen Hip-Hop.

Einmal pro Woche interviewt er Politiker in seinem Podcast *7 Tage, 7 Nächte*. In seiner Kolumne »Leben mit Kids« schreibt er regelmäßig über das Vatersein. 2021 zeigt er in der Einzelausstellung »Einigkeit und Recht und Freizeit« zum ersten Mal seine Fotografien.

Frédéric Schwilden ist verheiratet, hat zwei Kinder und lebt in Erlangen.

FRÉDÉRIC SCHWILDEN

TOXIC MAN

ROMAN

PIPER

Mehr über unsere Autorinnen, Autoren und Bücher:
www.piper.de/literatur

Die Motti auf S.5 stammen aus:

KAPUTT
Text: Judith Holofernes
Musik: Judith Holofernes/Jean-Michel Tourette
Mit freundlicher Genehmigung von Wintrup Musikverlag

FREAK
Words and Music by Elizabeth Grant and Rick Nowels
Copyright © 2015 EMI MUSIC PUBLISHING LTD,
UNIVERSAL MUSIC WORKS and R-RATED MUSIC
All Rights for R-RATED MUSIC
Administered by UNIVERSAL MUSIC WORKS
All Rights Reserved
Used by Permission of Hal Leonard Europe Limited
Mit freundlicher Genehmigung der
Sony Music Publishing (Germany) GmbH

Unser Versprechen
für mehr
Nachhaltigkeit

Klimaneutrales Produkt
FSC®-zertifiziertes Papier
Hergestellt in Deutschland

FSC
www.fsc.org
MIX
Papier | Fördert
gute Waldnutzung
FSC® C014496

ISBN 978-3-492-07191-8
2. Auflage 2023
© Piper Verlag GmbH, München 2023
Umschlaggestaltung und Umschlagmotiv: Pablo Lütkenhaus
Gesetzt aus der Sabon Next LT Pro
Satz: Satz für Satz, Wangen im Allgäu
Druck und Bindung: GGP Media GmbH, Pößneck
Printed in Germany

Ich weiß, du willst abhauen
Ich weiß, du schämst dich

Wir sind Helden – *Kaputt*

Flames so hot that they turn blue
Palms reflecting in your eyes, like an endless summer
That's the way I feel for you

Lana Del Rey – *Freak*

1.

Ich sitze auf der Terrasse vor dem Haus meiner zukünftigen Schwiegereltern in den Weinbergen. Es ist Anfang August, und ich denke, dass ein Gewitter kommen wird. Riccarda schläft, und ihre Eltern sind ins Tal gefahren, um einzukaufen. Vor mir ist der Garten, der am Hang liegt. In der Mitte ist die Terrasse. Früher stand auf dem Beton-Fundament ein Pool. Danach wurden dort Spanferkel auf den Firmenfeiern von Riccardas Vater gegrillt. Ihm gehörte eine Aluminium-Firma, die Hälfte seiner 50 Mitarbeiter kam aus Frankreich. Die Firma hat er verkauft. Er ist noch stiller Teilhaber. In der unteren Garage stehen zwei Porsche 911, davor ein Tesla und in der oberen ein alter Porsche-Traktor in Rot.

Die Zigarette jedenfalls schmeckt nicht. Nach drei Zügen mache ich sie aus. Vielleicht ist es zu warm, denke ich. Vielleicht brauche ich etwas zu trinken. Ich hole mir ein kleines Bier. Kleine Biere bleiben im Verhältnis zu ihrem Volumen länger kalt, und die Kohlensäure geht nicht so schnell raus. Aber das kleine Bier schmeckt nicht.

Direkt beim ersten Schluck fühle ich mich dick. Ich spüre einen Druck um meinen Kopf. So, als ob ein Gürtel darum geschnallt wäre. Ich überlege, ob der Druck schon länger da ist und ich ihn erst jetzt bemerke oder ob dieser Druck gerade angefangen hat. Ich überlege, ob ich das Bier wegschütten soll. Ich stelle die Flasche mit dem Kronkorken darauf wieder in den Kühlschrank in der Küche und setze mich in den Liegestuhl. Ich denke darüber nach, ob das in Ordnung war, den Kronkorken wieder auf das Bier zu tun, oder einfach nur peinlich kleinbürgerlich.

Ich habe noch einen letzten Auftrag vor der Hochzeit angenommen. Die Plattenfirma hatte mich gefragt, ob ich eine Sängerin in London fotografieren wollte. Die Sängerin ist 16, ich hatte ihren Namen noch nie gehört. Sie singt von Depressionen, sagte man mir. Was ich natürlich dumm fand. Jeder vernünftige Mensch mit 16 ist doch depressiv. Sie schickten mir ein paar Videos von ihr. Und in den Augen dieses Fastnochkindes sah ich wirklich die Tragik und Schönheit des ganzen letzten Jahrhunderts der westlichen Welt. Deswegen sagte ich *Ja*. Das mit den Augen werde ich noch erklären.

Für die Fotos hat die Plattenfirma ein Studio in North Kensington gemietet. Bis heute glaube ich, dass man in Studios keine guten Fotos machen kann. Und erst recht nicht, wenn das Management, zwei Typen von der Plattenfirma, ein Stylist, eine Make-up-Frau und drei Praktikanten da rumstehen. Und meine Fotos entstehen eben nicht in Studios, sondern im Wald, oder auf Supermarktparkplätzen, eben dort, wo man sie eigentlich nicht macht.

Und jetzt denke ich, dass das vielleicht keine gute Idee war, den Auftrag anzunehmen. Ich renne durchs Haus, weil ich meine Kamera nicht finde. *Hilf mir*, ruf ich. *Hilf mir doch*. In letzter Zeit fühlte ich mich oft hilflos. Ich schreie Riccarda an. Ich weiß nicht mehr genau warum, aber es ist wohl, weil mir das alles zu viel ist. Ich schlage meinen Kopf gegen den Kühlschrank, und für einen Moment werde ich ohnmächtig. Als ich die Augen wieder öffne, sehe ich die Kamera. Sie liegt auf dem Küchentisch direkt vor mir.

Riccarda geht nach draußen, und ich sitze noch einige

Zeit auf dem Boden. Auf der Couch schlafe ich ein. Am frühen Morgen kommt das Taxi.

Der Flug ist pünktlich. Vom Flughafen fahre ich mit dem Expresszug zur Paddington Station. Es ist 7 Uhr Londoner Zeit. Je näher ich dem Zentrum komme, desto mehr Jungen und Mädchen in Schuluniformen steigen ein. In London sehen Kinder wie kleine Banker aus.

Sie tragen Kopfhörer. Meist große, teure Over-Ears mit Noise Cancelling-Funktion. Ich glaube, daran liegt das größte Problem der westlichen Welt. Es gibt keine Welt mehr, auf der alle sind. Jeder will in seiner eigenen leben, in der es nur so klingt, so aussieht, so riecht, wie man es selbst will, in der nur die politischen Gegebenheiten gelten, die das jeweilige Ich akzeptiert.

Schopenhauers wichtigster Satz ist: *Die Welt ist meine Vorstellung*. Aber heute gilt für die meisten: Meine Vorstellung ist die Welt. Egal ob Influencer, Dschihadist oder Grünen-Wählerin, wirklich alle denken so.

Menschen leben aus Bequemlichkeit in ihrer eigenen Welt. Sie hören die gleiche Musik oder Musik, die so ähnlich klingt wie ihre Musik und die ihnen deswegen von einem Algorithmus empfohlen wird. Menschen entdecken nichts Neues mehr. Und darum geht es doch eigentlich. Das Neue. Das Unbekannte. Das nie zuvor Gesehene. Mir ist es immer darum gegangen.

In unserer Gegenwart verschwimmen Schopenhauers *Meine Vorstellung ist die Welt* mit Warhols *In the future, everyone will be world-famous for 15 minutes* und Beuys' *Jeder Mensch ist ein Künstler*. Daraus entsteht das, was ich den Gott-Komplex nenne. Der Übergang der Zehner- in die Zwanzigerjahre des 21. Jahrhunderts wird rückblickend die Zeit gewesen sein, in der die Wohlstandskinder dieser Erde kollektiv glaubten (sie sprachen es natürlich nicht aus, dazu waren sie zu unreflektiert), Götter zu werden.

Das fängt damit an, dass Krankenschwestern aus Jena und Tourismuskaufmänner aus Braunschweig Fotos von Avocado-Toasts mit englischen Texten versehen auf Instagram stellen. Dort haben sie 75 Follower, die aus einem Umkreis von 25 Kilometern kommen. Meine Schwester ist Pathologin und lebt in Düsseldorf. Sie ist 33, fleißig, aber nicht überdurchschnittlich intelligent, und nach der Geburt ihres Sohnes postete sie ein Foto, wie sie seine Füße in der Hand hält, sein Kopf ist unscharf im Hintergrund, das Baby gähnt, und darunter hat sie geschrieben:

#firstmothersday
#babyboy
#endlesslove

Ich weiß wirklich, dass meine Schwester mit niemandem befreundet ist, der Deutsch nicht als Muttersprache spricht. Aber ich glaube, dass in diesem Post alles drinsteckt; die Hoffnung oder die Sehnsucht einer durchschnittlichen Person, ein Star zu sein, von dem es interessant ist, zu wissen, wie das gähnende Baby aussieht. Und gleichzeitig eine Art göttliche Omnipräsenz, die eben nicht metaphysisch spirituell, sondern digital ist.

Ich fahre die letzte Strecke von der Paddington Station zum Studio mit einem Taxi. London hat die besten Taxis. Sogar mit einem Rollstuhl kann man einfach einsteigen, oder mit einem Kinderwagen. Alle Taxen haben eine große Tür und einen Platz für so was. Ich schaue durch das Fenster auf die Gehwege vor den Hochhäusern. Die Menschen in London gehen viel schneller als in Berlin oder München, schneller als in jeder deutschen Stadt. London ist eine Stadt, in der die Menschen Geld verdienen müssen. In Berlin braucht keiner Geld. In München ist es einfach da.

Das Studio liegt in einem Wendehammer eines Industriegebiets. Ich steige aus dem Taxi und erkenne das Haus sofort. Es ist das alte Studio von Juergen Teller. Ein sinnlicher Betonkasten in einer Straße am Ende der Zivilisation. Zwischen kaputten Häusern und überwucherten Zäunen. Ich hatte das mal in einem Magazin am Flughafen gesehen. Ich drücke die Klingel. Irgendjemand öffnet die Tür und führt mich an dem schon aufgebauten Studiolicht und der Leinwand vorbei.

Sie hat hellblondblau gefärbte Haare, ihr dunkelbrauner Ansatz kommt oben schon wieder durch. Sie steht in einem viel zu großen blau-weiß-roten Marc-Jacobs-Trainingsanzug der nächsten Kollektion vor dem aufgebauten Catering und hat schlechte Laune.

How the fuck should I eat this? I am fucking glutenfree. Don't you get it?

Ich finde das absurd, aber auch schön. Ich meine, kein vernünftiger Mensch sagt mit 16, *I'm glutenfree*, und macht eine Szene, weil da ein Berg Sandwiches liegt. Und schon gar nicht, wenn eine Plattenfirma einem einen Millionenvorschuss gezahlt hat. Wer sich mit 16 nicht über Sandwiches freut, muss kaputt sein.

Aber dann wiederum, denke ich, gibt es natürlich nichts Richtigeres als das zu tun, wenn man ein Star ist, sein oder werden will. Beim Starsein geht es darum, in Erinnerung zu bleiben. Der Galerist Johann König hat einmal gesagt, er sei lieber der, der auf der Party auf den Teppich gekotzt hat, als der, der heimlich gegangen ist. Weil man sich an Letzteren niemals erinnern würde.

Ich sage also *Hi*, aber sie beachtet mich nicht. Sie stürmt an mir vorbei durch die offene Glastür und setzt sich im Innenhof auf eine Bank bei einer Wassertonne, in der Goldfische schwimmen. Daneben steht ein großer Baum. Ich stelle meine Tasche mit der Kamera auf einen Tisch und gehe hinaus. Ich zünde mir eine Zigarette an.

Hi, sage ich noch mal.

And you are the photographer? You don't have a camera with you, sagt sie.

Und ich sage: *And I didn't know that the future of music would be glutenfree.*

Sie sagt: *I'm Billie, but you know that.*

Berühmte Leute erwarten, dass man sie kennt. Sie erwarten, dass man eine Meinung zu ihnen hat. Sie sind es gewohnt, permanent Dinge gefragt zu werden. Und ihre Antworten sollen dann Platten, Filme, Kleidung oder Magazine verkaufen. Und so ist es eigentlich unmöglich, mit ihnen zu reden. Weil das, was sie sagen, keine Antworten sind, sondern Content, der irgendwas vermarkten soll. Deswegen erzähle ich, wenn ich Menschen fotografiere, immer das, was gerade in meinem Leben passiert. Nichtberühmte Menschen suchen häufig jemanden, der ihnen zuhört, aber Celebrities brauchen jemanden, der ihnen etwas erzählt. Sie können dann abschalten, müssen nicht mehr performen oder verkaufen. Menschen, deren Arbeit es ist, zu unterhalten, wollen auch mal unterhalten werden.

Und ich sage: *I'm going to be a father soon.*

Do you want that, fragt sie.

Ich meine: *There's this song by the White Stripes. We're going to be friends. That's what I'm going to play to my son on my guitar.*

Und sie fragt: *You wanna be friends with your son?*

Und ich sage: *I am going to be his father.*

Und sie sagt: *So you'll start with a lie?*

Ich schaue auf den Baum in der Mitte des quadratischen Lichthofs. Außen ist nur Beton und Glas. Der Baum überragt die Beton-Stockwerke. Er sieht aus wie ein Tier in einem viel zu kleinen Käfig. Seine Blätter sind rot und gelb.

Ich denke daran, wie meine Schwester durch den Lichtschacht aus dem Keller meinen damaligen Spitznamen rief. Ich stand oben vor der Haustür mit Frau Faller, meiner Kinderfrau, die ein Alkoholproblem hatte. Was auffiel, weil der Cognac-Dekanter zunächst leerer und dann wieder voller und der Cognac dünner wurde. *Schluppi*, rief meine Schwester aus dem Kellerfenster nach oben. Wegen *Schlupp vom Grünen Stern*. Und ich stand da und wusste, dass sie da unten war. Ich ging mit Frau Faller hinein. Ich hatte mir die Schuhe ausgezogen und die Wachsjacke. Und im Wohnzimmer hing diese von Picasso in wenigen Strichen gezeichnete Eule. Das war natürlich eine billige Lithografie. Aber so stellten sich meine Eltern Kunst vor: Ein Mann in einem gestreiften Pullover zeichnete was, und im Abonnenten-Shop der *Zeit* kann man das dann für 150 Mark kaufen.

Jedenfalls hatte meine Schwester der Nachbarin Frau Ulbricht, einer sehr netten, Kette rauchenden Putzfrau, die Zunge herausgestreckt, als die morgens um halb sieben an der Haustür klingelte und nach einem Fünf-Mark-Stück für den Zigarettenautomaten gefragt hatte. Und mein Vater fand, dass sie deswegen die Woche im Keller eingesperrt werden musste. Sie war zwölf damals. Und ich muss fünf gewesen sein. Zum Frühstück durfte sie raus. Dann musste sie in die Schule gehen und nach dem Mittagessen wieder in den Keller. Unsere Kinderfrau wusste auch Bescheid.

Es täte ihr wirklich leid, hat sie damals gesagt. Wie meine Mutter stand sie daneben und hat zugelassen, dass meine Schwester unter Tränen und Schreien jedes Mal erneut in den Keller gezwungen wurde und dort übernachten musste.

Ein Klo gab es nicht. Sie bekam einen Nachttopf. Da unten. Im Dunkeln. Im Feuchten. Im Kalten. Das war 1994 in einem Vorort vor Bonn, ein Jahr bevor mein Vater einen eigenen Lehrstuhl bekam.

Ich habe nie mit meiner Schwester über all das gesprochen. Mit meiner Mutter auch nicht. Ich weiß das nur, weil sie das im Streit meinem Vater mal vorgeworfen hat.

Ich muss etwas komisch geschaut haben, in der Sekunde, in der ich an das alles gedacht habe. Denn Billie sagt: *You should try Zoloft.*

Und ich frage: *What's that?*

Sie sagt: *It's my wife and my life.*

Zoloft ist ein Antidepressivum.

Die Managerin, eine schwarze und sehr dünne und sehr große Frau mit einer Stoppelfrisur, kommt in den Innenhof. Sie hat ein rot-weißes Wollkleid von Gucci an.

Wie modern, denke ich, als ich sie anschaue. Aber auch, *wie banal*. Weil Gucci durch Alessandro Michele wieder zu einer ernst zu nehmenden Modefirma geworden ist und es deswegen toll ist, Gucci zu tragen, aber auch einfallslos. Jetzt Gucci zu tragen, ist so eine Politiker-Entscheidung, wenn man alles richtig machen möchte. Und dann liegt man damit trotzdem falsch.

Wobei Politiker natürlich niemals Gucci tragen. Zumindest in Deutschland. Weil sie es sich zwar leisten können, aber nicht trauen, es zu kaufen, weil dann irgendjemand auf Twitter ihren Rücktritt fordert. Und sich dann alles so hochschaukelt, dass sie wirklich zurücktreten müssen. Die Managerin schaut streng auf meine Zigarette. Und dann meint sie, *she's the popstar, you're the photographer, let's get to work.*

Wir machen fünf Stunden im viel zu warmen Studio Fotos. Ich trinke so viel Cola, dass meine Zähne stumpf werden. Billie ist das alles egal. Sie starrt durch mich und durch die Kamera hindurch. Ihre Managerin sagt irgendwas von energy und glamour. Aber irgendwann hören wir beide das nicht mehr. Billie steht einfach da mit ihrem Allesegal-Blick. In dieser Leere steckt ein Widerstand, etwas Revolutionäres. Das habe ich so noch nie gesehen. Sich als Konsumkatalysator allem zu verweigern und damit trotzdem Dinge verkaufen, das ist das Wunder des neuen Menschen.

Die Managerin will die Fotos gleich auf einem großen Bildschirm anschauen. Ich finde das furchtbar. Ich hasste es schon in der Schule, wenn Lehrer sich während Klassenarbeiten neben meinen Platz stellten und auf mein Blatt schauten, um zu lesen, was ich gerade geschrieben hatte. Auch deswegen bin ich Künstler geworden, weil ich keinen mehr haben wollte, der neben mir stand und während des Prozesses auf meine Arbeit schaute. Ich wollte niemanden mehr haben, der über mir war. Damals wusste ich noch nichts von Galeristen und Managern und davon, dass wenn man Künstler ist, permanent alle neben einem stehen und auf die Arbeit schauen.

Während die Managerin die Fotos anschaut, sagt sie je nach Pose immer so was wie belly oder chin. Billie weiß, was das bedeutet. Auf den neuen Aufnahmen verrenkt sie sich dann so, dass die natürlichen Proportionen ihres Körpers dünner wirken.

Für 20 Uhr hat die Plattenfirma ein Abendessen im *Soho House* geplant. Sie haben mir auch ein Zimmer dort gebucht. Das Soho House ist ein Members Club in der Londoner Dean Street, direkt in der Nähe von Frith Street Tattoo, wo ich mir betrunken ein Hakenkreuz stechen ließ, das von einem Peace-Zeichen überdeckt wurde. Ich fand das konsequent, als ich damals mit einer Flasche Ruinart dort hinging.

Das *Soho House* gibt es auch in Berlin. Aber man muss mittlerweile nicht mehr Mitglied sein, um dort zu schlafen oder zu essen. Ich habe das nie verstanden, aber jetzt noch weniger. Da läuft immer viel zu laute Musik. Und da stehen so Start-up- oder Kunst-Betrüger in Gucci-Loafern in der Lobby, die am selben Abend noch versuchen, jemanden zu vergewaltigen. Wobei die Vergewaltigung inzwischen so aussieht, dass die Opfer den völlig zugekoksten Vergewaltiger mit einem riesigen Strap-On ficken sollen. Und die Leute, die da arbeiten, sagen nichts, weil sie hoffen, ein Trinkgeld zu bekommen, wenn sie wegschauen.

Ansonsten wissen die nicht, was sie tun. Weil sie anders als das Personal in richtigen Hotels nie eine Ausbildung gemacht haben. Die sind zwischen 17 und 22 und wollen einfach nur laute Musik hören und nach der Arbeit mit den Vergewaltigern Kokain schnupfen. Sie sind nicht daran interessiert, wie man einen Tisch deckt, eine Hollandaise macht oder einen Mint Julep mixt.

Das Bett in meiner Suite ist ein historistisches Möbel mit vier gedrechselten Holzpfählen an den Ecken. Und darauf liegt ein Umschlag, auf dem mein Name steht. Der Boden ist aus Holz. Ich hasse Teppichböden, weil ich mir immer vorstelle, dass da Spuren von Urin, Sperma oder Kot drin sind.

Es ist 19 Uhr, und ich habe auf einmal Angst. Ich weiß nicht, warum. Es gibt keinen Grund. Aber ich spüre eine Riesenangst. Mein Herz geht unregelmäßig und sehr schnell, ich fange an zu schwitzen. Ich kenne dieses Gefühl von einer Überdosis Ecstasy, aber ich bin komplett nüchtern.

Ich ziehe mich bis auf die Shorts aus und setze mich auf das Bett. Dann ans Fenster. Ich zünde mir eine Zigarette an. Durch meinen Kopf rasen unzählige Gedanken und Bilder. Ich sehe Riccarda, ihre Eltern, mein Kinderzimmer bei Bonn, ich sehe das Sol-Calero-Bild mit der großen Ananas darauf, das wir gerade gekauft haben. Ich sehe den Künstler Julian Charrière eine Taube in Venedig fangen, die SPD-Politikerin Sawsan Chebli aus einem Maybach steigen. Ich sehe alle Fotos gleichzeitig, die ich jemals gemacht habe:

Den Bundespräsidenten Joachim Gauck in seinem Büro vor einem Nagel-Bild von Günther Uecker, den Künstler und albanischen Premierminister Edi Rama in Basketball-Shorts in seiner Sommer-Residenz, die Designerin Angela Missoni, die fünf Minuten vor ihrer Show auf der Mailänder Fashion Week in einen fränkischen Apfel beißt, die hundert überfahrenen Vögel, die ich in ganz Deutschland fotografiert habe.

Ich habe einen Riesendurst und trinke zwei Dosen Bier aus der Minibar. Ich renne ins Bad, weil ich aufs Klo muss. Ich stehe da und sehe mir im Spiegel zu. Ich sehe teigig aus. Ich muss husten, dann würgen. Es fühlt sich so an, aber ich kann nicht brechen. Ich huste so lange, bis mir schwindlig wird. Ich schütte mir Wasser ins Gesicht. Im Spiegel sehe ich meine Augen und die geplatzten Äderchen darin. Ich stelle mich unter die Dusche. Ich ziehe die Vorhänge vor die Fenster und mache das Licht aus. Ich lege mich halb nass auf die Überdecke des Bettes und schaue Youtube-Videos, um mich zu beruhigen.

Mein derzeitiger Lieblingskanal ist *Men With The Pot*. Das sind Videos, in denen Männer im Wald kochen. Man hört nur die Vögel, das Kratzen des Wiegemessers auf dem Holzbrett und irgendwann das Zischen und Brutzeln der Gerichte. Einen Mann oder Männer sieht man nie. Nur die Hände einer unbekannten Person und manchmal einen

Hund im Hintergrund. Und das Moos. Und die Bäume. Und die Blätter.

Ich liege seitlich auf dem Bett. Der Laptop ist zu einem rechten Winkel aufgeklappt, und auch auf die Seite gelegt und mit einem Kissen dahinter fixiert. Als Riccarda und ich uns kennenlernten, schliefen wir beide häufig so ein. Sie lebte damals in München und ich in Berlin. Und wenn wir schon nicht wirklich nebeneinander einschlafen konnten, taten wir es virtuell. Jeder legte den Laptop seitlich neben sich, und dann machten wir Skype an. Wir sahen uns in die Augen, wenn wir einschliefen. Und nachts, wenn ich manchmal wach wurde, hörte ich ihren leisen Atem. So als ob sie direkt neben mir läge. Und morgens sahen wir uns gegenseitig aufstehen. Ihre Münchner Wohnung in der Franziskanerstraße am Rosenheimer Platz, das war der erste Ort auf dieser Welt, an dem ich mich sicher fühlte. Es war der erste Ort, an dem ich nicht das Gefühl hatte, jemand anders sein zu müssen.

Mein Freund Safi ruft an. Er hatte vor ein paar Monaten das Model-Casting für eine Agentur in London übernommen. Safi ist Schweizer, seine Eltern kommen aber aus Kamerun. Er ist ein kluger junger Mann, früher war er Model. Er trägt meistens Prada. Das ist als Fashion verkauftes Plastik, und das fand ich am Anfang wirklich genial. Auf der Homepage von Prada wird dieses Plastik *Hightech-Gewebe* genannt. Dabei ist das ja nichts anderes als Polyester.

Ich lasse es klingeln. Seltsamerweise habe ich Angst vor Telefonen, die klingeln und überhaupt vor Klingeln. Als ich 16 war, stand einmal die Polizei mit einem Durchsuchungsbeschluss vor der Haustür. Ich hatte damals Adobe Photoshop runtergeladen, sie nahmen meinen Computer mit. Das Verfahren wurde wegen Geringfügigkeit eingestellt. Aber seitdem denke ich immer, wenn es klingelt, dass irgendetwas Schlimmes passieren wird.

Ich trinke das dritte Bier und rauche aus dem Fenster. Auf dem Sideboard davor stehen lauter Bücher vom Taschen-Verlag. Das ist ein Verlag, der Bücher über Schwänze, Titten, Ärsche oder Virgil Abloh herausbringt. Virgil Abloh ist der Designer von Louis Vuitton und Off White.

Virgil Abloh, das hatte mir meine Freundin Kerstin erzählt, die mal für ihn gearbeitet hat, schickt mehrmals im Jahr Assistenten auf kleine Fashion-Shows in Länder wie Haiti oder den Senegal, und die machen da ganz viele Fotos, und dann macht Abloh daraus seine Kollektionen. Wirklich, Kerstin konnte das auch beweisen, sie hatte mit jungen Designern gesprochen und eidesstattliche Erklärungen von denen. Aber keine Zeitung und kein Magazin der Welt hat sich bis heute getraut, das zu veröffentlichen. Weil die natürlich nicht auf die Anzeigen von Louis Vuitton verzichten wollen, weil Louis Vuitton einem der größten Luxus-Konzerne der Welt gehört. Und das wissen alle, das sind die Letzten, die noch Zeitungsanzeigen gegen Geld schalten. Weil das auch total egal ist für die, 80 000 Euro für eine halbe Seite in einer Mittelschichts-Zeitung zu schalten.

Aber dann ist da noch ein Buch. Das einzige, das kein Coffee-Table-Buch ist. Es ist seltsamerweise ein deutschsprachiges Buch. Eine Ausgabe von Virginia Woolfs *Der Augenblick* von 1998. Der Preis ist auch noch zu erkennen: 18 Mark und 90 Pfennig. Vorne drauf ist so eine Illustration im gleichen Pastell-Schema wie alle Bücher von Ildikó von Kürthy, die wahrscheinlich Frauen in der Midlife-Crisis anregen sollen, mal was Nachdenkliches zu lesen.

Bevor ich als Fotograf erfolgreich wurde, versuchte ich eine Zeit lang erfolglos Journalist zu sein. Nach dem Abitur zog ich nach Berlin. Ich interessierte mich für Popmusik. Ich schrieb für den *Rolling Stone* und interviewte Bands wie Franz Ferdinand oder The Strokes. Und irgendwann schrieb ich dann auch für die *Berliner Morgenpost*, so eine Zeitung für sterbende Menschen aus Berlin-Wilmersdorf, die sich die Mauer wieder wünschten, weil es zu Mauer-Zeiten bei Butter-Lindner besser schmeckte.

Und ganz am Anfang, das muss im Dezember 2011 gewesen sein, es lag Schnee, und es war das dritte Jahr, in dem ich nicht mehr mit meinen Eltern gesprochen hatte, interviewte ich Katja Riemann in einem Theater am Kurfürstendamm. Ich war 23, und mir ging es schlecht, aber ich fühlte mich dabei gut. Weil ich dachte, dass man das so macht in einer großen Stadt, wenn man jung ist.

Meine Freundin hatte sich von mir getrennt. Und ich hatte die 30 Bände Brockhaus, die ich von meinen Eltern zum 18. Geburtstag bekommen hatte, für Drogen verkauft. Ich hatte kein Drogenproblem. Ich hatte einfach zu wenig Geld, um mir Drogen leisten zu können. Der Brockhaus, das war die schlimmste Demütigung, die ich je erfahren hatte.

Wenn man 18 ist, will man alles haben, nur kein Lexikon, das keiner mehr liest, weil es seit sieben Jahren Wikipedia gibt. Meine Eltern gaben dafür 4000 Euro aus. Das wäre ein Auto gewesen. Oder eine USA-Reise. Und mein Problem war, dass zunächst niemand den Brockhaus kaufen wollte. Ich fand dann ein auf Lexika spezialisiertes Antiquariat in Leverkusen. Die zahlten mir 1500 Euro. Die 30 Bände zog ich verteilt auf sechs Kartons auf einem alten Schlitten in mehreren Fahrten zur Poststelle auf der Greifswalder Straße durch den Schnee.

Ich schwitzte stark dabei. Ich hatte am Vorabend getrunken und Kokain geschnupft. Ich schlief damals mit so vielen Menschen wie nie zuvor. Ich übernachtete jeden zweiten Tag bei jemand anderem. Manchmal klaute ich etwas zu essen aus den Kühlschränken, wenn ich mich morgens davonschlich. Ich hatte, wie gesagt, kein Geld. So war das 2008.

Das Interview mit Katja Riemann endete jedenfalls in einem Desaster. Sie schrie mich an. Wirklich, das war so. Nacheinander schrie sie: »Ficksau, Dummschwanz, Drecksloch, Blödarsch!« Und dann ging sie. Und der damalige Chefredakteur sagte mir danach, das mit dem Schreiben könne ich vergessen. Das war mein letzter Tag als Journalist. Der Anlass des Interviews war, dass Katja Riemann eine Rolle im Stück *Wer hat Angst vor Virginia Woolf?* von Edward Albee spielte. Deswegen erzähl ich das. Und deswegen konnte ich auch nie wieder etwas von Virginia Woolf lesen, weil ich bis heute panische Angst vor Katja Riemann habe.

Aber jetzt gerade, und das ist das Komische, glaube ich, dass ich, wenn ich dieses Buch von Virginia Woolf lese, die Sache mit Katja Riemann irgendwie überwinden, vielleicht sogar daran wachsen könnte.

Ich schaue ins Inhaltsverzeichnis. Aber alle Kapitel bis auf eines sind mit Edding durchgestrichen. *Über das Kranksein* ist die einzig lesbare Zeile. Ich blättere durch das Buch. Bis auf dieses eine Kapitel sind alle Seiten geschwärzt. Ich hole mir das vierte Bier aus der Minibar. Ich beginne zu lesen.

Bedenkt man wie allgemein Krankheit ist, wie gewaltig die geistige Veränderung, die sie bringt, wie erstaunlich, wenn das Licht der Gesundheit schwindet, die unentdeckten Länder sind, die sich dann erschließen, welche Öden und Wüsten des Inneren ein leichter Grippeanfall vor Augen führt, welche Abgründe und mit leuchtenden Blumen bestreute Wiesen ein leichter Anstieg der Temperatur offenbart, welche uralten, unbeugsamen Eichen durch das Ereignis der Krankheit …

Bei *unbeugsame Eichen* bekomme ich eine Gänsehaut, so ekelhaft finde ich das. Ich kann das nicht lesen, sage ich laut. Menschen, die Sätze über eine ganze Seite schreiben, sind egoistische Arschlöcher. Wer einen Satz für so wichtig hält, dass er eine ganze Seite lang sein muss, ist krank. Der Text klingt wie ein völkisches Manifest. Ich überfliege Zeilen und Wörter.

The Opium Eater
zwei Leidenschaften wie Lust und Gier
Nichtsdestotrotz, das genaue Gegenteil trifft zu,
Und dann bleibe ich tatsächlich an einem Satz hängen.
Es gibt in der Krankheit, gestehen wir es doch (und Krankheit ist der große Beichtstuhl), einen kindischen Freimut; Dinge werden gesagt, Wahrheiten sprudeln heraus,

Als Kind war ich gerne krank. Weil für mich im Kranksein eine Freiheit lag. Ich konnte alleine zu Hause bleiben. Meine Schwester war zu ihrem leiblichen Vater, einem Arzt aus Leverkusen, zurückgezogen, als ich acht wurde. Das war zwei Jahre nachdem wir von Bonn in die Fränkische Schweiz gezogen waren, weil mein Vater einen Lehrstuhl in Erlangen bekommen hatte.

Dass ihr leiblicher Vater nicht mein Vater war, war eines der größten Probleme in unserem Familienleben. Wenn mein Vater ihr etwas sagte, dann meinte sie häufig, er sei ja nicht ihr Vater und deswegen würde ihm es nicht zustehen, sie zu erziehen. Mit der Zeit wurden die Konflikte größer. Sie schrien sich immer häufiger an. Türen knallten. Türrahmen gingen kaputt. Und so zog sie zu ihrem Vater zurück. Rückblickend war es dort auch nicht besser.

Meine Mutter hat sich von ihm getrennt, weil er sie geschlagen hat. Das hat sie mir erzählt. Mehrfach war das passiert. Meine Schwester war ein paar Wochen alt. Und er schlug meiner Mutter auch an diesem Tag wieder ins Gesicht. Ihre Brille zerbrach dabei. Der Grund war wohl, dass meine Schwester nicht zu den vorher festgelegten Stillzeiten trinken wollte. Die Schuld gab ihr Vater meiner Mutter. Nach dem Schlag fuhr er zur Arbeit in seine Praxis. Und in dem Moment, in dem die Tür ins Schloss fiel, entschied sich meine Mutter mit meiner Schwester auszuziehen. Sie packte ein paar Sachen, suchte sich im Telefonbuch einen Scheidungsanwalt. Mit meiner Schwester in einer Trage verließ sie ihren ersten Mann und kam nie wieder. Ich glaube, das war der mutigste Moment im Leben meiner Mutter. Und zu diesem Mann war meine Schwester dann also gezogen. Und ich war seitdem Einzelkind.

Wenn ich krank war, gingen meine Eltern arbeiten. Ich schaute den ganzen Tag RTL. Um 8:30 Uhr lief *Notruf California*, eine Serie über eine Feuerwache in Los Angeles. Mir gefielen die verchromten Feuerwehrautos, die in Amerika bis heute wie Spielzeug und nicht wie – allein das Wort! – *Nutzfahrzeuge* aussehen. Danach kam *CHiPs*, eine Sendung über kalifornische Motorrad-Polizisten. Die Hauptfigur hieß Ponch und war ein attraktiver Latino mit vulgär weißen Zähnen. Am Nachmittag kam *Hans Meiser*.

Je älter ich wurde, desto häufiger war ich krank. Ich hatte Bauchschmerzen, Pseudo-Krupp-Anfälle, bei denen ich fast erstickte. Wenn ich nicht krank war, tat ich so. Ich hielt das Fieberthermometer an die Heizung, um meine Eltern zu überzeugen, dass ich nicht in die Schule müsste. Ich blieb zu Hause. Und schlief. Und schaute fern. Und spielte Ego-Shooter und lud Musik, Kino- und Pornofilme und Skatevideos herunter. Das war dann schon in Pretzfeld, einem kleinen Ort in der Fränkischen Schweiz.

Es klopft an der Tür. *They're waiting for you*, sagt eine Stimme. Ich ziehe mich an. Die blaue Moschino-Hose, die aussieht wie die Arbeitskleidung von jemandem, der bei einer Burger-Kette arbeitet, dazu das rote Cowboy-Hemd aus der Calvin-Klein-Couture-Linie 205W39NYC, als Raf Simons dort Kreativdirektor war.

An der Bar steht die übliche Mischung, wenn eine Plattenfirma und ein Fashion Label einladen: Influencer, Musik- und Modejournalisten. *Great photos*, ruft mir Billies Managerin zu. Sie zeigt mir den Instagram-Account von Billie auf ihrem Telefon.

Innerhalb von einer Stunde hat eines meiner Fotos auf ihrem Account 11,7 Millionen Likes. Und die zwei PR-Typen von Marc Jacobs sind auch begeistert. Die *Teen Vogue*, das sagen sie mir ungefragt, als ich mir ein Glas Champagner von einem Tablett nehme, hätte schon angerufen und den Trainingsanzug zum *look of the week* ausgerufen, die Überschrift zum Artikel lautet *tracks-suit up!*

Joerg Koch, der Chefredakteur des deutschen Modemagazins *032c*, läuft in einem Soccer-Dad-Outfit vorbei. Dann David Fischer, dieser Typ von *High Snobiety*, diesem Modeblog für BWLer, die sich für die Ästhetik von Sneakern interessieren.

Fischer ist gut darin, Mode und die Idee Mode zu verkaufen. Aber er versteht Mode nicht als Auseinandersetzung mit der Welt, sondern als Finanzstrategie. Ich sehe das natürlich anders. Für mich ist Mode bis heute eine Möglichkeit, die Person zu sein, die ich sein möchte. Aber andererseits, ich mache ja auch Fotos von Mode, damit rich kids vom Geld ihrer Eltern Zeitgeist kaufen.

Wie immer bin ich auf solchen Veranstaltungen komplett hilflos. Das wirkt nicht so. Weil ich immer ein Glas in der Hand habe und lache. Aber ohne einen Freund an so einem Ort fühle ich mich wie eine Flipperkugel.

Ich denke daran, wie ich in jedem Frankreich-Urlaub, während mein Vater in einer Bar Tabac einen Espresso trank, an einem dieser Automaten spielen durfte. Ich erinnere mich an eine Motorradsimulation, bei der man auf einem Motorrad sitzen konnte und damit die Spielfigur auf dem Bildschirm steuerte. Und an den Indiana-Jones-Flipper. Ich hatte noch keinen Indiana-Jones-Film gesehen, aber mir gefiel das Design mit den Schlangen, der Peitsche, dem Leder und den Lianen darauf. Ich erinnere mich daran, wie lange die Autofahrten im Urlaub dauerten. Und einmal musste ich dringend aufs Klo. Und ich rief, ich weiß nicht mehr warum, *soll ich pissen oder weinen*. Und mein Vater hielt an. Er ging einmal ums Auto, öffnete meine Tür. Er schlug mir mit der flachen Hand ins Gesicht und sagte, *weinen*. Dann fuhren wir weiter in unser Ferienhaus.

Dann sehe ich Safi. Wir umarmen uns und gehen auf die Toilette, und Safi legt zwei relativ große Linien Kokain auf den Spülkasten. Und er zeigt mir die neuen Fotos von Madonna in Gucci. Und er meint, dass Madonna mit 62 so gut und so jung wie noch nie aussieht. Ich finde das auch. Und als ich das Kokain einatme, verschwindet der Druck in meinem Kopf. Ich trinke und trinke, und es wird ein wirklich guter Abend, auch weil ich mit niemandem mehr sprechen muss außer Safi.

Safi ist durch die Black-Lives-Bewegung politisiert worden. Er redet seitdem von nichts anderem. Und er meint, auf den Ausstellungs-Eröffnungen in Berlin seien ja nur weiße Typen. Und ich mein, *ja, das stimmt*. Aber wo soll man denn die Schwarzen herbekommen. Ich meine, es gibt ja gar nicht so viele in Berlin, also im Verhältnis jetzt zu Arabern und Türken und Amerikanern, und dann müssten sich die wenigen, die es in Berlin gibt, auch noch für Kunst interessieren.

Safi erzählt von der Arbeit in der Agentur und wie *bossy* sie ihn behandeln würden, obwohl er ja der Casting-Director dort sei. Dass da auch nur lauter Weiße arbeiten würden.

Und je mehr Kokain wir schnupfen, desto mehr reden wir über das Unrecht der Welt.

Das ist immer so. Am Anfang ist es lustig, und es geht um Celebrity Gossip oder darum, wer sich jetzt welche Hose gekauft hat. Dann übergebe ich mich meistens heimlich, weil ich mich immer ein bisschen übergeben muss, wenn ich Drogen nehme und Alkohol trinke. Und spätestens nach dem ersten Gramm und der ersten Flasche Champagner wird es ernst. Und wir reden stundenlang über Privilegien und das alles.

Um 4 Uhr sitze ich nackt und alleine auf dem Bett meiner Suite zwischen den gedrechselten Säulen. Ich versuche den Virginia-Woolf-Text zu Ende zu lesen.

Sie wußte es, ehe man ihr Bericht gab, und nie konnte Sir John Leslie, als er am Tage des Begräbnisses die Treppe hinabeilte, die Schönheit der großen Dame vergessen, wie sie dort stand und dem Leichenwagen nachsah, und auch nicht, wie er, als er zurückkam, den Vorhang, den schweren mittelviktorianischen, vielleicht aus Plüsch, ganz zerknittert fand, wo sie ihn in ihrer Qual zusammengepreßt hatte.

Und wieder klingelt mein Telefon. Und wieder kann ich nicht rangehen. Auf dem Display steht der Name meiner Mutter. Es klingelt bestimmt drei Minuten. Ich habe keine Mailbox, weil ich auch Mailboxnachrichten nicht abhören kann. Weil mir das auch Angst macht. Und dann steht da *Neue Nachricht* auf dem Display. *Bin auf dem Weg ins Krankenhaus nach Brest. Dein Vater hatte einen Schlaganfall. Er ist im Hubschrauber.*

2.

Das waren diese Wochen vor den Abiturprüfungen. Diese Zeit, in der die Zeit auf eine Art stillstand und gleichzeitig unendlich schnell verging. In der alles und nichts passierte. In der wir vergaßen, wo und vor allem wann wir waren. In der wir auf Badetüchern im Freibad lagen. Da auf den Rasenstücken vor den Mosaikwänden dieser stehen gebliebenen Sechzigerjahre-Nüchternheit der Freibadarchitektur im fränkischen Dorf Rothenbühl. Meistens lagen wir hinten unter dem großen Baum neben dem Volleyballfeld auf der Wiese. Alles war unbedeutend und bedeutsam – total egal und denkwürdig. Manchmal flogen Libellen über uns.

Kanus fuhren den Fluss entlang. An den Wochenenden hörten wir das Tuten der Museumsdampflok, die hundert Jahre alte Passagierwägen mit Touristen durch das Tal zog. Wir spürten die gegenseitigen Blicke auf unseren jungen Beinen, Pos, Brüsten und Oberkörpern, aber meistens waren wir zu schüchtern, um zu sagen, was wir damit sagen wollten. Vielleicht wollten wir auch gar nichts sagen, sondern einfach nur irgendwie heile irgendwo ankommen.

Wir tranken Greif Hell oder Hebendanz Export. Wir hörten die Strokes und die Arctic Monkeys und manchmal auch Punk-Bands wie Anti-Flag. Die kamen aus Pittsburgh und waren Veganer, Nichtraucher und Feministen. Und sie schrieben das englische Wort für Frauen *womyn*, also mit Y, weil sie der Meinung waren, dass da eben keine *men*, also keine Männer reingehörten. Und darüber redeten wir damals. Das war 15 Jahre bevor der ganze Wahnsinn mit dem richtigen Sprechen und Denken anfing.

Wir waren Bürgerkinder. Von außen betrachtet die Guten. Unsere Eltern waren Lehrer, Hoteliers, Sozialarbeiter und Professoren. Wir waren nicht übermäßig gut in der Schule, aber auch nicht übermäßig schlecht. Wir fielen durch unser Selbstbewusstsein auf, aber nicht dadurch, dass wir pathologisch kaputt waren.

Florian zum Beispiel rauchte in der ersten Reihe am Fenster oder warf unserer Erdkundelehrerin einen nassen Schwamm an den Kopf. Der war kaputt. Der machte das, weil sich seine Eltern getrennt hatten und sein Vater eine neue Freundin hatte, die drei Jahre älter war als Florian. Aber so waren wir nicht.

Oder Daniels Schwester, die immer bleicher und dünner wurde. Und dann lag sie an einem Nachmittag im April so halb in ihrem Kleiderschrank, als ihre Mutter nach ihr schaute. Daniels Schwester hatte sich mit einem Kartoffelmesser die Pulsadern aufgeschnitten. Neben ihr im Schrank lag ein Abschiedsbrief, der aus vier Namen bestand. *Anna. Basti. Helena. Sabine.* Die hatten ihr das Leben zu der Hölle gemacht, aus der sie an diesem Tag für immer ausgebrochen war.

Oder Naddi, die eigentlich Nadja hieß und Philipps große Schwester war. Ihr erster Freund hatte ihr LSD ins Getränk geschüttet. Seitdem war sie hängen geblieben. Sie lebte in einer anderen Welt. Und manchmal saß sie im Freibad bei uns. Sie rauchte viel und redete dummes Zeug. Nicht dümmer als wir. Aber anders dumm. Mehr nach innen gekehrt. *Schön,* sagte sie manchmal und streichelte ihre Arme. Sie war ein bisschen dick. Und aus ihrem Badeanzug quollen Schamhaare. Und ihre Oberschenkel waren voller Narben vom Ritzen.

Was ich damit sagen will, ist, dass obwohl es von außen gut aussah, dass innen eigentlich alles im Arsch war. Die Leute um uns herum, unsere Nachbarn, die Lehrer, ja alle eigentlich, sahen eine Oberfläche: Vater Professor, Mutter Apothekerin, am Wochenende spielten sie Golf, sie fuhren einen Kombi und einen Kleinwagen. Aber dass ich mich an diesem einen Wochenende mit dem Gartenschlauch im Gartenhäuschen aufhängen wollte, weil ich da wegwollte, das sahen sie natürlich nicht. Dass ich mir mit der Teflonpfanne so lange gegen den Kopf schlug, bis ich das Bewusstsein verlor, das sahen sie auch nicht.

Dass mir mein Vater an diesem einen Wochenende 200 Euro in die Hand drückte und sagte, ich solle im Hotel schlafen, weil er mich nicht mehr sehen wollte. Dass er meine Freunde nutzlos nannte. Dass er ein Cognac-Glas nach meiner Schwester schmiss.

Dass Sarahs Vater, der Sozialarbeiter, der anderen dabei half, ihr Leben wieder auf die Reihe zu kriegen, 35 000 Euro Spielschulden hatte, hatte auch keiner gemerkt.

Dass ich mit Flo und Frank in der Band Crystal schnupfte, wenn wir Songs schrieben und vor den Auftritten, das sah auch niemand.

Dass Tatjana, die Tochter der Englisch-Lehrerin, die mich entjungferte, von ihrem Vater an den Wochenenden so krass verprügelt wurde, dass sie am Montag danach nur noch mit drei Zentimeter dicker Make-up-Schicht in die Schule ging.

Das alles sahen die nicht.

Die Drogenbeauftragte der Schule verkündete auf einem Elternabend, *dass wir eine drogenfreie Schule* waren. Die Verbindungslehrer lobten den Schulpsychologen. Und die siebten Klassen hatten gerade *höchst erfolgreich* am *Be Smart – Don't Start*-Nichtraucher-Projekt teilgenommen. Aber natürlich waren wir permanent high und gleichzeitig am

Boden zerstört. Es ging uns materiell gesehen gut, aber wir fühlten uns nicht so.

In diesem Sommer hatte ich eine Affäre mit Maltes Freundin. Wenn man mit 18 eine Affäre hat, dann ist das nicht wirklich eine Affäre. Es ist vielmehr ein Erwachsen-sein-Spielen. Es gibt keinen Grund, mit 18 eine Affäre zu haben, außer dass man das aus Filmen kennt und dann nachspielt. So, wie wenn eine junge Frau jemandem ein Glas Weißwein ins Gesicht schüttet. Eigentlich ist das eine hohle Geste, mit der man die eigene Bedeutungs- und Hilflosigkeit überspielen will.

Malte und Laura waren zusammen. Und ich war mit beiden befreundet. Und wir saßen da zu sechst unter der Eisenbahn-Brücke am Fluss. Und wenn Malte ins Wasser ging zum Schwimmen, dann berührten Laura und ich uns mit den großen Zehen. Wir lagen etwas entfernt voneinander, so, dass sich unsere Zehen berühren konnten, ohne dass es einer der anderen merkte. Und wenn jemand zurückkam, Pia oder Sarah oder wer auch immer, dann mussten wir nur die Füße ein bisschen zur Seite schieben. Und alles war normal.

Wir rochen alle nach einer Mischung aus Axe- oder Vanille-Deo, roten Gauloises und ein ganz bisschen frischem Schweiß. Wenn man kaum volljährig ist und schwitzt, stinkt das nicht. Das riecht nach Möglichkeiten, nach Hoffnung, nach dem Wunsch, dass alles gut wird.

Im vergangenen Schuljahr war ich nicht zum Abitur zugelassen worden, weil ich die notwendige Punktzahl nicht erreicht hatte. Das war jetzt mein letzter Anlauf auf das bayerische Abitur.

Ich hatte aufgehört, aktiv zu lernen. Man könnte das natürlich als Aufbegehren verklären, als aufgeklärte und moralische Geste in so einem Pollesch-Stück. Aber das war es nicht. Und Pollesch kannte ich damals nicht. Meine Welt bestand aus Skate-Videos, Musik und Internet-Pornografie. Deswegen konnte ich auch relativ gut Englisch.

Ich konnte jedenfalls nicht mehr lernen. Ich konnte mich nicht mehr unterordnen. Ich konnte nicht mehr *jawohl* sagen. Nicht zu meinen Eltern. Nicht zu den Lehrern. Ich konnte nur noch Musik machen, Skateboard fahren und heimlich mit Laura schlafen. Mit Tanja hatte ich Schluss gemacht, weil sie meinen Freunden nicht gefallen hatte. Die hatten mir das gesagt. Und obwohl ich das nicht geglaubt hatte, hatte ich Schluss gemacht. Dabei war sie wirklich toll. Aber wenn man jung ist, bestimmt man nicht selbst, sondern die Freunde entscheiden, wer man ist und wen man liebt.

Und dann kam Anna, die ich in der Indie-Disco in Erlangen kennenlernte. Ich war nüchtern an dem Abend, weil ich fahren musste. Anna war fünf Jahre älter als ich. Und sie war für mich der Weg raus aus allem. Sie war klug. Sie kam gerade von einem Auslandssemester in South Carolina. Sie schrieb ihre Diplom-Arbeit zu Ende. Dann wollte sie nach Berlin. Sie hatte sich für ein Stipendium beworben. Und ich wollte mit.

An diesem Abend trug ich eine hautenge Jeans und ein blau-rot gestreiftes Poloshirt, auf dem Kopf so einen grauen Strohhut. Ich wollte sein wie Pete Doherty von den Libertines. Ich wollte Songs schreiben. Dichter sein. Drogen nehmen. Ich wollte mich kaputtmachen. Nicht, weil ich mich kaputtmachen wollte. Ich dachte, man müsse sich opfern, um Großes zu schaffen. Und natürlich wäre nichts mehr ein Fick ins Gesicht meiner Eltern gewesen als eine Überdosis in ihrem kleinbürgerlichen Einfamilienhaus mit den geschmacklosen Terrakotta-Fliesen und den *Essen-und-Trin-ken-Heften* mit den mediterranen Rezepten für die deutsche Hausfrau, die glaubt, mehr zu sein. Mein nicht bürgerliches Ausscheiden aus diesem Leben wäre die ultimative Pointe gewesen. Der eigene Tod als größtmöglicher Witz, als Verhöhnung der Hinterbliebenen. Ich wollte Märtyrer für meine eigene Sache werden. Ich wollte den Terror und den Schmerz der Mittelschicht wegschießen. Der schöne Nebeneffekt der Drogen war, dass sie mir irgendwie guttaten. Sie beruhigten mich. Mein Kopf ging dann nicht mehr so schnell. Drogen waren mein Pausenknopf vom Denken. Meine Pause vom Menschsein. Aber an diesem Abend in der Disco war ich nüchtern. Und ich gefiel ihr.

Wir tanzten nebeneinander. Sie hatte einen grauen Rock an, graue Chucks und blonde Locken. Locken mochte ich damals. Es lief *Sheep Dog* von Mando Diao und danach *Take Me Out* von Franz Ferdinand. Und meine Freunde, ich glaube, an dem Abend waren es David, Nina und Pia, die vergaß ich einfach.

Der DJ spielte *Starlight* von Muse. Und sie wollte rauchen. Sie hatte kein Feuerzeug. Ich gab ihr Streichhölzer. Wir unterhielten uns eine Stunde, vielleicht zwei. Es war laut. Es war heiß, stickig, rauchig. Sie studierte Psychologie. Aber ich merkte mir Philologie. Was keinen Sinn ergab, weil sie mir von psychischen Krankheiten erzählte. Und dann gab sie mir ihre Nummer. Ich tippte sie in mein Nokia 3210. Und es lief *Break Stuff* von Limp Bizkit, und David sagte, dass wir nach Hause müssten. Und die ganze Fahrt dachte ich nur an Anna. Am nächsten Morgen dachte ich an Anna. Mittags dachte ich an Anna. Nachmittags dachte ich auch an Anna. Mein Freund David meinte, ich sollte noch warten, mich zu melden. Das würde besser wirken.

David las Magazine wie *FHM* oder *GQ*. Früher war er der coole Fußballer. Jetzt war er irgendwie hängen geblieben. In diesen Heften stand ja nie etwas Interessantes drin. Ich meine, solche Magazine sind für Menschen, die unsicher mit Frauen und sich selbst sind und immer wieder die gleichen Artikel darüber lesen, wie sie ihre Freundin endlich dazu kriegen, mit ihnen Analsex zu haben. Wobei ich die Modestrecken in der *GQ* interessant fand. Und ein Interview in der *FHM* ist mir bis heute in Erinnerung. Darin erzählt der Schauspieler Jack Nicholson, wie er sich, um länger, ohne zu kommen, ficken zu können, Kokain auf die Eichel reibt. Das fand ich damals unvorstellbar. Also zum einen, weil wir nur Speed und Crystal hatten. Und zum anderen brauchte ich immer relativ lange, um zu kommen. Wahrscheinlich, weil ich zu früh angefangen hatte, Pornos zu schauen.

Bei meinem ersten Mal mit Valeria zum Beispiel, da kam ich überhaupt nicht. Und ich merkte dann, während ich mein erstes Mal hatte und auf den Wecker neben Valerias Bett schaute, dass ich unbedingt nach Hause musste, zum Abendessen. Die fünf Kilometer fuhr ich mit dem Fahrrad. Und während der Fahrt merkte ich, wie sehr meine Hoden schmerzten. Wenig später saß ich nach meinem ersten Mal, bei dem ich nicht gekommen war, mit diesen Schmerzen in der Küche mit meinen Eltern.

Mein Vater hielt einen seiner endlosen Monologe, bei denen seine Stimme immer undeutlicher und sein Kopf immer schwitziger wurde. Diesmal erzählte er von Eleonore von Aquitanien, die erst Königin von Frankreich und dann von England gewesen war. Es gab Salat mit viel zu viel Knoblauch und eine aufgebackene Quiche Lorraine aus dem Supermarkt. Meine Mutter saß, wie so oft, daneben.

Wir hatten Geschirr von Villeroy & Boch mit französischen Landschaften darauf. Ich hatte immer den Teller mit der Arche Noah. Keine Ahnung, wie das zu den Bäckereien und Metzgereien auf den anderen Tellern passte. Beim Essen merkte ich, wie meine Finger und mein Mund nach Valeria rochen. Als mein Vater nach weiteren 20 Minuten Essen und Vortrag die zweite Flasche Montepulciano D'Abruzzo öffnete, sagte ich, dass ich noch lernen müsste, und ging nach unten. Wir hatten damals DSL. Und ich schaute mir auf *pussy.org* Dreißig-Sekunden-Porno-Clips an. Als ich zum Orgasmus kam, hörte ich das Sperma auf dem Teppichboden aufschlagen. Der Schmerz ließ nach. Ich schlief ein.

Jedenfalls, obwohl David mir davon abriet, Anna sofort zu schreiben, tat ich es natürlich.

Far away/This ship is taking me far away. Wow, war das toll, mit Dir zu tanzen. Bist Du gut nach Hause gekommen?

Anna schrieb sofort zurück. Wir schrieben den ganzen Sonntagnachmittag bis in den Abend und bis nach Mitternacht über den MSN-Messenger. Und dann verabredeten wir uns gleich für den nächsten Abend. Im Live Club in Bamberg legte montags immer DJ Hannes Indie und Punk auf. Es gab Bier für 2 Euro.

Eigentlich wollte keiner mitfahren. Aber ich zahlte die Getränke, und so fuhren David und Simon mit. Sie kifften auf dem Rücksitz. Und ich steuerte Simons roten Kadett nach Bamberg.

Anna und ich waren ab dann zusammen. Es half mir, am Leben zu bleiben, dass diese wahnsinnig kluge und fünf Jahre ältere Frau mich ernst nahm. Mich liebte. Mich küsste. Mit mir schlief. Mir zuhörte. Mir Dinge anvertraute. Zum ersten Mal in meinem Leben hatte ich das Gefühl, jemand zu sein.

Ich ging wegen Anna noch weniger zur Schule. Die Wochenenden blieb ich bei ihr. Montags rief ich vom Bett ihrer Bamberger Studentenwohnung in der Schule an, um mich krankzumelden. Ich war der Schüler mit den meisten Fehlstunden.

Ich lernte wirklich nichts. In den Abiturprüfungen war ich selbst überrascht, wie banal das alles war. Ich will damit nicht sagen, dass ich klug war oder besonders begabt. Ich will nur sagen, dass die Angst vor dem Abitur völlig absurd war. Weil eigentlich jeder, der antritt, ein Abitur bekommt. Aber das wusste ich damals nicht.

Vor der Mathematik-Prüfung konnte ich kaum schlafen. Ich hatte es bis in die dreizehnte Klasse in den Mathematik-Leistungskurs geschafft, ohne zu wissen, was ein Logarithmus war. Am Morgen der Prüfung kotzte ich Choco Krispies auf den Parkplatz des Rewe-Marktes. Wir hatten uns dort Getränke und Brötchen für die Prüfung gekauft. Bis heute muss ich mich übergeben, wenn ich aufgeregt oder angespannt bin. Oder wenn der Dealer kommt.

Nach einer Stunde gab ich die Mathematik-Unterlagen ab. Die Sonne schien. Ich setzte mich an den Fluss und rauchte einen Joint. Ich musste weinen. Ich dachte daran, was passieren würde, wenn ich null Punkte hätte. Und ich sah, wie zwei Bänke weiter zwei Dorf-Gangster in Fubu-Hosen Brathähnchen aßen und Teile davon ins Wasser warfen. Das waren Lars und Frankie, der Deutsche und der Iraker, der irgendwann als Flüchtling an unsere Schule gekommen war. Frankie und Lars hatten mir, als ich in der sechsten Klasse war, ein Springmesser an den Hals gehalten, und mich dazu gezwungen, mit meinen neuen weißen Skateschuhen von *Ès* in einen Hundehaufen zu treten und die Scheiße mit meinen Händen darauf zu verreiben. Enten schnappten sich die Hühnerfetzen. *Voll die Kanni-*

balen, riefen die beiden und lachten und bemerkten mich nicht.

Die vier Wochen bis zur Notenbekanntgabe nutzten Anna und ich, um uns eine Wohnung in Berlin anzuschauen. Sie hatte ein Promotionsstipendium für ein Exzellenz-Cluster bekommen. Ich hatte mir eine Zivildienststelle in einem Kindergarten in Steglitz gesucht. Wir fanden eine Wohnung in der Bornholmer Straße, direkt an der Bösebrücke, dem Grenzübergang, der 1989 als Erstes geöffnet wurde. Maisonette, 80 Quadratmeter. 500 Euro warm. Am letzten Abend der Wohnungsbesichtigungsreise sahen wir ein Konzert von Mando Diao. Zweimal wurde ich vom Publikum bis ganz nach vorne getragen. Ich verlor mein Handy dabei.

Ansonsten spielten wir Frisbee im Hain in Bamberg, redeten über Jonathan Safran Foer oder hörten Chopin und hatten Sex. Manchmal begleitete ich Anna zu ihren Psychologie-Vorlesungen. Am schönsten fand ich die von Professor Wohlstein. Der hatte eine zum Thema Sucht. Wir schauten einen Film über eine Frau, die sich Kokain in den Oberschenkel spritzte. Als ich das sah, wurde mir ganz heiß. Und in meinem Kopf kribbelte es. Und dann lag ich auf dem Boden, und Professor Wohlstein, dieser dünne und ansonsten sehr ruhige und schüchterne Mann, war über mich gebeugt und ohrfeigte mich. Ich war ohnmächtig geworden. Ich dachte an den einen der einzigen zwei klugen Gedanken, die mir mein Vater mitgegeben hatte. Ich hatte ihn einmal nach seiner Sicht auf Drogen gefragt. Er hatte ja eine Professur für Experimentelle Anästhesiologie, und da dachte ich mir, könnte ich ihn fragen. Probieren könne man schon, nur vom Spritzen würde er abraten. Er meinte, er hätte einfach zu große Angst gehabt, selbst süchtig zu werden, um es je auszuprobieren.

Vor der Notenbekanntgabe hatte ich Durchfall. Ich dachte

wieder daran, niemals von hier wegzukommen, sollte ich nicht bestehen. Ich überlegte, ob ich sicher tot wäre, wenn ich mit dem Golf meines Vaters mit 200 und nicht angeschnallt gegen einen Brückenpfeiler fahren würde.

Im Deutsch-Abitur hatte ich 13 Punkte, in Wirtschaft-Recht 10 und in Englisch auch 13. Als Letztes sagte mir die Leistungskurslehrerin meine Mathematik-Note. Sie sagte mir, dass sie enttäuscht sei. Ich hatte 2 von 15 Punkten, also eine glatte Fünf. Ich hatte das Abitur bestanden. Eigentlich bekommen, bestanden hatte ich gar nichts. Ich meine damit, dass ich nicht aktiv dazu beigetragen hatte, dass mir der Freistaat Bayern das Abitur verleihen würde. Ich sagte der Lehrerin, dass ich überhaupt nicht enttäuscht sei. Ich sagte ihr: *Das ist der schönste Tag in meinem Leben.*

Ich stand auf und verließ das Zimmer, diesen quadratischen, fensterlosen Besprechungsraum, der mehr Verhörzelle als echter Ort war. Stumm schaute sie mir nach. Die anderen fragten mich nach meiner Abiturnote. Ich sagte nichts. Ich ging an allen vorbei. Am Kopierer, der vor dem Lehrerzimmer stand, die Betontreppen hinunter, über die gefliese Aula, die immer dunkel war. Ich ging durch die Doppeltüren, an deren ehemals lackierten Griffen der pure Stahl zu sehen war. Der Hausmeister saß auf seinem Rasenmäher und trank Mezzomix aus einer Einskommafünfliterflasche. Die anderen schmückten die Traktoren und Anhänger, auf denen sie anschließend den bisher größten Triumph ihres kleinen Lebens, das Abitur, mit sehr viel Bier feierten.

Zur Zeugnisvergabe wollte ich nicht gehen. Anna überredete mich. Ich sollte das meinen Eltern zuliebe machen, sagte sie. Ich kann mich nicht mehr an viel erinnern. Ich weiß zum Beispiel nicht, ob mein Vater da war. Aber meine Mutter war da. Und es war warm. Und das war in der Neubau-Turnhalle am Busbahnhof. Und alle trugen Anzüge und

Kleider von H&M, die zu eng waren. Das war zu der Zeit, als Hedi Slimane Kreativdirektor bei Dior war.

Zur Zeugnisübergabe konnte man sich einen Song aussuchen. Den sollte man auf eine CD brennen und dann würde das Technik-Team den einspielen, nachdem der Name vorgelesen war und man nach vorne ging. Ich gab *Arbeit Macht Frei* von den Libertines ab.

Her old man
He don't like blacks or queers
Yet he's proud we beat the Nazis
How queer
Arbeit Macht Frei

Natürlich ist das rückblickend Schlingensief für Arme oder Pubertierende, aber ich fand das originell. Genauso wie meine Antworten im Fragebogen der Abiturzeitung. Wo ich als Idol *Adolf Hitler* angegeben hatte. Andere schrieben Fußballer rein und Florian, der Kaputte, sogar Michael Schumacher. Das fand ich irre. Und natürlich fand ich Hitler irre. Aber genau das war ja der Punkt. Idole zu haben ist immer falsch. Idolen folgt man blind ins Verderben. Wenn man Idole hat, kann man niemals man selbst sein, weil man ja immer jemand anders sein will. Aber das verstand natürlich keiner damals. Und meine Französischlehrerin schrieb mir einen langen Brief.

Hitler hätte mehreren Generationen von Jugendlichen die Gegenwart kaputtgemacht und die Zukunft genommen und so weiter und sofort. Heute finde ich das noch peinlicher als die pubertäre Geste des Hitler-Witzes. Leute wie meine Französischlehrerin sind auch heute noch die, die peinliche Leserbriefe schreiben, wenn ein Künstler wie Paul McCarthy ein hausgroßes Buttplug am Place Vendôme aufstellen oder wenn Rapperinnen von *Fotzenpower* rappen.

Das sind die Leute, die als Achtundsechziger schlechten Sex mit Freiheit verwechselt hatten und jetzt prüder sind als nicht geoutete schwule Bischöfe wie Tebartz-van Elst. Das sind Leute wie Herr Märtin, mein Geschichtslehrer, so ein SPD-Typ, der es meinem Freund Philipp verboten hatte, Slipknot-T-Shirts im Unterricht zu tragen. Selbst hatte er natürlich ein Opern-Abo. Dabei waren Slipknot auch nur die logische Fortführung von Oper. Slipknot waren Camp, Travestie und Burlesque. Nichts anderes war Oper. Aber das verstanden diese Sartre-Fans nicht.

Auf der Abiturfeier spielte das Technikteam natürlich nicht *Arbeit Macht Frei* von den Libertines, als ich mein Zeugnis abholte. Es kam ein Song von Revolverheld. Ich ging erst gar nicht zur Bühne. Aber irgendjemand schubste mich. Und dann fuhr ich, ohne mich zu verabschieden, mit Anna nach Bamberg. Wir gingen in den Morph Club und tranken Absinth. Am Abend legte DJ Pitpop auf. Wir tanzten zu *Here's Your Future* von The Thermals.

Wir planten unseren Umzug. Ich packte Kartons. Ich schmiss alle meine Schulbücher und Hefte in den Müll. Die Schulbücher kriegt man eigentlich von der Schule gestellt. Aber meine Eltern kauften die jedes Jahr. Das Schöne daran war, dass ich Seiten rausreißen oder Penisse reinmalen konnte, ohne dass ein Lehrer etwas dagegen sagen konnte. Es war ja mein Eigentum.

Und dann war der letzte Abend vor dem Umzug. Der Transporter sollte erst zu Anna nach Bamberg fahren. Dann in Pretzfeld bei meinem Elternhaus vorfahren, um das bisschen Jugendzimmer, was ich für erwachsen genug hielt, nach Berlin zu bringen. An diesem letzten Abend fuhr ich mit Frank und Flo, den beiden aus unserer Band *Dorf* – bis heute finde ich, dass der Name für eine Band vom Dorf wirklich gut war –, auf das Annafest, so ein riesiges Volksfest im Wald.

Wir fuhren mit Franks lilafarbenem Polo nach Forchheim. Frank war 26, Flo 24. Mein ganzes Leben lang war ich der Jüngste. Gleichaltrige interessierten mich nicht. Ich wollte etwas lernen. Ich wollte etwas erleben. Ich wollte Menschen in meinem Leben haben, die weiter waren als ich, weil ich dachte, so selbst schneller weiterzukommen. Mir ging alles immer viel zu langsam.

Wir hörten Sublime und rauchten. Flo schnippte seine Zigarette aus dem Fenster. Wir fuhren durch Kirchehrenbach, ein kleines Dorf am Fuße eines Berges, wo ich im Jugendtreff mit David an Silvester rumgeknutscht hatte. Seine Freundin hatte das gesehen. Sie hatte fast Schluss mit ihm gemacht. Seitdem wurde ich Schwuchtel genannt. Wir fuhren auf die andere Seite des Tals, von dort konnte man das Walberla sehen, den Berg, auf dem die Hexen in der Walpurgisnacht tanzen sollten. Die Landschaft war grün, dazwischen waren graue Felsen. Traktoren pflügten die Felder.

Forchheim war eine Kleinstadt mit einer alten Kaiserpfalz. In irgendeinem Artikel im *Spiegel* oder im *Focus* schrieb einer mal darüber, dass Forchheim relativ gesehen die kriminellste Stadt Bayerns war. Vor der Kaiserpfalz war der Paradeplatz mit Eiscafés, Bistros, die Schinkennudeln für sechsfünfzig verkauften und Modegeschäften für Hausfrauen. Auf dem Paradeplatz fuhren Typen mit vierzehnjährigen Mädchen auf dem Beifahrersitz in ihren tiefergelegten Autos im Kreis und hörten Deutschrap. Am Bahnhof saßen Türken und deutsche Arbeitslose und warteten darauf, den letzten Zug zu verpassen.

Das Annafest war am Stadtrand. Da waren ursprünglich Mehrfamilienhäuser nahe am Wald, die nach dem Krieg für die Arbeiter zweier Fabriken gebaut worden waren. Siemens und Piasten, eine Firma, die Schokoladenlinsen herstellte. Aus den Mehrfamilienhäusern waren Kleinstadt-Villen geworden, in denen inzwischen Studienräte und

Zahnärzte lebten. Gleich dahinter fingen die Buchen und Tannen und Bierkeller der Brauereien an. Da war das Annafest.

Wir hörten die Musik der Autoscooter und Geisterbahnen. Von Weitem sahen wir das Riesenrad an der Baumgrenze. Polizisten liefen die Straßen in dem sonst ruhigen Wohngebiet entlang. Sie trugen grüne Uniformen und saßen in grünen Autos. Menschen mit Luftballons, Lebkuchenherzen und Zuckerwatte kamen uns entgegen. Wir parkten vor einem Haus mit Gartenzwergen, Jägerzaun und einem *Hier wohnt Familie Zöbelein*-Schild. Die passenden Handabdrücke hingen in selbst getöpferten Tontellern daneben.

Frank und Flo kurbelten die Fenster hoch. Aus einem Briefchen ließ Frank ein bisschen Crystal auf die Sublime-Hülle fallen. Das Album hieß *40 oz. to freedom*. Flo zerdrückte die Drogen knackend mit seiner Siemens-Mitarbeiter-Karte. Wir hatten dort einen Ferienjob gemacht, in dem nichts passierte. In dem Ingenieure morgens von 9 bis 10 Uhr Kaffeepause machten und Latte macchiato mit Nutella verrührten, immer dicker wurden, von 12 bis 13 Uhr Mittag machten, Mahlzeit sagten, um dann ab 15 Uhr bei einem Bier den Feierabend einzuleiten. Ich dachte, wenn das das Leben sei, dann möchte ich nicht leben. Wir zogen jeder eine große Linie. Es lief uns bitter den Rachen hinunter.

Auf dem Bürgersteig standen Polizisten vor drei Typen in Punkrock-Shirts.

Ganz ehrlich, sagte der Polizist, *ihr könnt doch nicht an die Kirche pissen.*

Die Typen sahen absolut bürgerlich aus. Keine Krawalljungs, sondern Poser-Punks, die SPD wählten, um ihre CSU-Eltern zu provozieren. Sie standen vor einer großen Pfütze im Eingang eines brutalistischen Hauses. Wahrscheinlich hatten sie nicht gewusst, dass das eine Kirche war. Aber so waren die protestantischen Siebzigerjahre: Der Weg zu Gott war betoniert.

Wenn ihr das wegmacht, bleibt es bei einer mündlichen Verwarnung. Die Personalien haben wir ja, falls noch mal was passiert, sagte der andere Polizist.

Einer der Jungs, er trug ein *Not my president*-T-Shirt mit dem Bild von George W. Bush drauf, was natürlich in Deutschland absolut irrsinnig war, klingelte bei dem Haus mit den Gartenzwergen. Ein Rentner öffnete die Türe. Ja, er hätte einen Eimer Wasser. Wofür denn? Ach, da sei was ausgelaufen. Na dann. Ja gerne. Und so wurde die Urin-Lache vor der evangelischen Kirche weggespült.

Es waren unglaublich viele dicke Menschen auf dem Volksfest. Sie standen für *Halber-Meter-Bratwurst*, Lángos, Maiskolben und Matjesbrötchen an. Sie trugen Jeans mit Tribals darauf. Sie rauchten. Sie tranken Bier aus Krügen. Sie aßen Eis. Ihre Hautfarbe war grau. Manche hatten Motto-Shirts an.

Sechs Jahre habe ich nicht getrunken,
nicht geraucht und keinen Sex gehabt.
Dann wurde ich eingeschult.

Ich kaufe ein I und möchte lösen:
F _ C K D _ C H

Flo winkte einem Mädchen. Frank starrte in den Wald, auf die Lampions auf den Bäumen, in die Gesichter der anderen. Eine Cover-Band spielte *Mexiko* von den Böhsen Onkelz. Auf den Bierbänken und Tischen standen Menschen. Von außen sah Frank häufig wie ein Psychopath aus. Sein Blick wirkte bösartig. Dabei suchte er nur jemanden, der ihn festhielt. Flo und ich waren dürr, Frank war athletisch, muskulös, fleischig. Er hatte braune Haare bis unters Kinn. Er zündete sich eine Lucky Strike an, als Patricia kam.

Patricia war ein Emo-Mädchen. Sie war 17 und – anders kann man es wirklich nicht sagen – ein Groupie. Sie trug für ihre Figur nicht wirklich vorteilhafte Röhrenjeans, benutzte viel Kajal. Bei unseren Konzerten sang sie unsere Texte mit. Dieses Gefühl, dass jemand das mitsang, was wir völlig drauf in einem Keller in Wannbach geschrieben hatten, war unglaublich.

Nadja sitzt so da und schneidet in ihren Arm
Danny liegt daneben und steckt sich die nächste an
Sie warten auf den Tag
Und es klingelt, und es geht einer schnell zur Tür
Im Paket ist alles für fünfzehnhundert drin
Sie holen den Spiegel raus
Zwei Namen in Holz
Zwei Namen in Holz
Zwei Namen in Holz
Zwei Namen in Holz

Den Song hatte ich geschrieben, nachdem ich zwei Namen in eine Bushaltestelle geritzt sah. Von Philipps Schwester Naddi hatte ich ja schon erzählt. Das waren die Menschen, das war mein Leben damals.

Patricia rauchte auch. Sie war da mit zwei Freundinnen, beide kleiner und dünner als sie. Auch Röhrenjeans, auch Kajal. Sie sagte wirklich, *kannst du mir ein Herz hierhin malen*. Sie zeigte auf ihr Dekolleté. Auf dem Rücken hatte sie einen Eastpak, auf dem lauter Unterschriften waren.

Auch wenn alles an der Geste lächerlich war, also nicht Patricias Geste, sondern meine, also da wirklich zu unterschreiben, da auf der nicht volljährigen und im Wachstum stehenden Brust eines Mädchens, das uns abstrakt geil fand, machte ich das natürlich. Damals fand ich das gar nicht schlimm. Sondern unendlich gut. Ein Arschloch zu sein, ist die logische Konsequenz von geliebt werden wollen. Als achtzehnjähriger Dorfrocker auf siebzehnjährigen Brüsten zu unterschreiben, fühlte sich natürlich richtig an – obwohl es grundfalsch war.

Ich musste kotzen. Ich hörte lautes Lachen. Wir schnupften mehr Crystal. Wir tranken mehr Bier. Flo warf einen Fünfeuroschein in einen Einsatzwagen der Polizei und schrie: *Einmal Geisterbahn bitte.* Wir rannten und rannten. Um 11 Uhr hörten die Bands auf zu spielen. Alle gingen vom Stadtrand ins Stadtzentrum. In der *Spinnerei* spielten noch Los Chicolores, so eine Funk-Band von ehemaligen Abiturienten. Wir gingen zum Bahnhof. Wir wollten nach Erlangen zur *Indie Night.*

Wir wollten zum Regionalexpress. 23:28 Uhr, Gleis vier. Am Kiosk kauften wir drei Dosen Faxe und Zigaretten. Am Bahnsteig war Micha, der Gitarrist einer befreundeten Band. Micha war wie Till Eulenspiegel. Alles, was er machte, sah leicht aus. Wie er ging, wie er tanzte, wie er Gitarre spielte. Es sah immer so aus, als machte er sich über alles und jeden lustig. Er trug Pumphosen und eine gehäkelte Umhängetasche. Er hatte braune Locken und braune Augen.

Er stand da mit Lisa und Silke. Mit Lisa hatte ich auch mal einen Abend lang was. Als David und Nina im Vorratskeller meines Elternhauses Sex hatten, haben wir ein bisschen gefummelt. Ich fand sie seit der sechsten Klasse toll. Aber sie war mit einem sieben Jahre älteren Oi-Skin zusammen. Keine Ahnung, ob er pädophil war. Aber als Zwanzigjähriger Dreizehnjährige zu ficken, war natürlich krass. Klar, Lisa war jetzt 18. Aber ich meine das Davor.

Micha kletterte auf einen Mast am Bahnsteig. Die Oberleitungen der Züge hingen daran. Es sah alles so leicht aus.

Er schwang sich von Sprosse zu Sprosse. Es blitzte. Irgendjemand machte ein Foto mit einer Einwegkamera.

Micha, du bist verrückt, rief einer.

Achtung, einfahrender Zug auf Gleis vier über Erlangen und Fürth nach Nürnberg Hauptbahnhof.

Dann blitzte es wieder. Und es hörte nicht auf. Es wurde hell, wie es noch nie hell war. Das Licht war kalt. Wir waren in einem unendlichen Weiß. Die Welt verschwand. Ich hörte Schreie. Micha war oben auf dem Mast. Und ein Lichtbogen war zwischen ihm und der Oberleitung. Der Zug fuhr ein. Es war ein roter Doppeldecker. Wie eine Feder segelte Michas Körper nach unten, ehe er auf dem grauen Boden von Gleis vier aufschlug.

Forchheim, Oberfranken, sagte die Stimme über die Lautsprecher. Es sah alles so leicht aus. Der Zug. Die Menschen. Der Sternenhimmel. Der Boden. Die Dose Bier in meinen Händen. Michas Haut war schwarz geworden.

3.

Ich schreie: *Fick dich! Fick Paris. Ich hasse Paris. Ich hasse meinen Vater. Warum muss er verfickt noch mal jetzt sterben? Warum muss er in der Bretagne sterben wie ein Nazi? Warum kann er nicht zu Hause sterben? So wie jeder andere Mensch.*

Riccarda schaut mich an. Sie schaut weg. Ich sehe sie atmen. Ich sehe Angst in ihrem Gesicht. Die Leute vor dem Mietwagenschalter am Flughafen schauen mich an. Ich schlage mir mit der flachen Hand ins Gesicht. Ich schlage mir mit der Faust ins Gesicht. Riccarda denkt, dass die Leute sie anschauen. Dieser Spießer mit der Brille. Die Schwarze im grün-roten Wachs-Kleid. Die Familie mit den billigen Koffern. Riccarda versucht zu verschwinden. Da auf der Bank neben dem Mülleimer. Vor dem Mietwagenschalter. Am Flughafen Charles de Gaulle.

Wenn ich schreie, wenn ich Angst habe, wenn ich durchdrehe, weil ich fühle, nichts mehr zu können, unmündig, nichts zu sein, wird sie klein. Wie ein Reh, das nicht rennen kann vor Angst. Ich fühle das. Aber gleichzeitig fühle ich alles andere.

Ich bin wütend. Ihre Angst macht mich wütend. Die Familie mit ihren Koffern macht mich wütend. Die Namensschilder der Mietwagen-Leute machen mich wütend. Der Croissant-Shop macht mich wütend. Die französischen Flughafen-Durchsagen machen mich wütend. Der Côte-D'Or-Shop macht mich wütend. Und diese fette Fashion-

Lesbe in diesen Balenciaga-Socken-Schuhen am Schalter neben mir macht mich wütend.

In solchen Momenten möchte ich festgehalten werden. Ich brauche dann jemanden, der mir sagt, *Du bist okay.* Ich brauche Riccarda, die mir das sagt. Und natürlich ist das eine Unverschämtheit von mir. Wie kann man jemandem sagen, du bist o. k., der gerade durchdreht?

Wie kann man jemanden lieben, der sich an einem Miet-wagen-Schalter am Pariser Flughafen in die Fresse haut wie Tyler Durden in *Fight Club*? Wie kann ich von Riccarda ver-langen, dass sie mir sagt, du bist o. k.

Ich sage nicht, dass das Sinn ergibt. Ich sage nur, wie ich mich fühle. Ich fühle mich alleine. Ich brauche jemanden, der mir sagt, *ich bin da für dich.* Weil ich denke, dass die ganze Welt mich hasst. Ich denke, dass Riccarda mich hasst.

Ich will in den Arm genommen werden. Ich schreie. Ich schlage meinen Kopf gegen die Beton-Säule. Ich trete ge-gen den Mülleimer. Ihr seid hässliche Hurensöhne, schreie ich. Mein Kopf wird heiß. Meine rechte Gesichtshälfte, auf die ich pausenlos eingeschlagen habe, brennt. Ich huste. Ich kotze fast.

Riccarda zieht mich auf die Bank vor dem Schalter. Ich denke an den Moment, in dem sie mir ins Gesicht geschla-gen hat. Ich denke an diesen Moment, in dem sie das Kü-chenmesser in meine Richtung geworfen hat. Ich denke daran, wie ungerecht ich immer war.

Wir haben kein Auto mit Automatik bekommen, und das gebuchte Daten-Volumen funktioniert nicht. Das ist al-les. Ich weiß, wie lächerlich das ist. Aber das sind die Gründe, warum ich mich jetzt so fühle. Ich will damit nichts anderes sagen. Ich will nur sagen, wie es ist. Wie ich das gerade emp-finde.

Ich atme ein.

Ich atme aus.

Wir gehen, ohne etwas zu sagen, zum Parkplatz. Wir steigen in den Peugeot. Meine Wange brennt immer noch. In einem Tag werden dort kleine Pickel sein. Das ist immer so, wenn ich mich selbst schlage.

Wir fahren durch den ersten Kreisverkehr. Der Flughafen wird kleiner. Wir fahren durch Frankreich zu meinem sterbenden Vater. 620 Kilometer sind es vom Flughafen Charles de Gaulle nach Brest. Sechs Stunden und dreiundvierzig Minuten, sagt Google Maps. Achteinhalb Stunden, sagt der gesunde Verstand.

Es tut mir leid, sage ich.
  Ich weiß, sagt sie.
  Das war einfach zu viel.
  Ja.
  Nicht, dass mein Vater stirbt. Das ist total in Ordnung. Also ich freue mich nicht aktiv darüber. Aber ich glaube, dass das gut ist, dass er stirbt. Für mich. Nicht, dass er stirbt. Das Sterben finde ich nicht gut. Aber sein Tod wird mich frei machen.
  Das ist hart zu hören.

Wir hatten in der kurzen Zeit, in der wir uns kennengelernt hatten, über so viel geredet. Über Kunst, über Bücher, über Filme. Wir waren permanent in Ausstellungen gegangen. In Saarbrücken, in Berlin, in Düsseldorf. Wir wissen, dass wir uns lieben. Aber die Familie des anderen hatten wir nur ein einziges Mal gesehen. Und trotzdem fühle ich mich Riccardas Familie jetzt schon näher als meiner eigenen.

Ich meine das nicht hart. Das ist keine Pose. Ich habe mir oft gewünscht, meine ganze Vergangenheit zu löschen. Dass ich keine Vergangenheit habe. Keine Familie. Weil ich dann frei von meiner Geschichte, einfach frei wäre. Weil alles weg wäre. Die Er-

innerungen. Das Geschrei. Die Scham. Die Peinlichkeit. Das Gefühl, niemals zu genügen. Und wenn ich dich sehe, denk ich, so hätte ich das auch gerne gehabt. Deine Eltern mögen dich. Und du magst deine Eltern. Und weißt du, ich mag deine Eltern.

Ich kann mir nicht vorstellen, die eigenen Eltern nicht zu mögen. Ich sehe sie gerne. Ich höre gern ihre Stimme. Ich freue mich, wenn sie mir Fotos schicken. Von Ausstellungen, auf denen sie waren, aus Restaurants, in denen sie sind. Ich will, dass es ihnen gut geht.

Und genau das ist der Unterschied. Ich rufe aus Pflichtbewusstsein an. Aber nicht, weil ich es will, weil ich irgendetwas fühle. Meine Eltern haben mich mit nichts unterstützt. Ich meine, sie haben Geld, mein Vater ist Professor, meine Mutter Apothekerin. Sie haben mir nichts gegeben, weil ich nicht studieren wollte. Weil ich nicht ihren, sondern meinen Weg gegangen bin. Und deine haben dir erst eine Wohnung in Berlin und dann eine in München gekauft.

Ich habe immer Miete gezahlt.

Das ist auch kein Vorwurf. Du bist kein rich kid. Du bist ein Kind reicher Eltern. Aber obwohl deine Eltern Geld haben, bist du kein Arschloch geworden. Du bist nicht in Louboutins über die Maximilianstraße gelaufen und hast Obdachlosen aus einer Hermès-Tasche fünf Euro in den Becher geworfen. Du trägst bis heute keine hohen Schuhe. Und jetzt fahren wir ans Meer und schauen meinem Vater beim Sterben zu.

Das alles meine ich nicht komisch. Riccarda lacht auch nicht. Sie weiß, dass es wahr ist. Sie weiß, dass wir bald einen Menschen sterben sehen. Ich glaube, Riccarda ist der erste Mensch, der mich versteht. Sie ist der erste Mensch, dem ich mich öffnen konnte.

Wir fahren an Versailles vorbei, an Chartres, an Le Mans. An all den Orten, an denen ich die Sommerferien meiner Kindheit verbringen musste. Wir fuhren jedes Jahr nach Frankreich. Meine Eltern waren deutsche Nachkriegskinder. Sie wurden ungerechterweise auf den gerechten Trümmern einer zerstörten Nation geboren. Dadurch waren sie absolut gestört in ihrem Verhältnis zur Welt.

Meine Mutter hatte mir einmal davon erzählt, wie sehr sie die Kohlgerichte ihrer Kindheit hasste. Meine Mutter lebte damals mit ihren Eltern in Duisburg in einer winzigen Dachgeschosswohnung. Sie durfte nichts. Außer manchmal mit meiner Großmutter auf dem Friedhof spazieren.

Von sich aus hat mir das meine Mutter nie erzählt. Aber manchmal, wenn wir alleine waren, habe ich sie danach gefragt. Und dann hat sie erzählt. Sie genoss es dann richtig, von sich zu erzählen. Ich glaube, weil sie eigentlich nie jemand sonst nach etwas fragte. Sie hielt sich selbst für uninteressant.

Ihr Vater war Tischdecken-Vertreter und ihre Mutter Sozialarbeiterin gewesen. Ihre Eltern hatten sich nicht geliebt. Sie hatten sich beide im Krieg kennengelernt. Mein Großvater war von der Wehrmacht in die Steiermark geschickt worden. Meine Großmutter war Österreicherin. Mein Großvater Deutscher. So hatten sie sich kennengelernt und kurz darauf geheiratet. Sie waren mitten im Krieg nach Duisburg gezogen. Aber was hieß das schon.

Mein Großvater war als Funker immer an vorderster Front. Nur für einen kurzen Urlaub durfte er nach Deutschland und musste nach ein paar Tagen wieder an die Ostfront. Er wurde 1945 von der Roten Armee gefangen genommen. Er war kurz zuvor zur SS gekommen. Sein Glück, war, dass man am Ende des Krieges keine Blutgruppentätowierungen mehr machte. Die anderen SS-Leute aus seiner Gruppe wurden erschossen. Er wurde wegen des fehlenden Tattoos verschont.

Er kam dann 1950, fünf Jahre nach Kriegsende, zurück nach Deutschland. Meine Großmutter hatte schon einen neuen Mann. Geheiratet hatten sie nicht. Und dann stand mein Großvater vor der Tür der ehemals gemeinsamen Duisburger Wohnung mit einer kleinen Holzkiste, wo alles drin war, was er besaß. Und meine Großmutter trennte sich von dem anderen Mann. Nicht aus Überzeugung, sondern weil ihre Eltern ihr das gesagt hatten. Und so wurden die beiden niemals glücklich.

Meine Großmutter hatte seit ihrem 40. Geburtstag eine Schuppenflechte. Seitdem hatte sie nie wieder mit meinem Großvater geschlafen. Und deswegen durfte er zweimal im Monat in ein Bordell gehen.

Jedenfalls, meine Mutter hatte, bis sie volljährig auszog, kein eigenes Zimmer. Sie schlief in einem ausklappbaren Bett in der Küche der Wohnung dieser zwei Menschen, die sich nicht liebten, die sich fremd waren, die aus selbst auferlegtem Zwang zusammen waren. Und wahrscheinlich hat ihr Bett nach Kohl gerochen, weil meine Oma dort die vielen Kohlgerichte gekocht hatte.

Die eingebildete Frankreichliebe meiner Mutter war da natürlich verständlich. So verständlich wie die Liebe dieser Österreicherinnen für junge Kenianer in diesem Seidl-Film *Paradies: Liebe*. Aber immer nur Frankreich ist auch nicht besser als immer nur Kohl. Und so war Frankreich für mich der Kohl meiner Mutter.

Bis heute kenne ich jede Kirche, Kapelle, jeden Ort irgendeiner Marien- oder sonstigen Erscheinung in Frankreich. Ich war in Lourdes, ich war auf der Zigeuner-Wallfahrt in Saintes-Maries-de-la-Mer, ich war in der Abtei Mont-Saint-Michel, ich war in Le Puy. Mein Vater betrank sich mit Dreizehneuro-Rotweinen. Meine Mutter versuchte salz- und fettarm französisch zu kochen, was natürlich absolut nicht funktionierte, weil es in der französischen Küche vor allem um Butter geht. Und später, als ich alt genug war, um eigene Dinge im Urlaub zu tun, kaufte ich mir von meinem Feriengeld am Anfang des Urlaubs am örtlichen Skatepark jedes Mal einen großen Klumpen Haschisch und hörte Skatepunk.

Und als ich mit Riccarda mit 130 in Richtung Bretagne fahre, wo mein Vater sterben wird, da denke ich an all diese Sachen. Und ich denke wieder an die Ohrfeige im Auto damals.

Haben dich deine Eltern geschlagen?
Nein, nie. Das Schlimmste war, wenn meine Eltern ganz leise wurden. Dann wusste ich, jetzt reicht's.
Hattest du Angst vor deinen Eltern?
Nie. Aber ich wusste immer, wenn es ernst war.
Ich hatte ständig Angst. Ich hatte Angst vor dem Schreien und dem Druck meines Vaters und dem Nichtstun meiner Mutter. Ich meine, er hatte ja wenigstens eine Idee, die er verfolgte. Sie war einfach nur feige.
Meinst du nicht, dass du deinen Vater verklärst?
Er war ein genialer Wissenschaftler.
Ja, und? Offenbar war er doch aber ein furchtbarer Vater.
Das stimmt.

Ich öffne das Fenster. Die Luft ist kühl. Wir passieren Windmühlen. Riccarda schläft. Charolais-Rinder grasen. Da ist viel Grün. Mähdrescher und Traktoren fahren über Felder.

Ich zähle mindestens drei Buffalo-Grill-Restaurants, die stehen da immer an der Autobahn. Ich war nie in einem drin. Meine Eltern haben so etwas immer abgelehnt. Aber ich finde, dass diese Restaurants zu den schönsten Gebäuden Frankreichs gehören. Weil sie einer kindlichen Vorstellung der Welt folgen. Die Restaurants sind immer weiß und aus Holz gebaut. Und sie haben ein rotes Spitzdach, auf dem in weißer Schrift BUFFALO GRILL steht.

Das ist wie die deutsche Steakhaus-Kette Block House ein Kindertraum, den sich ein erwachsener Unternehmer erfüllt hat. In einer unschuldigen Vorstellung Amerikas, naiv wie Karl May, ohne jemals da gewesen zu sein, etwas zu bauen. Links und rechts neben dem Schriftzug auf dem Dach ist jeweils ein Horn einer Kuh.

Wolken, die wie Zuckerwatte aussehen, ziehen über den Himmel. Es ist 18 Uhr. Wir standen im Stau. Jetzt rollen wir die letzten Meter bis zu einem Parkplatz auf einer Autobahnraststätte kurz vor Rennes. Meine Wut, meine Überforderung und mein Kokain-Kater sind weg. Ich bin ruhig.

Unsere Fahrt fühlt sich wie Urlaub an. Auf der Raststätte ist eine Spiellandschaft aus bekletterbaren Pilzen. Väter gleiten mit ihren Kindern auf dem Schoß die große Fliegenpilz-Rutsche hinunter. Die Mütter stehen etwas weiter weg und trinken Rotwein aus echten Gläsern. Da liegen Pasteten auf den Picknicktischen. Sie haben Salz- und Pfeffer-Streuer dabei. Der Tankstellen-Shop sieht wie ein Feinkostladen aus. Es gibt Käse, Wein, Honig, handgetöpferte Müslischüsseln mit französischen Namen drauf. So eine hatte ich einmal zum Geburtstag bekommen.

Ich denke an den Anruf. Jedes Jahr am gleichen Tag ruft meine Mutter an, um mir zu erzählen, dass ich in einer Sternschnuppennacht unter einem Kirschbaum auf einem Campingplatz am Tarn, das ist ein Fluss in Frankreich, gezeugt wurde. Sie sagt dann jedes Mal so was wie: *Kaum zu glauben, dass aus einer Sternschnuppennacht so was wie du entstehen konnte.*

Und ich denke jedes Mal, warum erzählt sie mir das. Ist das Sadismus? Ist das Macht? Also, um zu zeigen, dass sie und mein Vater die Schöpfer sind, denen ich mein Leben zu verdanken habe? Ich verstehe es nicht.

Ich habe kein Problem mit Sexualität, weder mit meiner eigenen noch mit der meiner Eltern. Ich habe viel probiert. Mit Frauen. Mit Männern. Mit Transen. Es war meist Neugierde und das Verlangen, anders sein zu wollen. Am Ende musste ich mir eingestehen, dass ich gar nicht so anders war. Ich begehre bis heute nur Frauen. Aber warum erzählt mir meine Mutter jedes Jahr am gleichen Tag, dass sie mit meinem Vater an einem Fluss gebumst hat?

Sie erzeugt genau dieses Bild, wenn sie mir das erzählt. Sie zwingt mich jedes Jahr genau dieses Bild zu sehen.

Riccarda findet das auch absurd. Sie ist nicht verklemmt. Sie ist, das zeigt sich auch in der Kunst, die sie ausstellt, unglaublich offen und interessiert am Menschen in seiner Ganzheit. Sexualität gehört dazu. Sie kann derb sein. Sie findet sogar manche Texte von Deutsch-Rappern, die ich ihr manchmal vorspiele, lustig. Sie findet Tarantino-Filme super. Ihre Promotion beschäftigt sich mit dem Künstler Joel-Peter Witkin, der in Mexiko Leichen kauft, um daraus Kunst zu machen. Sie findet Matthew Barney großartig. Sie liebt alles Abseitige, Unheimliche, Morbide.

Was ich sagen will, Riccardas Problem mit diesem jährlichen Anruf liegt nicht darin, dass sie sich davor ekelt, sondern dass sie diesen Anruf einfach nicht verstehen kann.

Wir stehen vor den Namensschüsseln, und daneben ist ein Stand mit Sonnenbrillen und Hüten und auch mit CDs. Riccarda und ich lieben die Achtziger. Wir schauen gerne Filme wie *Ferris Bueller's Day Off* oder *Coming to America*, diesen Film, der im Deutschen *Der Prinz aus Zamunda* heißt.

Uns interessieren die Mode, die Möbel, die Architektur, die Musik. Die Farben der Achtziger waren wie das Paradies. Fast alles war Neon. In Mailand formte sich Memphis als neue Design-Gruppe. Alles war laut und bunt und voller Leben. Ich glaube, so sind wir auch selbst. Das ist keine Nostalgie. Ich finde die Zeit der Achtziger total egal. Ich habe sie nicht erlebt. Riccarda schon. Sie ist sieben Jahre älter als ich. Aber der ästhetische Rahmen der Achtziger ist gut. Auch diese Grundhaltung aus Kapitalismus und Optimismus.

Jedenfalls nehme ich die vier CDs umfassende Box *Les 100 Plus Grands Tubes 80's* aus dem Ständer und gehe zur Kasse. Dazu kaufe ich noch ein Croque Monsieur und eine Cola, Riccarda nimmt ein Thunfisch-Sandwich und eine Cola light.

Darf man denn überhaupt gute Musik hören, wenn jemand stirbt, fragt sie, als wir wieder im Auto sitzen.

Schlechte Musik wäre ja schlimmer, sage ich.

Riccarda fährt. Ich lege die CD ein. Der erste Song heißt *Flip Flap* und ist von der französischen Band Les Forbans. Wir kennen Les Forbans nicht. Aber der Song ist großartig. Das ist eine Rock-'n'-Roll-Parodie. Mit so einem übertriebenen Elvis-Schmelz und Beach-Boys-Harmonien im Hintergrund. Alles auf Französisch. Keine Ahnung, wovon die singen.

Flip flap, flip et flap
On danse le flip et flap

Der Flip-Flap scheint ein Tanz zu sein. Mehr verstehen wir nicht. Aber wir wackeln mit den Füßen, wir schütteln die Köpfe hin und her. Wir lachen uns kaputt. Ich rauche aus dem Fenster und fühle mich fantastisch.

Auf dem Handy schaue ich mir an, wie Les Forbans aussehen. Es sind mittelalte Franzosen mit etwa acht Kilo zu viel in weißen Anzügen, an denen alle Knöpfe geschlossen sind.

Es sind noch 150 Kilometer. Die Sonne ist untergegangen. Der Horizont ist orange, darüber wird es heller, dann fast weiß, und oben ist der Himmel lilablau. Strommasten reichen über die Autobahn. Wir passieren eine Total-Tank-stelle, einen Hypermarché, einen Monsieur Bricolage. Die Lichter der anderen Fahrzeuge ziehen Schlieren.

Gegen 23 Uhr erreichen wir das Krankenhaus. Es besteht aus mehreren Gebäuden aus Beton-Quadern, die auf Stel-zen stehen. Der Himmel ist schwarz. Die Luft riecht nach Salz. Ich höre das Meer. Meine Mutter steht mit meiner Schwester auf dem Parkplatz. Sie tragen beide Hosen, was ich bis heute nicht verstehe. Weil Hosen und die Anatomie der meisten Frauen einfach nicht zusammenpassen. Nur an der Grenze zur Anorexie passt bei einer Frauenhose das Ver-hältnis zum Körper.

Sie stehen da vor dem *The Originals City*, dem Hotel, di-rekt am Krankenhaus. Meine Mutter ist blass. Ihr Haaran-satz ist grau, der Rest dunkelbraun. Sie trägt eine Tommy-Hilfiger-Jacke und ihre selbsttönende Brille. Das Hotel ist rot-weiß gehalten, es sieht aus wie eine Playmobil-Feuer-wache.

Neben dem Eingang steht eine große Palme. Riccarda und ich hatten uns extra ein Zimmer im teuersten Hotel von Brest genommen. Man muss ja nicht hässlich schlafen, nur weil jemand stirbt.

Es ist wirklich ganz schrecklich, sagt meine Schwester, die aus Düsseldorf angereist ist.

Er kann schon nicht mehr sprechen, sagt meine Mutter. *Er war ja so wortgewaltig, dass so jemand die Sprache verliert, ist nicht auszuhalten. Aber der Professor hier ist wirklich nett. Er hat auch schon mit der Uniklinik in Erlangen gesprochen für einen Rücktransport.*

Danach sieht es aber nicht mehr aus, geht meine Schwester dazwischen. *Seine linke Hirnhälfte ist komplett voller Blut ge-laufen.*

Meine Schwester ist, wie schon gesagt, nur meine Halbschwester. Und sie hat sich irgendwann diese Härte zugelegt. Als Panzer gegen alles. Aus Erfahrung des alten Unrechts und um neues Unrecht nicht mehr spüren zu müssen.

Sie fährt in Düsseldorf neben ihrer Stelle in der Pathologie Rettungsdienst als Notfallärztin. Und wenn sie davon erzählt, sagt sie, dass wieder einer verreckt sei oder dass sie so ne fette Sau ausm Puff geholt hätten, wegen eines Herzinfarkts.

Aber ich finde, dass diese Sprache sie nicht härter macht, nicht unverwundbar. Ich finde, das zeigt nur, wie verletzt sie noch immer ist und immer sein wird.

Ein zerebraler Insult, sagt sie.

Ich schaue Riccarda an, sie schaut mich an. Wir kennen das. Als sich das Kind einer Freundin mal vor meiner Schwester an einer Brezel verschluckt hat, sagte meine Schwester zu ihr, *schau mal, Anouk aspiriert.*

Ich glaube, das ist ihre Strategie, mit der Welt klarzukommen, in der sie sich lange nicht akzeptiert gefühlt hat. Wenn sie das so sagt, ist sie die Notfallmedizinerin, die alles schon gesehen hat und weiß, was zu tun ist. Bis meine Schwester, als ich acht war, zu ihrem leiblichen Vater zurückzog, war sie quasi die Dumme in der Familie. Sie war natürlich nicht dumm. Aber das war irgendwie ihre Rolle, die ihr mein Vater zugeteilt hat.

Bis ich nicht mehr lernen wollte, galt ich noch als das Wunderkind, die Hoffnung der Familie. Ich hatte fast überall eine Eins. Ich konnte schon mit vier rechnen, weil mein Vater das mit mir seit dem Kindergarten jeden Samstag und Sonntag geübt hatte.

Meine Schwester hatte keine Ahnung von Mathematik und Physik, beziehungsweise redete sie sich das ein. Und mein Vater machte es nicht besser, indem er immer sagte:

Mathematik ist was für Affen. Das ist ein Schema, das man anwenden muss. Da muss man kein bisschen denken.

Und dass sie jetzt so in medizinischen Fachbegriffen spricht, das soll neben der Kontrolle, die sie haben möchte, zeigen, dass sie in der Standesgesellschaft aufgestiegen ist. Sie redet jetzt wie eine Ärztin und nicht mehr wie die, die Mathe nicht versteht.

Wir gehen durch einen Seiteneingang. Der Boden ist beige gefliest. Die Wände waren mal weiß, sind jetzt aber auch beige. Wie in einem Lokal, in dem jahrelang geraucht wurde.

URGENCES steht über den hellblauen Türen des Aufzugs. Ich glaube, das heißt Notfälle. Wir steigen ein. Der Aufzug ist alt. Überall sind Schlieren davon, wenn Gummi über Metall gezogen wird. Die Farbe der Knöpfe ist nur noch zu erahnen. Die Beschriftungen sind verkratzt.

Ich habe mit der Nachtschwester gesprochen. Wir dürfen jetzt noch mal zu ihm, sagt meine Mutter.

Das Team ist wirklich großartig, sagt meine Schwester.

Sie haben ihn sogar rasiert, und ihm das Lagerfeld-Rasierwasser draufgemacht, sagt meine Mutter.

Ich denke daran, wie wir mal *Wetten, dass..?* zusammen geschaut hatten. Mein Vater, meine Mutter und ich. Karl Lagerfeld war damals zu Gast. Und mein Vater meinte angewidert, *immer diese Homosexuellen mit ihren Pferdeschwänzen.*

Und jetzt, wo er stirbt, riecht er also nach diesem Homosexuellen. Wobei, das fällt mir auch noch ein, er hat ja, seit er mit dem Rauchen aufgehört hat, extrem zugenommen. Und seitdem hat er immer wieder versucht abzunehmen. In letzter Zeit aß er vor allem Kohlsuppen. Und das wiederum ist ja auch interessant, wenn man das Kohl-Trauma meiner Mutter bedenkt. Und dass sie ja nichts mehr hasste als den Kohlgeruch in ihrer Kindheit. Und dann einen Mann hat, der dick wurde und, um abzunehmen, Kohlsuppe aß und aus jeder Pore nach Kohl roch. Und dass dieser Mann Homosexuelle mit Pferdeschwanz widerlich fand und dass der jetzt nach einem Homosexuellen mit Pferdeschwanz riecht. Ich habe keine Ahnung, was das bedeutet. Aber komisch ist das schon alles.

Bereitet euch auf das Schlimmste vor, sagt meine Schwester.

Auf dem Gang flackert die Nachtbeleuchtung. Mülleimer, Putzsachen und Wäschewagen stehen da. Es riecht nach Desinfektionsmittel und Latex. Eine Nachtschwester nickt uns zu.

Mein Vater liegt in einem Einzelzimmer. Er bekommt Sauerstoff, er ist an ein EKG angeschlossen, in seinem linken Arm liegt ein Zugang. Auf dem Fensterbrett steht ein Ventilator. Er schnarcht laut.

Ich streiche über seine Hand, weil ich glaube, dass ich das jetzt machen muss. Ich glaube, das ist eine Übersprunghandlung. Ich weiß nicht, warum ich das mache. Seine Hand ist warm. Aber sie hat keine Spannung. Ich denke, ich müsste jetzt etwas fühlen, aber ich fühle nichts.

Riccarda weint.

Meine Schwester sagt, den Alex hat er noch gesehen. Das ist ihr neuer Freund. Auch ein Arzt. Ich hab ihn noch nicht gesehen. *Ich hab ihm eine Rose mitgebracht, da hat er noch daran gerochen, und dann hab ich ihm das Bild von Alex gezeigt,* sagt sie.

Ist hier noch irgendwo eine Bar, frage ich meine Mutter.

Ich dachte, das macht man so, wenn jemand stirbt.

Ich will jetzt in keine Bar, sagt meine Mutter wütend.

Meine Mutter und meine Schwester gehen in ihr Playmobil-Hotel neben der Palme. Riccarda und ich fahren ins Hôtel Le Continental. Ich nehme noch einige Biere von der Rezeption mit. Wir rauchen am Fenster und schauen auf das Meer und auf die große Wand des Parkhauses daneben, an der eine riesige Buffalo-Grill-Werbung hängt.

Ich denke, ich müsste jetzt etwas fühlen, aber ich fühle nichts. Riccarda legt sich ins Bett. Sie schläft ein. Ich rauche, weil ich hoffe, im aufsteigenden Rauch irgendetwas zu sehen. Aber da ist nichts. Das ist nur der Rauch, der nach oben steigt. Und der Himmel. Und die Sterne. Und die Buffalo-Grill-Werbung.

Mein Vater hat einmal gesagt, dass er nach dem Abitur entweder Schäfer oder Professor werden wollte. Keine Ahnung, ob das stimmte. War aber ein guter Satz. Nebenbei: Beuys hat das auch mal gesagt.

Mein Vater wollte immer einen Nobelpreis bekommen.

Er wollte ein Haus in Frankreich haben.

Er wollte, dass wir eine Familie sind.

Aber oft hatte diese Familie Angst vor ihm. Am Geburtstag meiner Oma, seiner Mutter, hatte sie Angst, dass der Lachs nicht richtig gekocht wird, weil er das merken und dann ausrasten würde. Das war ihre größte Sorge. Und so haben meine Oma und eine ihrer Töchter, also meine Tante, den Abend vor ihrem Geburtstag nur über diesen Fisch geredet und sind panisch durch die Küche gerannt.

Als ich klein war, hat er mit mir im Garten Mann im Mond gespielt. Ich saß auf der Leiter meines Klettergerüsts vor dem Bambus auf der obersten Sprosse. Das war meine Rakete. Und ich flog zum Mond. Und er saß auf der untersten Sprosse. Er hatte ein blaues Hemd an, weit offen. Er trug eine kurze Hose. Es war Sommer. Er hatte ein Weinglas in der Hand. Er hatte eigentlich immer ein Weinglas in der Hand in meiner Erinnerung. Und er schaute mich an diesem Abend zum letzten Mal mit warmen Augen an, die sagten: *Alles ist in Ordnung.*

Als ich in die erste Klasse kam, sagte er zu mir: *Du musst immer besser als die anderen sein und alle anderen übertreffen.* Seine Augen waren anders seitdem.

An den Wochenenden spielte er Golf oder trank schon mittags. Früher hörte er Leonard Cohen und die Beatles. Er hat mal irgendeinen Preis gewonnen und sich davon einen roten BMW gekauft. Mit seinem Freund Ludwig, einem bekannten Gynäkologie-Professor, war er im Studium nach Griechenland getrampt. Dort lernte er den Satz *Ich werfe den Ball mit den Händen in die Luft und fange ihn wieder auf* auf Griechisch.

Als Jugendlicher hatte er in Krefeld einen Mofa-Unfall. Mit seinem Freund Johann Tauber baute er eine Armbrust. Mit Johann hat er auch schlafende Kühe umgeworfen, und der Bauer hat sie danach über die Wiese gejagt. Es gibt ein Foto von ihm in einem Bundeswehrparka mit einer Zigarette im Mund, auf dem er aussieht wie ein französischer Schauspieler.

Als er meine Mutter das erste Mal in sein Elternhaus brachte, war ihm das peinlich. Weil sein Vater depressiv und Alkoholiker war. Er schrie aus dem Bett Kommandos in Richtung seiner Mutter. Aber sein Vater war nett an diesem Tag. Er freute sich auf das Kind meiner Eltern. Er freute sich auf mich. Er starb, bevor ich auf die Welt kam.

Aus meinem Geburtsjahr kaufte mein Vater mehrere Flaschen Wein. Als ich 18 war, wollte er eine davon mit mir trinken. Er öffnete die erste und probierte. Er öffnete die zweite und probierte. So ging das den ganzen Abend. Die Weine waren alle gekippt und schmeckten nach Essig und Staub.

Als ich ihm mit 20 in Berlin sagte, dass ich nicht studieren wollte, hat er auf den Tisch gehauen. *Ich wusste, dass du nicht die geistigen Anlagen dazu hast*, hat er gesagt. Und ich bin weinend über den Savigny-Platz bis zum Ku'damm gelaufen.

Es war dunkel. Und ich habe mich in den Schaufenstern von Prada und Gucci gespiegelt und meine Tränen gesehen.

Und ich habe meinen Freund Horia angerufen. Und wir haben die ganze Nacht Kokain genommen und Gin-Tonics getrunken. Und Horia hat mir sein erstes iPhone gezeigt. Und dann ist er eingeschlafen. Und ich habe versucht, *Ulysses* zu lesen.

Als ich das erste Titel-Foto für das Zeitmagazin gemacht habe, hat mir mein Vater, nachdem wir drei Jahre nicht miteinander gesprochen hatten, per SMS gratuliert. Als Riccarda dann meinte, ich sollte wieder mit meinen Eltern sprechen, und wir zu ihnen nach Bonn fuhren, sagte er, als er sie das erste Mal sah: *Ich hatte ja immer gedacht, dass er unter die Räder kommt. Aber ist ja noch mal gut gegangen.*

Ich habe gesagt: *Euer Verdienst war es nicht.*

Dann hat er geschrien und ein Glas umgeworfen. Ich habe geweint, weil ich mich vor Riccarda schämte. Wir sind am nächsten Morgen abgefahren, ohne Auf Wiedersehen zu sagen. Das war das letzte Mal, dass ich ihn bei Bewusstsein gesehen habe.

In einem Café vor dem Rathaus von Brest frühstücken Riccarda und ich. Wir trinken Café au Lait und essen Pain au chocolat. Von einer Zeitschaltung gesteuert spritzt Wasser aus unterschiedlichen Löchern aus dem Boden. Tauben und Kinder spielen dazwischen. Es ist warm. Nur ein paar Wolken am Himmel. Fahnen flattern im Wind.

Wir haben uns erst für den Nachmittag im Krankenhaus mit meiner Mutter und meiner Schwester verabredet. Meine Tante ist am Morgen in Hamburg in ein Flugzeug gestiegen.

Wir laufen durch die Stadt. Die Kirche wird renoviert. Ein Bauzaun aus Wellblech umgibt sie. Und auf dem Zaun ist ein Graffito von St. Martin. Das Pferd, auf dem er sitzt, ist weiß und sieht ein bisschen behindert aus. Er teilt seinen

Mantel und gibt ihn einem Bettler. Ein Zebrastreifen ist direkt davor. Kein Auto fährt vorbei.

Daneben ist ein Automat, an dem man Energydrinks, Wasser, Süßigkeiten, Kondome und Gleitgel kaufen kann. Ich kaufe einen Eistee.

Wir spazieren über den Friedhof. Riccarda trägt ein olivgrünes Kleid mit einem dünnen braunen Ledergürtel um die Hüften. Sie sieht aus wie eine Archäologin. Wir gehen von Grab zu Grab und lesen die Inschriften.

Famille
Kérébel-Ouhlen

Famille
Brillaut-Kovatcheff

Obwohl ich Friedhöfe als Ort wunderschön finde, lehne ich das Konzept Grab ab.

Wenn man ein Werk hat, wird man nie vergessen. Aber wenn man ein Grab und kein Werk hat, wird man trotzdem vergessen, sage ich zu Riccarda, *Gräber sind Kitsch für bedeutungslose Menschen.*

Ich biete Riccarda den Eistee an. Sie trinkt.

Dann fragt sie: *Warum geht es dir immer um Bedeutung?*

Ich will, dass sich Menschen, die mich nie gekannt haben, an mich erinnern.

Wie Hitler, sagt sie.

Ich wusste, dass du das sagst.

Ich hab es nur gesagt, weil ich wusste, dass du das erwartest.

Warum eigentlich immer Hitler?

Hitler ist der Superlativ. Er ist in jeder Hinsicht maximal. Er ist immer eine Provokation, obwohl er so banal ist. Ich finde, Hitler ist das perfekte Beispiel, warum Bürgerlichkeit immer in der Katastrophe endet.

Riccardas Telefon klingelt.

Meine Mutter ruft an. *Ich glaube, ihr müsst jetzt kommen*, sagt sie. *Ich glaube, das ist es jetzt.*

Vor dem Friedhof ist eine Bushaltestelle, die Linie fährt direkt ins Krankenhaus. Wir steigen ein, ohne einen Fahrschein zu lösen. Wir gehen über den Parkplatz. Am Hotel mit der Palme vorbei. Ein Paar läuft lachend mit einem Neugeborenen im Arm zu einem Auto. Wir gehen zum Nebeneingang. Da stehen Menschen davor und rauchen.

Wir steigen in den runtergekommenen Aufzug. Ich schaue auf meine Hände. Riccarda weint. Ich küsse sie. Ich schmecke ihre Tränen. Sie holt ein Taschentuch heraus. Wir steigen aus dem Aufzug. Ärzte und Schwestern laufen hin und her, Besucher, Männer, Frauen, Kinder.

Meine Mutter und meine Schwester stehen am Bett. Mein Vater liegt immer noch da. Genauso wie gestern. Ich schaue auf Riccardas goldene Sandalen. Auf ihre rot lackierten Zehen. Eine Pflegerin mit blau-weißen Crocs kommt herein.

Meine Mutter sagt irgendetwas auf Französisch.

Die Pflegerin sagt irgendwas auf Französisch.

Meine Schwester sagt: *Sein Atem wird flacher.*

Die Pflegerin geht wieder. Wir stehen im Kreis um das Bett meines Vaters. Möwen fliegen vor dem Fenster Kreise. Auf dem Fensterbrett steht sein Kulturbeutel. Mein Vater riecht nach Lagerfeld.

Ich glaube, dass Menschen eine recht große Erwartung an den Tod haben. Die meisten denken, dass da irgendwas passieren muss, wenn jemand stirbt. Aber da passiert gar nichts.

Um 17:20 Uhr hört mein Vater auf zu atmen. Meine Mutter und meine Schwester halten seine Hände. Und ich halte Riccarda. Die Geräte fangen an zu piepsen. Ein Arzt und eine Schwester kommen ins Zimmer.

Meine Mutter sagt, dass sie keine Reanimation versuchen sollen. Die Schwester schaltet die Geräte aus. Wir bleiben alleine im Zimmer.

Er wollte immer Franzose sein, sagt meine Mutter, *jetzt ist er als Franzose gestorben.*

Und jetzt weine auch ich. Ich weiß nicht, warum. Aus Höflichkeit? Oder weil ich das fühle? Ich weiß es nicht. Ich gehe auf die Toilette und mache ein Foto von mir im Spiegel, wie ich weine. Ich spucke ins Klo. Ich schütte mir Wasser ins Gesicht. Dann pinkel ich im Stehen. Ich trockne mir die Hände ab.

Ich laufe an den Sitzgelegenheiten auf dem Krankenhausflur vorbei. Auf einem der Tische liegt die aktuelle *Vogue*. Auf dem Cover ist eines der Fotos von Billie Eilish, das ich gemacht habe. Sie starrt durch mich hindurch.

Wir gehen einzeln in das Krankenzimmer meines Vaters, um uns zu verabschieden. Jetzt steh ich da. Die Tür mache ich hinter mir zu. Die Geräte und Schläuche sind vom Körper meines Vaters getrennt.

Man hat ihm die Hände gefaltet und auf den Bauch gelegt. Seine Augenbrauen sind buschig wie immer. Aus seiner Nase kommen Haare. Seine Frisur ist strenger als sonst. So hart nach hinten gekämmt.

Die Rollläden sind zugezogen. Aber ich höre die Möwen. Der Ventilator ist ausgeschaltet. Da ist nur noch ein rotes Licht an seinem Bett.

Ich weiß nicht, was ich hier soll. Ob ich reden soll. Ob ich ihn anfassen muss. Ich weiß es einfach nicht.

Ich hole mein Handy aus der Hosentasche. Und mache ein Foto von meinem Vater. Nur eins. Ein Querformat.

Seine Füße sind links unten unter der Decke im Bild. Das Laken wirft Falten. Sein Kopf ist in der Bildmitte am rechten Rand. Er sieht wie ein König auf einem dieser Totenbilder aus.

Wenn man einen unblutigen Tod stirbt und die Hände gefaltet bekommt, sieht man immer klüger und würdevoller
aus, als man zu Lebzeiten war.

Ich hatte nie Angst vor dem Tod. Aber jetzt noch weniger.

4.

Riccarda fliegt am frühen Morgen nach Nürnberg. In zwei Monaten wird sie ihr erstes Museum leiten. Das Museum für zeitgenössische Kunst in Erlangen. Eigentlich wollten wir zu zweit mögliche Wohnungen anschauen. Aber jetzt macht sie das alleine. Meine Schwester ist auf dem Weg nach Düsseldorf. Und ich fahre meine Mutter tausend Kilometer nach Hause. Meine Mutter, die seit gestern keinen Mann mehr hat.

Vielleicht 20 Minuten nachdem mein Vater gestorben war, kam meine Tante an. Wir waren danach in eine Brasserie gegangen. Wir hatten Champagner getrunken, Austern gegessen. Ich dachte, dass meine Mutter denken würde, dass mein Vater sich so was gewünscht hätte. Deswegen hatte ich das vorgeschlagen. Alle erzählten Geschichten von meinem Vater. Ich saß da und schwieg. Riccarda saß neben mir. Sie hielt meine Hand. Meine Tante sagte: *Schrecklich, das alles.*

Heute Morgen dann habe ich meine Mutter abgeholt. Ich hatte ihr angeboten, sie nach Hause zu fahren. Tausend Kilometer nach Bonn. Sie ist in ihrem Hilfiger-Anorak, ihrer Brax-Hose und diesen schwarzen Lack-Slippern aus dem Playmobil-Hotel gekommen. Ihr Koffer stand neben der Palme. Ihre Haut war bleich. Sie hatte Falten. Sie war ungeschminkt. Ich holte ihren dunkelblauen Volvo. Wir fuhren los. Elf Stunden lagen vor uns.

Ich senke die Rückenlehne des Beifahrersitzes ab. Meine Mutter liegt jetzt fast. Sie sagt kein Wort. Immer wieder fallen ihre Augen zu. Manchmal nieselt es. Einmal sehe ich einen Regenbogen. Gegen Mittag tanke ich an einer Raststätte. Meine Mutter bleibt im Auto. Ich bringe ihr eine Cola light und weißes Nougat de Montelimar mit. Ich telefoniere neben dem Auto mit meinem Galeristen in London wegen einer neuen Ausstellung. Ich steige wieder ein.

Wir hatten die Möglichkeiten gar nicht, sagt meine Mutter, als wir wieder auf die Autobahn fahren. Sie richtet ihren Sitz auf. Mit spitzen Fingern packt sie das Nougat aus. Sie beißt ein winziges Stück ab und wickelt es wieder ein.

Sie sagt: *Ihr bewegt euch so selbstverständlich auf der ganzen Welt. Ich konnte das nicht.*

Ich sage: *Du hattest ein Stipendium der Studienstiftung, um nach Japan zu gehen.*

Aber meine Mutter hat gesagt, das ist nichts für mich. Ich wurde nicht erzogen, mutig zu sein.

Ihr habt mich auch nicht erzogen, mutig zu sein. Ich sollte das tun, was ihr wolltet. Ihr habt mir kein Kindergeld überwiesen, weil ich in Berlin nicht studieren wollte.

Warum sagst du das?

Weil es so war.

Ich wollte Medizin studieren. Meine Mutter hat gesagt, ich müsste da Leichen sehen. Ich könnte das nicht. Und dann hat sie mich bei einem Apotheker für ein Praktikum angemeldet. Ich bin nie nach Japan gegangen.

Aber das ist es doch. Du bist nicht nach Japan gegangen. Nicht deine Eltern. Kennst du Joseph Beuys?

Den Künstler?

Beuys war im Krieg. Er ist in Krefeld geboren. Wie Papa. Seine Eltern hatten kein Geld. Er wurde der wichtigste Künstler des

20. Jahrhunderts. Und du sagst, du hattest keine Möglichkeiten?
Du konntest alles werden. Angela Merkel, eine Frau aus der
DDR, ist unsere Bundeskanzlerin.

Mir hat der Mut gefehlt. Es war ja eine ganz andere Zeit.

Merkel ist genauso alt wie du. Du bist nicht im Mittelalter
aufgewachsen. Deine Generation hat die Sex Pistols und Velvet
Underground gegründet. Deine Generation sind Patti Smith und
Marina Abramović.

Hast du mir das Geld für den Flug schon überwiesen?

Ich will meiner Mutter keinen Vorwurf machen. Ich will
nicht mit ihr streiten. Ich will sie nur nach Hause bringen.
Nicht aus Liebe, sondern aus Menschlichkeit. Ich weiß
nicht mehr, ob ich sie liebe. Mit sechs Jahren hätte ich *Ja*
gesagt. Jetzt habe ich Mitleid mit ihr. Weil sie glaubt, dass sie
verarmt. Weil sie glaubt, dass sie keine Möglichkeiten hatte.
Weil sie noch nie etwas von Patti Smith oder Marina Abramović gehört hat und trotzdem davon überzeugt ist, ge-
bildet zu sein mit ihrem Apothekerinnen-Studium, den
Chopin-Noten auf dem Klavier und den Heinrich-Heine-
Büchern im Regal.

Früher dachte ich, älter werden bedeutet, Dinge klarer zu
sehen. Jetzt denke ich, älter werden bedeutet, seine eigene
Geschichte zu verklären.

Siehst du den Lkw nicht, schreit meine Mutter. Trotz ihrer
Gleitsichtbrille kann sie Abstände nicht mehr richtig ein-
schätzen.

Ja.

Gegen Abend erreichen wir Belgien. Die Autobahnen in
Belgien sind nachts beleuchtet. Alle 50 Meter stehen Later-
nen am Rand der Fahrbahn. Ihr Licht ist rot-orange wie Jazz.
So als ob *Judge Dredd* in den Fünfzigern spielen würde. Syl-
vester Stallone hat braune Augen. Wie Riccarda. Aber im
Film sind seine Augen blau. Ich weiß nicht, ob das etwas be-

deutet. Aber das ist mir gleich beim ersten Mal aufgefallen, als ich den Film geschaut habe.

Ich werde geblitzt. Ich fahre langsamer. Ich denke, die Bußgelder in Belgien sind bestimmt sehr hoch. Meine Mutter schläft. Ihr Gesicht drückt auf die Scheibe. Ich mache das Radio an. Die Moderatorin kündigt eine Spezial-Sendung zum Thema Afro-Futurismus an. Sie spielt *Daily Battles* von Thom Yorke und Flea. Was keinen Sinn ergibt, weil die ja gar nicht schwarz sind.

Thom Yorke ist der Sänger und Songwriter von Radiohead. Er hat rote Haare, und eine seiner Gesichtshälften ist gelähmt. Flea ist der Bassist der Red Hot Chili Peppers. Er hat eine Zahnlücke. Und in diesem Song spielt Flea Trompete, eine sehr traurige Trompete. Und da ist ein Klavier und die Stimme von Thom Yorke, die wie durch eine Weide streichender Wind klingt. Es ist, als ob die Welt stillstehen würde, und nur ich bewege mich in diesem Auto über diese Welt.

Um Mitternacht fahre ich in die Einfahrt meines ersten Elternhauses bei Bonn. Hier war ich noch Kind. Die kniehohen Basaltsäulen im Vorgarten. Der Walnussbaum, den mein Opa meinen Eltern geschenkt hatte. Die Mauer aus Sandstein. Der Rosmarin dazwischen. Der lavendelblaue Briefkasten. Das Namensschild aus Messing. Die Treppe aus Granit. Die Straßenlaterne, die rötlich scheint. Eine Katze sitzt auf dem Zaun zum Nachbargrundstück.

Ich drehe den Schlüssel um, es riecht wie früher. Das Haus ist groß und leer. In der Küche hängt ein Sehnsuchts-Kalender mit Motiven aus der Provence. Auf dem Tisch liegen ordentlich gestapelte Ausgaben des *General Anzeiger*.

Meine Mutter geht die Treppe nach oben. Im Treppenhaus hängt das Berlin-Bild, das Klaus, der alte Freund meines Vaters, den beiden geschenkt hat. Eine Ku'damm-Ansicht im Achtzigerjahre-Glow, daneben das Perioden-System von irgendeinem Künstler, dessen Namen ich vergessen habe. Auch ein Geschenk von Klaus. Es ist die einzig echte Kunst in diesem Haus.

An der Decke des Treppenhauses hängen noch die Seilwinde, das Seil und der Korb. Als ich fünf war, machte mir meine Mutter manchmal Müsli und stellte es in meiner Namensschüssel in den Korb, den ich dann nach oben zog. Ich kam mir vor wie ein Ritter in einem Turm.

Da ist die Treppe zum Keller, in dem meine Schwester eingesperrt war. Meine Mutter geht ins Schlafzimmer. Ich sitze im Gästezimmer, rauche am Fenster. Ich schaue auf die Straße. Auf das Haus gegenüber, in dem Frau Ullbricht gewohnt hat. Die später nicht mehr gehen konnte. Und von ihrer Tochter und deren cholerischem Mann einfach sich selbst überlassen wurde. Die manchmal durch das offene Fenster um Hilfe schrie, weil sie so einsam war. Ich denke an meine Schwester und an den Keller.

Ich habe die Härte meiner Schwester nie verstanden. Ich habe nie verstanden, warum sie zurück zu ihrem leiblichen Vater gezogen ist. Aber jetzt versteh ich das alles. Wenn man zwei Väter hat, die scheiße sind, gibt es einen, der sich vielleicht noch weniger scheiße anfühlt. Beziehungsweise denkt man vielleicht immer, dass der andere weniger scheiße sein könnte, wenn man es versuchen würde.

Als ich aufwache, höre ich meine Mutter in der Küche. Sie legt die Zeitungen zur Seite. Sie sortiert Briefe. Sie macht Tee. Sie trinkt seit ihrem Magengeschwür keinen Kaffee mehr. Ich gehe ins Bad neben dem Gästezimmer. Es ist mintgrün gefliest. Über der Badezimmertür ist das Heizgerät mit den Glühstäben. Ich stelle es auf Stufe drei und dusche.

In der Dusche ist eine Sitzbank, die auch mintgrün gefliest ist. Auf dem Duschvorhang steht *Made in Switzerland*. Auf dem Regal über dem Waschbecken ist noch der Gillette-Rasierer meines Vaters, sein Pinsel und der grüne Rasierschaum. Daneben stehen eine Dose Nivea-Creme, Q-tips in einem Plastikbecher und eine medizinische Zahnpasta.

Zum Frühstück gibt es Aufback-Brötchen von Coppenrath & Wiese, dazu Himbeermarmelade von Schwartau und Margarine von Rama. Zeit für Brot oder die Bio-LPG gibt es in der Realität meiner Mutter nicht. Industrielle Lebensmittelverarbeitung ist noch Luxus für sie. Sie legt eine CD von Rondò Veneziano in den CD-Spieler. Das gab es sonst nur sonntagmorgens. Das und manchmal Cat Stevens, bevor er Yusuf Islam hieß. Ihre Haut ist weiß. Sie hat Falten. Sie ist ungeschminkt.

Sie trägt einen Frottee-Bademantel. Ich denke, vielleicht wäre es besser, wenn sie sterben würde. Ich stelle mir vor, wie sie die Treppe hinunterfällt. Wie Blut aus ihrem Kopf fließt. Wie ich die Haustür schließe und ein Taxi zum Bahnhof nehme. Und alles vergesse.

Ich denke, es wäre besser so. Ich denke, ob ich sie schubsen sollte. Nicht aus Bösartigkeit. Nicht aus Habgier. Das Erbe interessiert mich nicht. Nicht das Haus hier, nicht die Wohnung bei Berlin. Das kann alles meine Schwester haben. Ich würde damit nicht glücklich, glaube ich. Das anzunehmen, würde das Falsche bedeuten. Das würde bedeuten, dass meine Eltern recht hatten.

Ich frage mich, ob meine Mutter ohne meinen Vater existieren kann. Meine Mutter hat ihr Leben nach meinem Vater ausgerichtet. Nach seinem Wahnsinn. Nach seinen Launen. Sie hat ihn immer verteidigt. Auch wenn er mich angeschrien, wenn er mich geschlagen, wenn er meine Schwester in den Keller gesperrt hat. Sie hat gesagt, *er macht das, weil er sich Sorgen macht.* Sie hat zu ihm gehalten und uns nicht beschützt.

Ich werde meine Kinder nie schlagen, denke ich. Ich denke, wenn man Kinder hat, schuldet man ihnen alles, aber die Kinder einem nichts. Kinder kriegen bedeutet, sich selbst und die eigenen Erbinformationen für so wichtig zu halten, diese weiterzugeben. Kinder kriegen bedeutet, aus Narzissmus zum Schöpfer zu werden. Ich möchte auch Kinder, denke ich. Aber ich will beweisen, dass man Kinder auch einfach nur lieben kann.

Am Nachmittag fahren wir zum Bestatter, den Judith, eine Studienfreundin meiner Mutter, empfohlen hat. Judith meinte am Telefon, *dass er das pietätvoll* gemacht habe damals bei ihrem Mann.

Meine Mutter ist nie sicher Auto gefahren. Aber jetzt fällt mir auf, dass sie eine alte Frau ist. Ihr Sitz ist so weit vorne, dass der Kopf fast die Scheibe berührt. Das Lenkrad ist direkt vor ihrem Oberkörper. Sie fährt 60 auf der Landstraße. Wenn Autos entgegenkommen, bremst sie auf 30 runter und lenkt das Auto fast ins Bankett. Die Fahrbahn ist breit genug für drei Fahrzeuge. Für sie muss sie unendlich klein sein.

Wir fahren an der Kneipe *Zum Türmchen* vorbei. Als ich noch klein war, fuhr ich mit meinem Vater die drei Kilometer mit dem Rad dorthin. Am Anfang mit Stützrädern. Später ohne. Aber immer mit einer roten Fahne, die an einer Fiberglasstange befestigt war. Sie flatterte laut beim Fahren. Er trank Bier und ich Malzbier, manchmal Cola. Manchmal kaufte er Salzstangen oder Lakritzschnecken für uns beide. Wir saßen am Tresen. Er rauchte Ernte 23. Irgendjemand warf Münzen in einen Spielautomaten. Und der Wirt sah wie der Mann auf den Bitburger-Gläsern aus.

Ich war unglaublich stolz, so einen Vater zu haben, der mich in eine Kneipe mitnahm. Ich schaute auf die Männer, es waren bis auf die Frau des Wirtes nur Männer. Sie hatten

73

Schnauzbärte, Lederjacken, Jeans. Sie kamen mir stark und erwachsen vor, wie sie dastanden und saßen und tranken und rauchten. Und ich dachte, wenn ich groß bin, dann werde ich auch einen Bart haben und Bier trinken und manchmal an einem Spielautomaten gewinnen.

Vorm *Türmchen* biegen wir links ab. Die Straße wird kurviger. Meine Mutter fährt fast Schritt. Handwerksautos und Mofas überholen uns. Da ist das Sportzentrum mit den Tennisplätzen, dem Zehnmeterturm und den Schwimmbecken. Da am Eingang wurde der Fußballspieler Christoph Metzelder verhaftet. Er hatte seiner Freundin Kinderpornos aufs Handy geschickt. Sie hatte ihn angezeigt.

Das Bestattungshaus liegt auf einem Hinterhof. Gasflaschen, Paletten, Plastikstühle stehen da wie im Vorgarten eines französischen Ferienhauses. Wahrscheinlich war das mal eine Werkstatt. Die Tür ist aus schwerem Metall.

Die Geschäftsräume sind nüchtern. Die Wände sind vor Jahrzehnten verputzt worden. Sie sehen verlebt aus. Links am Eingang ist ein Schreibtisch, an dem niemand sitzt. Auf Metallgestellen stehen Särge. In Metallregalen die Urnen. Es riecht wie in einer Bibliothek. Alt, aber angenehm.

Meine Mutter ist über Nacht kleiner geworden. Und dünner. Die Hilfiger-Jacke aus Polyester ist unendlich groß. Die Füße meiner Mutter sind winzig. Die schwarze Pierre-Cardin-Tasche ist grotesk riesig im Verhältnis zu ihr.

Wir können ja einfach mal schauen, sagt sie. *Es sollte schon schlicht sein. Nicht so protzig. Eher klassisch. Und wir wollen keine Steinplatte. Da könnt ihr mich jagen mit. Das nimmt einem doch die Luft. Ich will freie Sicht haben.*

Ich sage: *Aber du bist doch gar nicht tot.*

Wir laufen durch die Reihen von Särgen und Urnen. Es gibt Bio-Urnen und Bio-Särge aus Pappe. Die sollen schneller kompostieren, heißt es. Und dann ist da eine Urne aus Stein, die wie eine organisch deformierte Patrone aussieht, so wie eine zerflossene Uhr von Dalí, nur dass es eben eine Patrone ist. Daneben liegen Werbebroschüren. *Colani-Urne* steht darauf.

Die Urne, so heißt es dort, wurde auf der *Eternity* 2000, einer Bestattungsmesse, die im Jahr 2000 in Berlin stattfand, zum ersten Mal vorgestellt. Daneben steht das gefaltete Preisschild: *840 Mark.*

Ich mochte Colani immer, weil er sich in einer spießiger werdenden Welt aus Rationalität auf sein wildes Herz verließ. Er war ein wiedergeborener Futurist. Alles musste schnell und zukünftig sein bei Colani. Colani war das Gegenteil der heutigen Gegenwart, die komplett rückwärtsgewandt ist. Heute geht es um Fahrräder mit Holzkästen vorne dran, handgeschöpften Käse und Handseife, die *Roter Preßsack* heißt und 65 Euro kostet. Früher ging es um Atomenergie und Raumschiffe.

Die Zukunft als Höherweiterschneller gibt es nicht mehr. Zumindest für die Gewinner der Gegenwart. Die Reichen wollen jetzt weniger haben, weniger verbrauchen. Und die Armen sollen da gefälligst mitmachen. Aber wenn man nichts hat, wo will man dann sparen? Eine Zukunft, die langsamer, weniger, und gerechter sein soll, finde ich furchtbar. Die Urne gefällt mir.

Guck mal, eine Urne von Colani, sage ich. *Wir hatten diesen Vobis-Computer. Der war von Colani.*

Der Bestatter kommt herein.

Wir hatten telefoniert, sagt meine Mutter.

Noch mal mein herzlichstes Beileid, sagt der Bestatter.

Der Bestatter erzählt, dass er durch den Tod seiner Frau ein anderer Bestatter geworden sei. Das sei vor zwei Jahren passiert.

Ich bin nie wieder der gleiche Mensch gewesen, sagt er.

Ich glaube ihm. Ich glaube, wenn man die Person, die man liebt, beerdigen muss, dann verändert das einen.

Meine Mutter erzählt von meinem Vater. Ich kann nicht zuhören. Ich will nicht wissen, was sie von ihm erzählt. Der Tod meines Vaters ist, glaube ich, und ich meine das wirklich nicht bösartig, gut für mich. Ich fühle mich nicht mehr so schwer, seit er tot ist. Mein Kopf ist leichter.

Ich gehe zur Colani-Urne. Ich fasse sie mit beiden Händen an. Ich wiege sie wie ein Kind in meinen Armen. Ich streichele sie. Obwohl sie aus Stein ist, ist sie weich.

Handschmeichler war eines der Lieblingswörter meines Vaters. In seinem Portemonnaie trug er kleine, weiche Steine mit sich herum. Manchmal nahm er sie in die Hand.

Ein anderes Lieblingswort war *Knickerbocker*.

Er hatte sich bei einem Schneider in Bamberg für 350 Euro Knickerbocker in Hahnentrittmuster anfertigen lassen. Seine Idee war, sie zum Golfspielen in Kanndorf anzuziehen. Kanndorf ist ein winziges Dorf in der Fränkischen Schweiz. Und da ist ein Golfklub. Ich musste da auch Golf spielen. Da waren nicht nur reiche Leute. Da spielten Dorfjungs und Siemens-Kinder neben- und miteinander. Heinrich von Pierer, der damalige Siemens-Vorstand, war da genauso wie Andi, der Nachbarsjunge, der eine Ausbildung bei *Frankenmilch* machte.

Mein Vater hatte die Idee, dass er dort in diesem totalen Klischee-Golfer-Outfit auftreten müsste. Aus heutiger Sicht war das genial. Das war so ein Melville-Moment des vollendeten zivilen Ungehorsams. Mittlerweile stellen ja Firmen wie Nike oder Adidas Golfschuhe und Golfbekleidung her, die gar nicht mehr nach Golf aussehen. Und da war es natürlich genial, wie ein Golfer auszusehen. Aber er hatte die Hose nur einmal an. Ich war dabei. Wir spielten zusammen 18 Loch.

Irgend so ein Siemens-Typ drängelte die ganze Zeit von hinten. Er schlug immer direkt hinter uns ab. Seine Bälle landeten teilweise fünf Meter hinter uns. Ich war vielleicht 16. Und ich glaube, dass diese Golf-Runde der Versuch meines Vaters war, mir näherzukommen. Aus heutiger Sicht ist das anrührend.

Beim Abendessen danach war meine Schwester zu Besuch. Und nach der Golfrunde mit meinem Vater erzählte ich ihr, als er gerade die zweite Flasche Wein holte, wie sehr er geschwitzt hatte. *Wie ein Schwein*, sagte ich zu meiner Schwester. Ich wollte ihr imponieren, sie hatte sich damals schon diese Härte zugelegt, von der ich vorhin erzählt habe. Ich dachte, so könnten wir uns näherkommen.

Als mein Vater wiederkam und weiter von unserer Runde erzählte und wie schön das gewesen sei, sagte meine Schwester, *aber du sollst ja geschwitzt haben wie ein Schwein.*

Und mein Vater war gelähmt. Er goss sich das ganze Glas voll. Er schaute mich an. Er schaute auf sein Glas. Er sagte nichts. Er trank das Glas in einem Zug aus. Der Mozzarella auf dem Villeroy-&-Boch-Geschirr stand da. Basilikum lag darauf.

Ich habe meinen Vater nie so verletzt gesehen wie an diesem Abend da draußen auf der Terrasse in Pretzfeld. Und gleichzeitig war auch ich verletzt, weil meine Schwester mich verraten hatte. Wie so oft. Auch wenn ich es schön fand, allein zu sein als Kind, ich war natürlich auch einsam. Ich schaute auf die anderen Kinder in der Schule, die Brüder und Schwestern hatten. Und wenn ich heute Riccarda und ihren Bruder sehe, muss ich fast weinen. Weil ich immer zwei Menschen sehe, die sich lieben und vertrauen. Die in den Sommerferien miteinander Hitzewelle gespielt haben. Das ging so, dass im Pool auf der Plattform die Sicherheitszone war. Und beide sprangen außen herum. Und wenn einer *Hitzewelle* rief, dann mussten sie so schnell wie möglich in den Pool springen, um nicht zu verbrennen. Das hab ich mit meiner Schwester alles nicht gehabt.

Jetzt, wo ich darüber nachdenke, bin ich ihr sogar böse, dass sie mich verlassen und an Tagen wie jenem Nachmittag sogar verraten hat. Dass ich an den Wochenenden allein mit meinen Eltern war. Als ich noch jünger war, verbrachte ich die Zeit von Freitag bis Sonntag in meinem Zimmer am Computer oder lesend im Bett. Ich wechselte zwischen *Counter-Strike* und Kafka. Ich versteckte mich zu Hause vor meinen Eltern. Es gab niemand, mit dem ich mich verschwören konnte. Wir waren drei Leute in einem Haus. Aber ich war immer allein.

Nach einer längeren Beratung entscheidet sich meine Mutter für das Modell *Papst-Sarg Kiefer cognac*. Das ist viel mehr ein Kasten als ein Sarg. Er sieht wie aus dem Reformhaus aus. Oder wie Möbel in einem Reformhaus. So wie diese Holzregale, in denen Nüsse und Kleie stehen. Aber, das erzählt jedenfalls der Bestatter, das sei das Sargmodell, das dem von Päpsten nachempfunden sei. Päpste würden sehr schlicht begraben, meint er.

Im Haus meiner Mutter trinke ich aus kleinen Plastikflaschen Wasser. Jede Art von Lebensmittel dort wird aus kleinen Gefäßen serviert, gegessen oder getrunken. Meine Eltern fanden das, ich glaube, sie sagten, *angemessen*. Große Verpackungen würden nur Proleten benutzen, hatten sie immer gesagt. Zum Abendessen gibt es Flammkuchen von Dr. Oetker.

Als ich im Bett liege, rufe ich Elias an. Ich will ihm eigentlich gar nichts sagen, nur seine Stimme hören. Telefonieren fällt uns beiden schwer. Es fehlt einfach die Haltung, die Umgebung, die Schönheit dabei. Beim Telefonieren zu rauchen oder sich einen Drink zu machen, ist einfach nicht das Gleiche, wie im Lugosi in Berlin oder im Schumann's in München zu sitzen. Ich erzähle ihm vom Tod meines Vaters. Aber es gibt nichts zu besprechen. Das finden wir beide.

Schlaf gut, Süßer, sagt er.

Schlaf gut, sage ich.

Am nächsten Tag gehen wir auf den Friedhof. Meine Mutter hat vom Friedhofsamt einen Lageplan mit freien Gräbern zugeschickt bekommen.

Er wollte ein Grab mit Aussicht, sagt sie.

Hinter uns ist die aus Backstein gebaute Kirche. Es riecht nach Mist. Ein Bauer hat die Kühe auf die Weide gegenüber getrieben. Wir laufen die mit Kies gestreuten Wege entlang. Links ist das Grab von Frau Ullbricht. Daneben das von Familie Leicht.

Die Leichts waren unsere Nachbarn. Herr Leicht hat mir Möhren aus seinem Garten über den Zaun gegeben. Er war Rentner. Bei der Gartenarbeit trug er Unterhemd, Cord-Hose und Cord-Hut. Er sagte *mein Freund* zu mir. So durch die Kehle gepresst. Abends schaute er in den Sonnenuntergang. Seine Frau saß auf der Terrasse und rauchte.

Als er starb, fing sie aus Langeweile und Einsamkeit mit dem Trinken an. Sie ging jeden Abend in den *Hirsch*, das war die Dorfkneipe. Sie trank Piccolos und Eierlikör, bis eine der Bedienungen sie meist nach Mitternacht nach Hause fuhr. An einem Morgen im Dezember hörten meine Eltern Sirenen. Blaulicht fiel durch ihr Schlafzimmerfenster. Frau Leicht war wieder im *Hirsch* gewesen. Diesmal war sie alleine gelaufen. Sie hatte die Haustür nicht mehr aufbekommen. Sie hatte sich auf die Stufen vor das gelbe Haus gesetzt, zwischen die Scheiben des bernsteinfarbenen Windfangs, und war eingeschlafen. Der erste Schnee war gefallen. Auf die Hecken, auf die Blumen, und durch den Wind auch auf die Dauerwelle von Frau Leicht. Sie war nicht mehr aufgewacht.

Das ist doch schön, oder, fragt meine Mutter, *unter der Kastanie.* Sie zeigt auf ein freies Grab.

Unter der Kastanie, sicherlich, sage ich.

Sie sagt: *Dort ruht er dann. Und später ich.*

Zwei ältere Damen laufen zum Brunnen in der Mitte des Friedhofs. Davor sind Gießkannen mit Fahrradschlössern gesichert. Beide schließen die Kannen auf. Sie holen Wasser. Sie laufen zu den Gräbern ihrer Männer, die nebeneinanderliegen. Sie gießen Blumen. Sie zupfen Unkraut. Tauben gurren. Die Frauen wechseln die Grablichter.

Das Telefon meiner Mutter klingelt. Es ist mein Cousin Christian. Das letzte Mal habe ich ihn vor fünf Jahren gesehen. Er war geschäftlich in Berlin gewesen. Hatte den Termin am nächsten Tag aber verpasst, weil er am Vorabend zu viel getrunken hatte. In meiner Erinnerung war er immer betrunken. Ich sehe ihn noch genau, wie wir den Grand Prix Eurovision de la Chanson bei meiner Tante in Kleve im Fernsehen schauen. Israel gibt dem deutschen Beitrag null Punkte. Und Christian schreit: *Das war doch klar von dieser Judenschlampe.*

Vor einem Jahr ist er mit drei Promille gegen einen Baum gefahren. Aber er hatte wieder einen Job. Ursprünglich war er Koch und hat seine Ausbildung im Hotel Atlantik in Hamburg gemacht. Er hat ganz stolz erzählt, dass er Pierce Brosnan während der Dreharbeiten zu *Der Morgen stirbt nie* mehrfach ein Rührei gemacht habe. Christians Vater war früh gestorben. Ich glaube, Christian war neun. Ich war da noch gar nicht geboren. In der Kochlehre hat er wie viele andere Gastronomen mit dem Trinken angefangen. In Küchen von guten Restaurants stehen immer irgendwo Wein oder Bier oder Champagner.

Nach der Lehre hat er in Hamburg ein eigenes Restaurant aufgemacht. Ich erinnere mich noch an das Trüffelrisotto in einem Einweckglas zur Eröffnung. Ein Jahr später war das

Restaurant insolvent. Dann verkaufte Christian Holzspielzeug auf Märkten auf Mallorca. Er hatte eine 20 Jahre ältere Hippie-Frau kennengelernt, mit der er in einem Wohnwagen von Markt zu Markt fuhr. Die schmiss ihn irgendwann raus. Und dann hatte ihm meine Tante einen Job als Immobilienmakler im Taunus besorgt. Keine Ahnung, warum Christian meine Mutter jetzt anruft.

Christian, es ist besser, wenn wir jetzt aufhören, sagt meine Mutter. *Das ist unanständig, was du da sagst.*
    Meine Mutter legt das Telefon zur Seite. Dann sagt sie zu mir:
    Weißt du, was er gesagt hat? Dass, weil der Papa tot ist, er jetzt das Familienoberhaupt ist. Er wollte mit mir die Beerdigung planen. Er war betrunken.

In Brest hatte meine Mutter genaue Vorstellungen von der Beerdigung entwickelt. Es sollte nur Dinge geben, die meinem Vater gefallen hatten. Oder hatte ich ihr das gesagt? Beim Leichenschmaus nach dem Gottesdienst sollte es französischen Rot- und Weißwein und sogar Champagner geben und Crevette Rose mit Cocktailsauce. Aber jetzt ist davon keine Rede mehr.
    Der plötzliche Tod meines Vaters hat meiner Mutter den Blick für die Realität genommen. Sie dachte jetzt, kein Geld mehr zu haben, das Haus verkaufen zu müssen. Dabei bekommt sie die Rente meines Vaters weiter. Gut 4000 Euro im Monat. Dazu noch ihre eigene Rente. Das ist mehr, als die meisten deutschen Familien haben. Noch als mein Vater gelebt hat, waren meine Eltern überdurchschnittlich wohlhabend. Sie haben trotzdem immer behauptet, sie seien arm. Aber jetzt, als alleinstehende Rentnerin, gehörte meine Mutter unbestreitbar zu den absoluten Spitzenverdienern in Deutschland.

Am Nachmittag telefoniere ich mit Riccarda. Sie hat eine Wohnung in Erlangen gefunden. Sie schickt mir Fotos. Altbau, fünf Zimmer, Küche, Bad, Balkon. Erlangen, das wusste ich gar nicht, obwohl ich in der Nähe aufgewachsen bin, ist die Stadt mit dem dritthöchsten Einkommen in Deutschland. Riccarda meint, die Wohnung sei das Beste gewesen, was es gerade gibt. Ich sage: *Wenn es dir gefällt, dann nehmen wir die. Umziehen können wir später noch.* Ich glaube, wenn man sich früh für etwas entscheidet, ist die Möglichkeit, dass es gut wird, immer größer, als wenn man zögert und sich nicht entscheidet. Dann passieren die Dinge einfach, und man selbst steht nur daneben und schaut zu.

Noch am selben Tag unterschreibt Riccarda den Mietvertrag. Riccarda wird ihre Wohnung in München auflösen. Meine Berliner Wohnung wollen wir behalten.

Ich denke daran, wie schnell das alles geht. Wir kennen uns eineinhalb Jahre. Dass wir heiraten, haben wir nach sieben Monaten beschlossen. Nur wo und wie, ist noch nicht klar. Zu zweit? In Berlin? Wir dachten sogar über Las Vegas nach, wegen der Kitschigkeit. Weil das so Liberace-mäßig wäre.

Wir hatten uns das *Madonna Inn* angeschaut. Das ist ein Motel mit Wasserfällen in den Zimmern, rosafarbenen Leder-Sitzbänken im Restaurantbereich und Waschbecken aus Muschelkalk. Das *Madonna Inn*, dachten wir, wäre die perfekte Kulisse. Aber für was eigentlich?

Aber jetzt dachten wir, heiraten wir doch einfach in Erlangen. Wo wir jetzt schon dort leben werden. Auf eine sonderbare Art war das gut so. In Berlin konnte ich meine Scham ablegen, aber erwachsen sein konnte ich mir dort nicht vorstellen. Dass mein Vater nicht bei der Hochzeit sein würde, fühlt sich gut an. Mit jedem Stück Vergangenheit, das verschwindet, denke ich, komme ich dem Ich, das ich sein will, näher.

Die drei Tage bis zur Beerdigung sitze ich mit meiner Mutter meist auf den grauen Korbmöbeln im gefliesten Wintergarten. Das ist mir noch nie aufgefallen, aber im Haus meiner Eltern gibt es kein richtiges Sofa. Es gibt keinen Ort, wo man einfach liegen kann, um ein Buch zu lesen oder einen Film zu schauen. Im Haus meiner Eltern kann man nur aufrecht sitzen. Es gibt keine Teppiche. Überall ist harter, kalter Steinboden. Wie in einem Schlachthaus oder einem Operationssaal muss man nur einmal feucht durchwischen, und das ganze Blut ist wieder weg. Das ist effizient, aber unmenschlich.

Links vor der Glasfront des Wintergartens steht die Buche, in der ich als Kind geklettert bin. Da ist der von knöchelhohem Buchs umrandete Bauerngarten mit den Hühnerfiguren aus Email. Auf Keramikschildern steht *Rosmarin, Thymian, Kerbel* und *Lauch*. Da ist die Bank unter dem Rosenbogen, auf der mein Vater abends auf das Siebengebirge schaute. Hinter dem Garten beginnt das Maisfeld, durch das ich als Kind rannte, um nie wieder zurückzukommen, nachdem sich meine Schwester auf mich gesetzt hatte, um mir zu zeigen, dass sie stärker war als ich. Ich lag auf dem Rücken. Sie war über mir. Sie drückte meine Hände neben meinem Kopf auf den Boden. *Ich gewinne immer*, hat sie gesagt. Danach rannte ich los. Ich kam nach fünf Minuten wieder. Ich hatte keine Schuhe angezogen, es war kalt. Meine Füße bluteten. Ich fror. Ich hatte nur einen Schlafanzug an.

Ein paarmal telefoniere ich mit der Kuratorin vom Museum Ludwig. Es ist noch ein Jahr bis zur Ausstellung. Aber so langsam möchte sie wissen, was ich denn eigentlich zeigen will. Ich schaue mir noch mal das Foto meines toten Vaters an, das ich in Frankreich gemacht habe.

Ich finde das Foto wirklich gut. Ich denke, es könnte sogar das Titelbild der Ausstellung werden. Das ist kein gemeines Foto. Aber ich glaube, würde ich das Foto in der Ausstellung zeigen, würde meine Familie es nicht verstehen. Es wäre der endgültige Bruch. Ich möchte meiner Familie nicht aktiv schaden, ich möchte sie nicht verletzen. Aber eigentlich nur so, wie ich Menschen, denen ich zufällig auf der Straße begegne, nicht verletzen möchte. Ich möchte einfach, dass meine Familie keine Rolle mehr in meinem Leben spielt. Ich bin mir unsicher wegen des Bildes.

Dann denke ich: Den wievielten Künstler braucht es denn noch, der sich an seiner Vaterfigur abarbeitet? Ist das nicht die Definition von Wohlstandsverwahrlosung?

Ich schreibe E-Mails. Meine Assistentin fragt, wann ich wieder arbeiten kann. Es gibt Anfragen für eine Kampagne für Gucci in Berlin, dazu Modestrecken in *032c* und für das *Numero*-Magazin. Der Comedian Oliver Polak möchte Fotos für seine neue Tour und Pressebilder für seine Netflix-Sendung in Paris machen.

Alles zusagen, sage ich. Nach der Beerdigung muss es weitergehen. Ich halte Stillstand nicht aus. Wenn nichts passiert und ich nur mit mir alleine bin, werde ich nervös und unruhig. Ich kann tagelang Serien schauen, aber das ist ja eine Aufgabe. Ich kann aber nicht nichts tun. Ich spüre mein Herz dann schneller schlagen. Ich arbeite auch deswegen so gerne, weil ich mich dann nicht mit mir selbst beschäftigen muss.

Für den Leichenschmaus mietet meine Mutter den *Dorfkrug.* Sie bestellt Käse- und Schinkenbrote. Dazu soll es Bier von Bitburger und Sekt von Henkel sowie Kaffee geben. Ich glaube nicht, dass meinem Vater das gefallen hätte. Riccarda kommt einen Tag vor der Beerdigung. Ich hole sie am Flughafen Köln/Bonn ab. Ich küsse sie in der Tiefgarage.

Du hast mir ein Zuhause geschenkt. Ich bin so glücklich. Ich freue mich auf unsere Wohnung. Ich freue mich auf unsere Zukunft.

Die Zukunft ist jetzt, sagt sie.

Ich sehe ihren Mut und ihre Stärke. Ich sehe alles, was ich mir jemals gewünscht habe.

Wir bringen ihre Sachen in das Gästezimmer neben der Küche.

Ich hatte vergessen, wie gemütlich das ist, sagt sie.

Das Gästezimmer ist auch gefliest. Gegenüber vom alten Ehebett meiner Eltern stehen zwei große Kühlschränke, in denen meine Mutter Käse, Wurst und kleine Getränkeflaschen aufbewahrt. Nachts hört man das Brummen der Schränke besonders laut. Mehr ist da nicht in diesem Zimmer, in dem man nicht Gast, sondern verräumte Ware ist.

Um 10 Uhr stehen wir am nächsten Morgen vor der Backsteinkirche. Klaus, der Studienfreund meines Vaters, der für ihn auch den Lehrstuhl in Erlangen geschaffen hatte, steht mit seiner Frau Marion da. Sie sieht wie immer so aus, als hätte sie eine ganze Zitrone im Mund. Ihre Mundwinkel sind unten. Klaus nimmt meine Mutter in den Arm. Dahinter stehen meine Tante und ihr Lebensgefährte. Und Christian, mein Cousin. Er ist der einzige mit Sonnenbrille, so wie man das aus Beerdigungen bei den Sopranos kennt. Christians Wangen sind aufgequollen, er trägt einen beigen Schal von Burberry über dem schwarzen Anzug. Sein Kopf ist spiegelglatt rasiert.

Glatzen sind immer ein Zeichen von Sehnsucht nach Kontrolle. Extrem erfolgreiche Menschen wie der Designer Demna Gvasalia rasieren sich die Haare, um den Kopf frei zu haben für das Wesentliche. Und Menschen wie mein Cousin oder Britney Spears oder Sinéad O'Connor denken, dass, wenn sie sich ihrer Haare entledigen, all ihre Schuld, ihr Scheitern, ihre dunkle Geschichte von ihnen abfällt. Dabei wird es bei solchen Leuten immer nur schlimmer.

Die Idee aber stimmt natürlich. Deswegen rasiert man den ankommenden Rekruten bei den Marines oder Novizen in buddhistischen Tempeln als Erstes den Kopf. Der alte Mensch soll verschwinden, auf dass sich ein neuer formen kann.

Christian raucht nervös. Er schaut meiner Mutter nicht in die Augen, als er *hallo* sagt. Meine Tante nimmt mich in den Arm. Meine Schwester kommt mit ihrem Freund. Riccarda und ich stehen zwischen all diesen Menschen, die mir bekannt sind, die ich aber kaum kenne. Die mich kaum kennen. Die immer Zeuge waren, wie mein Vater mich nach seinem Ebenbild formen wollte. Die aber nie einschritten. Die ihn mit einer Mischung aus Bewunderung und Ehrfurcht sahen, ihn, den Mann, der es aus der winzigen Dachkammer seines Elternhauses zum Professor Doktor Doktor geschafft hat. Die aber auch Angst vor seinen Ausbrüchen bei Familienfeiern hatten, wenn er zu viel getrunken hatte.

Meine Schwester schluchzt.

Bist du nicht auch irgendwie erleichtert, frage ich sie.

Das ist nicht die richtige Frage, sagt sie.

Was ist denn die richtige Frage? Warum er dich in den Keller gesperrt hat? Warum er wollte, dass ich so werde wie ihr? Warum er jeden Abend zwei Flaschen Wein getrunken hat?

Nicht jetzt, sagt meine Schwester. Sie meint das nicht böse. Das merke ich. Aber sie will einfach nicht darüber reden hier und jetzt.

Professoren und Ärzte sind angereist. Weggefährten meines Vaters. Ich erinnere mich an manche Namen, aber kenne ihre Gesichter nicht. Einige sprechen mich an. Einer sagt, er hätte neulich Fotos von mir in einer Ausstellung gesehen. Der Bodybuilder mit der Banane im Mund habe ihm besonders gut gefallen. Und wie Billie Eilish denn gewesen sei, will er wissen. Seine Tochter sei ein großer Fan. Und dann sagt er: *Künstler zu werden in so einem Haushalt ist sicher nicht leicht gewesen.*

Der Gottesdienst verläuft normal. Ein Pfarrer, ein paar Messdiener, eine Organistin. Der Sarg steht auf den Stufen zum Altar. Daneben ein großes Schwarz-Weiß-Foto meines Vaters. Er schaut durch seine randlose Brille nach links. Sein Haar ist grau. Seine Augenbrauen sind buschig. Da sind Blumenkränze, einer vom Uniklinikum, einer von meiner Mutter und mir und meiner Schwester und Riccarda und noch ein paar andere. Die Lieder, die sie spielen, kenne ich nicht. Von der Predigt höre ich nur Fragmente.

Zu früh gegangen
Unerwartet
Plötzlich
Endlich

Kräftige Männer mit einfachen Gesichtern in schwarzgrauen Wollmänteln tragen den Sarg auf ihren Schultern nach draußen. Das Grab an der Kastanie ist ausgehoben. Ein Erdhaufen liegt daneben. Das, was meine Familie ist, läuft in einer Schlange nach draußen. Die Luft ist feucht. Ein Zitronenfalter landet auf meiner Schulter. Riccarda und ich schauen ihn an. Der Sarg wird mit Seilen nach unten gelassen. Mit einer Schaufel schütten die Leute Erde auf den Sarg. Sie werfen Blumen darauf. Ich mache das auch. Aber es ist nur eine Geste, die mir nichts bedeutet. Tränen laufen Riccarda die Wange hinunter. Der Grabstein ist noch nicht geliefert worden. Das Grab müsse sich erst setzen, hat der Bestatter gesagt. Deswegen steht dort nur ein Holzkreuz wie bei Kindern, die zu früh gestorben sind.

Im *Dorfkrug* sind lange Tische gedeckt. An den Wänden hängen Fotos von Schützenfesten. Ich trinke einen Sekt und ein Bier. Ich esse eines dieser nach nichts schmeckenden Käsebrote. Meine Mutter hält eine Rede.

Er war ein Mann des Wortes. Die letzten zwei Tage seines Lebens konnte er nicht mehr sprechen. Am Ende der Welt endete unerwartet sein Lebensweg.

Auch ich hatte eine Rede vorbereitet. Ich hatte über alles Mögliche nachgedacht.

Die große Abrechnung.

Ihr habt ihn bewundert, ich hatte Angst vor ihm.

Als Wissenschaftler war er genial, als Vater unmöglich.

Er nannte es Liebe. Für mich war es Terror.

Als ich abends mit Riccarda im Bett des Gästezimmers lag und die Kühlschränke brummten, riet sie mir davon ab.

Für wen würdest du das sagen, fragte sie. *Was würde das bei deiner Familie auslösen? Willst du deine Familie verletzen?*

Sie traf keine Aussagen. Sie urteilte nicht über mich. Aber sie stellte die richtigen Fragen. Es ist unendlich einfach, über Menschen aus der Vergangenheit zu richten. Sie in ihrer Abwesenheit für schuldig zu erklären und ein Urteil zu fällen.

Das macht man ja insgesamt gerade so. Künstler werden posthum aus den Museen vertrieben. Schauspieler aus Filmen.

Ich lehne das ab. Aber es ist so verführerisch. Aus Kränkung zu handeln, aus Rache zu leben, ist das Dümmste, was man machen kann. Aber es ist naheliegend, wenn man selbst verletzt ist.

Das Leben eines Menschen als die Summe begangener Verfehlungen zu bilanzieren, ist genauso falsch und böse wie jede dieser Verfehlungen an sich. Die Spinner und jetzt deren Kinder, die von der Erbsünde und dem Konzept von Schuld in der Kirche als Unterdrückung des freien Menschen sprechen, zeigen jetzt genauso moralisch aufgeladen mit dem Finger auf ganze Menschenleben und rufen: *Schande.*

Die Erbsünde war eigentlich zutiefst human. Sie ist viel mehr eine Prognose als ein Urteil. Ihr liegt das Bewusstsein zugrunde, dass Menschen sündigen werden. Sie erkennt den Menschen mit seinen Fehlern an. Die Erbsünde ist eben kein Schuldspruch. Sie ist die gleichberechtigte Befreiung aller.

Wer unter euch ohne Sünde ist, der werfe den ersten Stein auf sie, heißt es im Johannes-Evangelium.

Die neuen Menschen heute denken aber, dass sie ohne Sünde seien. Und wenn ein anderer sündigt, verstoßen sie ihn.

Natürlich war ich gekränkt. Natürlich war ich verletzt. Aber an diesem Abend vor der Beerdigung, im Bett neben Riccarda, merkte ich, dass es nichts bringt, einen Toten für das eigene Unglück und die eigenen Verletzungen verantwortlich zu machen. Ich war noch nicht bereit dafür, aber ich merkte, dass ich verzeihen müsste, um frei zu sein.

Also erzähle ich bei meiner Rede auf dem Leichenschmaus, und tatsächlich weine ich dabei, wie mein Vater mir das Rechnen und das Radfahren beigebracht hatte. Wie er mir, ich muss vier gewesen sein, den Minotaurus, das Moore'-sche Gesetz und das Möbiusband erklärte. Er hatte sich das sicherlich nicht so vorgestellt, wahrscheinlich hat mein Vater meinen Weg abseits einer Universität als sein Scheitern gesehen. Aber andererseits – so wie ich jetzt hier stehe, mit der großen Ausstellung nächstes Jahr, mit den Aufträgen der Firmen und Modemagazine –, schlecht war das ja nicht gelaufen.

Ich schaue meine Mutter an. Meine Tanten. Meine Großmutter. Alle, die jahrelang danebengestanden hatten, wenn
mein Vater laut wurde, wenn er schrie, wenn er mit Dingen
warf, wenn er betrunken war, sitzen da vor Sekt und Kaffee
und den Käsebroten.

5.

Direkt neben dem Einkaufszentrum von Erlangen steht der Schornstein des Heizkraftwerks. Das ist das höchste Gebäude der Stadt. Nachts wird der Schornstein angestrahlt. Klimaneutral, hat der junge SPD-Bürgermeister verkündet.

Seit einem Monat leben Riccarda und ich hier. Und obwohl ich eine gewisse Angst davor hatte, in die Nähe meines Aufwachsens zu ziehen, bin ich entspannt. Und obwohl Erlangen mit 112 000 Einwohnern offiziell eine Großstadt ist, fühlt es sich an, wie in einem verschlafenen Kurort zu leben.

In der Mitte der Stadt liegt der Schlossgarten mit einer Liegewiese, auf der Studenten Eis essen, lesen oder rauchen. Dazwischen sitzen Ärzte und Krankenschwestern des Klinikums in weißen Kitteln und machen Mittagspause. Daneben ist der botanische Garten mit Palmen und einem Tropenhaus und Becken mit Seerosen. Da ist die Orangerie, die ein Markgraf gebaut hat.

Ein Hochzeitspaar lässt sich von einer Hochzeitsfotografin mit einem riesigen Objektiv vor einem Sonnensegel fotografieren. Der Bräutigam hebt die Braut ironisch hoch. Sein Anzug ist zu groß. Die Braut trägt Hochsteckfrisur und ist so grotesk geschminkt wie eine Sechzehnjährige bei ihrem zweiten Discobesuch.

Und dann ist da noch der Marktplatz, wo jeden Tag Obst, Gemüse und Fleisch verkauft werden. Gleich am ersten Tag habe ich mich mit Bernhard angefreundet. Er hat dort seit 20 Jahren seinen Gemüsestand. Er hat mich auf eines meiner Outfits angesprochen. Ich glaube, es waren die pinken Seiden-Shorts von Céline und das Batik-Shirt von Moschino. Und obwohl er Fränkisch spricht und aussieht wie ein fränkischer Bauer, habe ich sofort gemerkt, dass er besonders ist. Dass er alles versteht.

Er ist gelernter Gärtner und lebt mit seiner aus Polen stammenden Frau Danuta und den zwei Söhnen in Nürnberg. Er sammelt Kunst, organisiert ein fränkisches Literaturfestival und ist zehnmal gebildeter und neugieriger als es meine Akademiker-Eltern jemals waren. Zu seinem Stand kommen Menschen wie der junge Physikprofessor, der vier Jahre in Harvard war, die Theater-Schauspielerin, die gerade ihr Kind bekommen hat, der ehemalige Siemens-Vorstandsvorsitzende Heinrich von Pierer und gescheiterte Menschen, wie der Zahnlose, den Bernhard *Bierpapst* nennt, weil er in seinem Leben alle Biere der Welt probiert haben will. Leuten wie dem Bierpapst schenkt Bernhard immer ein paar Äpfel, Tomaten oder Möhren, damit sie über die Runden kommen.

Es gibt eine Waage an Bernhards Stand, aber die Preise macht er nach Gefühl. Seit ich ihm eine Fotografie von mir geschenkt habe – eine gebratene Forelle auf dem Teller eines Ausflugslokals in Hagenbach –, darf ich nicht mehr bezahlen.

Das schlag ich bei den Leuten von Siemens drauf, sagt Bernhard, wenn ich bezahlen möchte und er wie immer ablehnt. Manchmal warte ich, bis er den Stand verlässt, um bei seiner Frau etwas zu kaufen. Bei ihr darf ich zahlen.

Am Marktplatz ist auch Riccardas Museum. Sie leitet jetzt ein Team von 20 Mitarbeitern. Da ist eine Kuratorin, eine Volontärin, eine Frau für die Buchhaltung, die Museumspädagogin, der irische Techniker, der schon seit 20 Jahren in Erlangen lebt, den härtesten Akzent spricht und in der Mittagspause BLT-Sandwiches isst und abends Guinness trinkt.

An den Wochenenden fahren wir mit Riccardas marrakeschbraunem BMW in die Fränkische Schweiz. Wir gehen wandern, wir besuchen Burgruinen, die Quakenschloss oder Streitburg heißen. Wir liegen im selben Freibad wie ich damals. Einmal kaufen wir Zigaretten im Getränkemarkt, in dem ich als Jugendlicher Bier kaufte. Das ist ein Samstag, und es ist gegen Mittag. Ich trage einen rot-weiß gestreiften Anzug und rote Brogues, und Riccarda trägt ein afrikanisches Wachsprint-Kleid mit Hähnen darauf und dazu bernsteinfarbene Sandalen aus Kunststoff. Die Idee war, dass wir uns wie Adelige anziehen, die aufs Land fahren.

Auf dem Parkplatz vor dem Getränkemarkt stehen Lars und Frankie, die Typen, die mir damals das Messer an den Hals gehalten und mich gezwungen hatten, meine Schuhe mit Scheiße einzureiben. Sie stehen neben einem verrosteten schwarzen VW Polo und rauchen. Sie trinken Energy-Drinks und hören Böhse Onkelz über die Lautsprecher des Autos. An der Kasse des Getränkemarkts steht Volker. Früher war er der coolste Punk. Mit seiner Band Deaf & Dumb war er der Größte. Er fuhr Skateboard und hatte immer gepiercte Freundinnen. Jetzt trägt er ein Schild mit *Volker – Was kann ich für Sie tun?* auf der Brust. Seine Haare sind nach wie vor zu einem Irokesen geschnitten. Sie sind nicht aufgestellt. Sie liegen einfach so auf seinem Kopf.

Er sagt: *Das sind dann vierzehn Euro zwanzig, bitte.*

Er schaut mir lange ins Gesicht. Er schaut auf meine Schuhe. Auf den Anzug. Auf die Manschettenknöpfe. Er schaut auf Riccarda. Dann wieder in mein Gesicht. Er möchte etwas sagen. Er sagt nichts. Ich sage, *vielen Dank und einen schönen Tag noch.*

Ich erzähle Riccarda von Volker. Dass er damals der Coole war. Und ich der Loser.

Aber jetzt ist das doch anders, sagt sie, *du musst denen nichts mehr beweisen. Du bist gut, weißt du.*

Es ist Spätsommer. Wir fahren mit heruntergelassenen Fenstern die Bundesstraße am Fluss entlang. Wir rauchen. Aschepartikel wirbeln aus dem Fenster. Wir hören Lana del Rey.

Ich denke häufig über die Musik von Lana Del Rey nach. Dass so etwas in Deutschland unmöglich ist. Dieser total artifizielle, aber naiv wirkende, in die Nationalflagge eingewickelte Kitsch.

> *My pussy tastes like Pepsi cola*
> *My eyes are wide like cherry pies*
> *I got sweet taste for men who are older*
> *It's always been so, it's no surprise*

Ich denke an Nabokov, Bob Dylan, Bruce Springsteen und Andy Warhol, die von den Menschen erzählen, die Amerika sind. Genauso wie Lana Del Rey. Sie erzählt von den Typen an den Fließbändern bei Ford, von der schwarzen Frau mit der Zahnspange, die in einem Diner in New Jersey arbeitet, von dem White Supremacist im Pick-up-Truck aus Louisiana in der Tarnweste, vom Hipster, der das gleiche Outfit in Williamsburg für 3500 Dollar kauft, vom Crackhead, der die Liebe sucht. Diese Mischung aus ironischer Distanz und aufrichtiger Liebe ist das Gefühl Amerika.

Die Deutschen konnten dieses Gefühl zu ihrem wiedergeborenen Land nie entwickeln. Es war ja ein Gefühl, das vom Deutschen Reich aus die Welt in Brand steckte. Seitdem haben die Deutschen vor Gefühlen und Schönheit Angst. So ein Kunstkritiker benutzte in einem Gespräch mit mir und dem Künstler Anselm Reyle einmal das Wort Pulchritudophobie.

Die Angst wurde in der deutschen Nachkriegsgesellschaft zu Hass und Selbsthass. Wenn ich Politiker wie Manuela Schwesig in diesen Hosenanzügen sehe oder die offenen Strickwesten von Markus Söder unter den Anzügen vom Wühltisch, dann merke ich, dass das wirklich so ist.

Ich meinte damals zu Anselm: *Die Angst der Deutschen vor Schönheit, die zum Hass geworden ist, ist eigentlich die enttäuschte Liebe zu den Nazis. Die Nazis wurden nicht aus politischen Gründen gewählt, sondern aus Liebe.*

Wir redeten dann über Beuys, Meese und spiegelnde Oberflächen. Und ich fühlte, wie mutig Anselm war. Wie viel Widerstand in der Schönheit seiner Arbeiten steckte. Diese Theoretiker und Menschen wie Richard David Precht und diese Anhänger von neumodernem Sektentum wie der Critical Race Theory sind einfach Feiglinge.

Die nennen sich *public intellectuals*, verstecken sich aber hinter Wörtern, die sie nicht einmal selbst verstehen. Sie benutzen Wörter, sprechen aber keine Sprache. Sie haben Angst davor, mit anderen Menschen in die einzig echte Form von Kommunikation zu treten – sie haben Angst zu fühlen. Sie haben die *Andockfähigkeit*, wie Niklas Luhmann es nannte, verloren. Und deswegen reden sie nur mit sich selbst oder Menschen, die ihnen so ähnlich sind, dass sie am Ende auch wieder nur mit sich selbst reden.

Riccarda hat diese Angst überwunden oder sogar vielleicht nie gehabt. Wenn sie auf die Dinge schaut, sieht sie die Schönheit der Welt, und die möchte sie allen zeigen. Sie zeigt Kunst im Glauben und Wissen, dass alle Menschen etwas darin sehen können.

Die Kunst, die sie zeigt, ist aber nicht banal. Wenn sie Bilder von Devan Shimoyama, diesem glitzerschwulen schwarzen Wunderkind aus Philadelphia, ausstellt, dann nicht weil er und seine Kunst *queer* oder *empowering* oder wasauchimmer sind, aber eben auch nicht, weil sie einfach nur bunt sind, sondern weil diese Bilder ihr Innerstes berühren und sie glaubt, dass es auch anderen Menschen so gehen kann. Die Gefahr, die ich gerade sehe, ist, dass wir uns als Gesellschaft nicht mehr berühren wollen, dass wir, obwohl wir überall auf der Welt sein können und sind, Angst vor dem Fremden entwickeln. Der Fremde ist nicht mehr Schwarz, Moslem oder obdachlos. Der Fremde ist der Nachbar.

An diesem Tag im Spätsommer waten wir durch das kalte Wasser der Kneipp-Anlage von Muggendorf. Wir lieben uns im Bett am Fenster. Die Bettwäsche ist aus Leinen. Auf dem Dach gurren Tauben. Wir frühstücken zwischen Kakteen auf dem Balkon in der Morgensonne.

6.

Ines sagt, dass sie nicht glauben kann, wie ruhig ich bleibe. Mikosch, der Barkeeper, steht in unserer neuen Küche und wirkt so, als hätte er noch nie einen Drink gemacht. Wir hatten ihn extra gebucht, damit der Empfang vor unserem Hochzeitsessen stressfrei läuft. Er ist eine halbe Stunde zu spät gekommen. Die ersten Gäste sind da.

Riccarda und ich haben entschieden, in Erlangen zu feiern. Wir haben meine Mutter, meine Schwester und ihren Freund Alex, Riccardas Eltern, Elias, seinen Mann Sascha, Anna, mit der ich nach Berlin gezogen bin, und ihren Mann, sowie Stephanie, Riccardas beste Freundin, und Ines und ihren Mann Frank eingeladen.

Ich renne durch die Wohnung und biete den Gästen Champagner an, während Mikosch die Eiswürfel runterfallen. Es klingelt. Meine Mutter kommt mit meiner Schwester und deren Freund das Treppenhaus hinauf.

Wenn das der Papa sehen würde, sagt sie als Erstes. *Er wäre so froh.* Und auch wenn ich das irgendwie verstehe, empfinde ich diesen Satz, besonders als ersten Satz, als falsch. Es geht heute nicht um meinen Vater.

Meine Schwester und ihr Freund sind angezogen, als würden sie in den Baumarkt gehen und nicht zum Abendessen einer Hochzeit. Sie kommen in verwaschenen Jeans und fusselnden Wollpullovern. Alle anderen tragen Kleider und Anzüge. *Na toll*, meint sie, *ihr habt ja gar nicht gesagt, dass man sich schick machen soll.*

Mikosch bringt die ersten Drinks. Die entweder zu dünn oder zu stark sind. Ich versuche, nachzuschenken, nachzumixen. Mein Kopf rast. *Jetzt lass uns eine Zigarette rauchen*, sagt Ines und zieht mich am Arm auf den Balkon.

Ines und Riccarda haben zusammen in einem Museum in München gearbeitet. Und sie hat etwas absolut Beruhigendes. Ihre Haare sind braun und lang, und ich weiß nicht, wie sie riecht. Aber ich denke, irgendwie erdig. Erde beruhigt mich. Wir rauchen. Und atmen.

Bei Riccardas erster Ausstellung in Erlangen war ich so aufgeregt, dass ich ihr den Abend fast kaputtgemacht hätte. Ines hat ihn gerettet. Aus Berlin und München kamen so viele Leute, und ich wollte, dass sie sehen, wie Riccarda strahlt und funkelt. Und während sie noch an ihrer Rede schrieb, saß ich mit den Gästen in der Bar von Hannah und Tim, und wir tranken und tranken. Wir kamen 20 Minuten zu spät.

Elias war mit seinem Mann Sascha gekommen, Christian, der Fotograf und seine Frau Lina, die Anwältin, und Anne, dieses aparte Wesen, das immer direkt aus dem Himmel gefallen scheint. Anne und ich gingen Arm in Arm ins Museum. Alle starrten uns an. Da waren noch Heiko, Lars der Maler, ich weiß nicht mehr, wer sonst. Ich glaube sogar, dass Thomas Girst da war.

Riccarda hielt gerade ihre Rede. Sie bedankte sich bei ihrem neuen Team. Und in den ersten Reihen saßen Stadträte und Rentner. Ganz hinten standen ein paar Akademiestudenten. Ausstellungseröffnungen außerhalb von Düsseldorf oder Berlin sind so. Weil Deutschland so ist. Und als wir da reinkamen, müssen wir ausgesehen haben wie die ersten Transvestiten von Erlangen. Laut, kichernd, albern.

Jedenfalls war ich am Ende unendlich betrunken. Und später, da war die Ausstellung voll von jungen Menschen, weil Riccarda die Band Stereo Total für die Party gebucht hatte, da stand ich vor dem Museum und schrie Dinge wie: *Warum darf denn niemand wissen, dass wir ficken.* Ich weiß nicht mehr, warum. Aber das schrie ich wirklich. Und neben mir stand ein Sammler-Ehepaar aus Weißenfels.

Als ich am nächsten Morgen neben Riccarda aufwachte, schaute sie mich ganz komisch an. Ich kann das gar nicht beschreiben. Enttäuscht. Wütend. Traurig. Ich erinnerte mich daran, dass ich mit Ines nach Hause gegangen war. Ich dachte, dass Ines so betrunken gewesen wäre, dass ich sie ins Bett gebracht hätte. Aber Ines hatte mich nach Hause gebracht. Sie hatte mich ins Bett gelegt. Riccarda ein Foto von mir geschickt, wie ich schlief. Und dann war sie wieder ins Museum gegangen auf die Party. Und der Abend endete gut.

Natürlich bin ich überhaupt nicht ruhig. Aber weil Ines das sagt und mich nach draußen zieht und ich gar nicht merke, dass sie das alles genau fühlt, meine Aufregung und deswegen auch Riccardas Unruhe, weil sie weiß, dass ich, wenn ich nervös werde, zu viel trinke, deswegen macht sie das. Und deswegen ist alles in Ordnung.

Riccarda und ich stellen die Gäste vor, die in unserem Wohnzimmer stehen und sitzen. Über dem graublauen Sofa hängt eine der Venedig-Tauben, die Julian Charrière und Julius von Bismarck während der Biennale gemacht haben. Daneben ein Foto von Juergen Teller, das eine rauchende Stoffkatze mit Korallenohrringen zeigt. Auf der anderen Seite hängt eine Kettenarbeit von Monica Bonvicini und eine Zeichnung von Bernhard Martin, auf der eine Giraffe mit nackten Brüsten zu sehen ist.

Dann fängt meine Mutter an zu schluchzen. Meine Schwester nimmt sie in den Arm. Sie schnäuzt sich in ihr weißes Stofftaschentuch. Ich finde kaum etwas schlimmer, als Stofftaschentücher zu benutzen. Die Vorstellung, über mehrere Tage, vielleicht sogar Wochen den eigenen Nasen-schleim in der Tasche mit sich herumzutragen, um dann und wann eine weitere Portion Schleim dazuzupacken, finde ich beunruhigend.

Es ist ja auch ein schönes Zeichen, dass es weitergeht, sagt meine Mutter. *Er hätte sich so gefreut.*

Ich verlasse das Wohnzimmer, um durch die Küche auf den Balkon zu gehen. Mikosch spült Gläser ab. Auf seiner Stirn ist Schweiß.

War doch gut dann, sagt er.

Hervorragend, sage ich.

Für das Abendessen haben wir das La Barca gemietet, ein kleines Restaurant in der Schiffstraße. Wir gehen zehn Minuten zu Fuß durch die Innenstadt. Eigentlich wollten wir durch den Schlossgarten. Aber der wird um 20 Uhr ab-geschlossen.

Der Tresen des La Barca ist smaragdgrün gefliest, man sitzt auf Wishbone Chairs, es gibt Gerichte wie Shakshuka und Saibling auf Rote-Bete-Salat. Es gibt Old Fashioned mit Roibuschtee, fränkische Biere und Sauvignon blanc von von Winning und Rotwein von Markus Schneider.

Die eigentliche Trauung, nur standesamtlich, wird am darauffolgenden Morgen stattfinden. Danach haben wir noch einen Sektempfang geplant. Und dann werden Riccarda und ich zum Flughafen fahren. Wir werden eine Woche in New York sein und von dort aus mit einem Ford Mustang bis nach Provincetown fahren. Für ein Modema-gazin soll ich einen schwulen Künstler fotografieren. Und ich dachte, 6000 Euro für eine Stunde in einem Schwulen-Badeort, das ist schon in Ordnung.

Wir essen und reden. Meine Schwester und Alex beschimpfen sich die ganze Zeit ironisch.

Du Arsch.

Boah, Alex, pass doch mal auf.

Wie siehst du überhaupt aus?

Du bist aber auch behindert.

Ist das Unsicherheit? Ist das einfach ihr Ding? Ich finde es befremdlich, sich zu beschimpfen, auch wenn es ironisch ist.

Riccarda und ich stehen vor dem Lokal und rauchen. Wir schauen durch die Fenster in den Gastraum. Wir sehen unsere Freunde, unsere Familie. Sie essen und trinken und unterhalten sich. Ich glaube, man heiratet auch, um zu sehen, dass alles in Ordnung ist.

Ein Mann mit einer Lidl-Tüte kommt auf uns zu.

Guten Abend, sagt er.

Guten Abend, sagen wir.

Er möchte reingehen. Ich erkläre, dass wir unsere Hochzeit feiern.

Ich habe Hunger, sagt er.

Riccarda schaut mich an. Sie spürt, dass ich ihn reinbitten möchte. Hannah kommt. Sie scheint ihn zu kennen.

Nicht du schon wieder, sagt sie.

Bring ihm doch einen Teller, sag ich ihr. *Und ein Bier.*

Hannah verdreht die Augen. Sie seufzt. Sie geht in die Küche und kommt mit einem Teller und einem Bier in einem kleinen Krug wieder.

Aber keinen Scheiß machen, ne, sagt sie dem Mann.

Seine Schuhe haben Löcher. Er schlingt das Essen in sich hinein.

Anna kommt hinaus. Sie zündet sich eine Zigarette an. Riccarda geht wieder rein.

Schön, dass wir hier sind, sagt sie.

Dass wir ein Paar waren, war ein Irrtum, sage ich, *aber ein guter. Ich bin froh, dass du hier bist.*

Wir waren Babys, sagt sie.

Der Mann mit der Tüte will noch ein Bier. Ich hole ihm eins. Am Tresen erzählt Hannah, dass er immer die Zeitungen aus ihrem Lokal klaut und dann in einem anderen verkauft.

Ich finde das gar nicht schlimm. Ich finde, das ist auch ein Beruf, sage ich.

Rein darf er aber nicht, sagt Hannah.

Ich bringe dem Mann das Bier. Er redet mit feuchter Aussprache und großen Gesten auf Anna ein.

Sie sind die Mary Poppins Europas. Woher kommen Sie eigentlich?

Ich lebe in Berlin, sagt Anna.

Berlin, sagt er. *Ich wohne dort immer im Adlon. Wissen Sie, es geht im Leben darum, zu wissen, wer man ist, was man will und wo man zu Hause ist. Ich bin überall zu Hause. Das Adlon ist mein Zuhause. Ich kenne den Manager seit Jahren.*

Ach so, sagt Anna. Sie bläst Rauch nach oben.

Sie sind eine Muse der Gesellschaft, sagt der Mann. *Sie sind schön und gescheit, das sehe ich sofort. Ich habe sie alle gesehen.*

Von seinem Mund fliegt ein Stück rote Bete auf Annas Parka, den sie über ihrem Kleid trägt.

Ich muss weiter, sagt der Mann und macht einen Diener. *Wir sehen uns in Berlin. Ich habe leider meine Karte vergessen. Aber ich rufe Sie einfach an, wenn ich wieder dort bin. Sie kennen mich ja jetzt.*

Mit der Lidl-Tüte in der rechten Hand geht er die Straße entlang. In der linken hält er den Bierkrug.

Du hast ihm deine Nummer gegeben?

Natürlich nicht.

Meine Mutter versucht, noch eine Rede zu halten. *Er hätte sich so gefreut*, sagt sie wieder und beginnt zu weinen. Riccardas Eltern bringen sie ins Hotel. Gegen 0:00 Uhr gehen wir in den Gummi Wörner. Das war früher ein Geschäft, in dem man Produkte aus Gummi kaufen konnte. Gummistiefel, Gummihämmer, Dichtungen und so was. Heute ist darin eine Bar.

Am Tresen bestelle ich Gin-Tonics und Biere für alle. Um uns herum sind Studenten und junge Ärzte. Die erkennt man immer an den weißen Sneakern. DJ Dexxter legt auf. Er arbeitet eigentlich bei der Führerscheinstelle der Stadt. Was lustig ist, weil er seit einer Drogenfahrt keinen Führerschein mehr besitzt.

Ich sehe, dass sich Elias mit DJ Dexxter unterhält. Die Discokugel dreht sich. Es läuft ein Song von PJ Harvey, den ich nicht kenne.

Speak to me of heroin and speed
Of genocide and suicide, of syphilis and greed
Speak to me the language of love
The language of violence, the language of the heart

Eine Gruppe Jusos verteilt Flyer für den bevorstehenden *Tag gegen Gewalt an Frauen**. Sie tragen Regenbogen-Aufnäher auf ihren roten Jacken. Sie trinken Bier.

Riccarda steht in der Mitte des Raumes. Weiße Lichtpunkte fahren über ihr Gesicht.

Ich habe mir immer gewünscht, gesehen, gefunden und geliebt zu werden. Jetzt, wo ich hier stehe, komme ich mir vor wie ein Heiratsschwindler. Ich weiß nicht, was Riccarda an mir findet. An meinen Launen. An meiner Wut und dem Druck im Kopf, die manchmal einfach kommen und gegen die ich nichts tun kann.

Wir haben uns beim Abendessen eines Galeristen kennengelernt. Ich hatte den Künstler Andreas Fischer für eine Magazinstrecke fotografiert. Deswegen war ich eingeladen. Riccarda hatte eine Ausstellung über Büro-Materialien in München kuratiert und eine seiner Arbeiten gezeigt, einen sich drehenden Stuhl mit einem Lautsprecher, der den Satz *Es geht sich nicht aus* in einem Loop wiederholte. Der Künstler trug eine Angler-Weste wie Beuys, und neben ihm saß seine Freundin in einem T-Shirt von Ed Hardy.

Ich saß neben Kito Nedo, einem Kunstkritiker, der, als er sich vorstellte, zu mir sagte: *Kito Nedo, einer der wichtigsten Kunstkritiker Berlins.* Das war kein Witz. Das hat er wirklich gesagt und dann in das von der Galerie bezahlte Steak geschnitten.

Riccarda erzählte, dass sie sich gerade für die Leitung eines Museums in Erlangen beworben habe. Und wir unterhielten uns über Henry Miller und Michel Houellebecq. Und Riccarda erzählte, wie sie einmal eine Lesung von Houellebecq im Literaturhaus Stuttgart besucht hatte. Und wie Houellebecq dabei eine ganze Flasche Schnaps getrunken hatte und irgendwann beim Lesen zu weinen anfing und dann sagte, dass er so etwas Schönes noch nie gelesen hatte. Er las aus seinem eigenen Buch.

Und das fand ich wunderschön.

Und Kito Nido, der Kunstkritiker, mischte sich ein.

Aber dieses ständige Wichsen ist doch einfach nur ekelhaft. Das am häufigsten vorkommende Wort ist, und da bin ich mir sicher: onanieren. Das ist auf jeder Seite zwei Mal, manchmal drei Mal.

Und Riccarda meinte: *In einer vereinsamten Gesellschaft ist die Onanie eine verzweifelte Form der Liebe.*

Später kam noch der gerade fünfundsiebzig gewordene Künstler Timm Ulrichs an unseren Tisch. Riccarda hatte eine Ausstellung und einen Katalog mit ihm gemacht. Er musterte mich wie ein grantiger Schwiegervater.

Und dieses Kind ist ihr Freund, sagte er zu Riccarda.

Wir haben uns gerade kennengelernt.

Später erzählte Timm Ulrichs dann mit einem nicht unwesentlichen Stolz, dass er trotz seines Alters noch mit einer Erektion urinieren könnte. Er schimpfte auf Joseph Beuys und eigentlich alle Künstler, die bekannter als er geworden waren. Riccarda und ich fanden das unglaublich komisch, und einige Wochen später waren wir ein Paar.

Ich war damals in keinem guten Zustand. Ich lebte in einem WG-Zimmer auf der Torstraße in Berlin-Mitte. Das Zimmer war riesig. Ich hatte kein Bett und schlief auf einer Chaiselongue, die einenmeterachtzig lang und sechzig Zentimeter breit war. Ansonsten war da nur eine Kleiderstange. Und überall lagen Zettel, Bücher und Müll herum. Nur der Weg zum Schreibtisch war frei. Daneben standen Bier- und Weinflaschen.

Als ich im Gummi Wörner daran denke, will ich Riccarda sagen, dass ich glücklich bin, dass ich sie liebe. Aber es geht gerade nicht um mich. Sie unterhält sich mit Ines und Anna. Wenn man jemanden liebt und das ständig sagt, kann das auch eine Art von Folter sein. Es setzt Menschen unter Druck. Ich gehe auf die Toilette und stelle mich ans Pissoir.

Kauf dir unbedingt ein Paar Aldens in Ochsenblut, wenn ihr in New York seid, sagt Elias, als er sich neben mich stellt. Er holt ein kleines Tütchen aus seiner Tasche.

Komm, sagt er, und wir gehen in eine der zwei Kabinen. Wir schnupfen das Speed vom DJ. Es brennt in der Nase. Elias sagt: *Ganz schönes Scheuerpulver.* Dann sagt er: *Das sind wirklich sehr gute Schuhe. Kauf am besten zwei Paar. Eines in Rot. Und eines in Schwarz. Und natürlich aus Pferdeleder.*

Elias ist 20 Jahre älter als ich, Architekt und mein bester Freund. Er arbeitet gerade an einem Entwurf für den Neubau eines deutschen Verlags und baut sich ein Ferienhaus auf Sizilien. Wir haben uns lange nicht gesehen. Morgen wird er mein Trauzeuge sein.

Manchmal denke ich, dass er einfach nicht älter werden kann. Weil er immer jung sein will. Immer dabei. Immer vorne. Immer umgeben von Menschen, die 20 Jahre jünger sind als er. Ich glaube, das ist nicht gesund. Dann denke ich, dass das nicht stimmt. Wir sind gut füreinander. Wir sind wie Brüder.

Wir verlassen die Kabine. Da stehen zwei Zwanzigjährige vor den Waschbecken und den mit Stickern vollgeklebten Spiegeln. Sie schauen uns an und wissen nicht, was das bedeutet, dass ein Siebenundzwanzigjähriger mit Schnurrbart in einem lila Cordanzug und dieser Siebenundvierzigjährige mit millimeterkurz rasierten Haaren und einem Gucci-Pullover mit einem großen Tiger darauf aus einer Kabine kommen. Die Studenten sehen komplett uninteressant aus.

Obwohl fast alle in Erlangen Geld haben, sind sie so angezogen, als würden sie in Bielefeld leben. Die Reichen leben am Burgberg in von außen bescheiden wirkenden Villen aus der Jahrhundertwende oder in Fertighäusern, die so aussehen, als würden sie in Katalogen mit den Worten *Bauhaus* und *Design* beworben, ohne damit natürlich irgendetwas zu tun zu haben. Hinter Jägerzäunen sind ihre mittelgroßen Gärten, in denen Weber-Grills unter Plastikhauben neben Lounge-Möbeln aus dem Baumarkt stehen.

Die Menschen dort schämen sich offensichtlich für das von ihren Eltern geerbte Geld. Vor ihren Häusern stehen VW-Busse mit Gepäckträgern und Kaffeeflecken auf den ausgesessenen Polstern. Es gibt nichts Deutscheres als reich zu sein und arm zu tun.

Einer der reichsten Erlanger, ihm gehören bestimmt 20 Häuser in der Innenstadt, organisiert zum Beispiel die antikapitalistischen Umweltproteste von Extinction Rebellion mit. Er betreibt auch einige Restaurants. Gerade führt er eine Kampagne für den Erhalt irgendwelcher Bäume an, die die Stadt aus Sicherheitsgründen fällen will. Wie ernst ihm die Bäume sind, zeigt ein Video, das der Lokalzeitung zugespielt wurde. Darauf ist besagter Mann zu sehen, wie er einen Mitarbeiter anweist, das gesammelte Fett eines Grillstandes neben besagte Bäume in den Boden zu kippen. *Aber*, antwortet sein Mitarbeiter auf die Anweisung. Und der Gastronom sagt: *Nichts aber, gleich ist Feierabend.* Im Video sieht man seine langen weißen Nasenhaare und seine löchrigen Schuhe. Statussymbole wie Taschen von Louis Vuitton oder Mützen von Balenciaga tragen in Erlangen nur Krankenschwestern und Postboten.

Gerade hat ein Burger-Restaurant auf der Hauptstraße eröffnet. Bei der Eröffnung standen Menschen davor und staunten genauso wie in jeder anderen deutschen Stadt, als das vor zehn Jahren zum ersten Mal passierte, dass man Burger aus selbst gewolftem Fleisch in verschiedenen Garstufen bestellen konnte.

Erlangen ist keine hängen gebliebene Stadt, sie existiert einfach nur in einer anderen Zeitzone als Köln, Berlin oder Hamburg. Und das ist ja die Sache, die man immer vergisst: Obwohl wir uns häufig begegnen, leben wir meistens in einer anderen Zeit und in einer anderen Welt. Wir teilen ähnliche Geschichten, kommen aus dem gleichen Land und sind uns doch fremd. Der Architekt Lars Krückeberg hat einmal gesagt, dass das größte Problem der Moderne ist, zu glauben, dass die anderen so wie man selbst leben sollten.

Der Gummi Wörner ist für eine Studentenkneipe eine sehr gute Bar. Es gibt verschiedene Gins und verschiedene Tonics. Im Keller wird manchmal Kunst gezeigt. Gerade läuft eine Videoarbeit einer wackelnden Frauenbrust. Und immer kurz bevor der Laden um zwei oder drei schließt, stehen meist nur noch die immer neunzehnjährige Barkeeperin und dieser vierzigjährige Radiologe da. Die fangen dann an zu knutschen, und dann weiß der Letzte, dass Schluss ist.

Im Hinterhof der Bar stehen zusammengewürfelte Möbel. Verrostete Eisenbahnschienen laufen über den Boden. Die Fenster der anliegenden Häuser sind vergittert. Lampions in Rot und Blau und Gelb und Grün sind zwischen Holzpfählen gespannt. Auf einem Fensterbrett steht eine Frauen-Schaufensterpuppe mit einem Wolfskopf.

Dass ich mit 27 Jahren heiraten möchte, haben viele nicht verstanden. Sie haben das für einen Witz gehalten. Für eine ironische Geste. Beim Ausgehen war ich immer der Fertigste. Elias und mich haben sie in Berlin *Toxic Twins* genannt. *Nasenbluten ist die schönste Form von Menschenliebe*, haben wir einmal festgestellt. Schon vor den Abendessen, zu denen immer irgendwelche Modefirmen oder Galerien einluden, nahmen wir Kokain.

Bei einem Essen von Ferragamo strichen wir unsere Namen auf den Platzkarten durch und schrieben *Magda Goebbels* und *Eva Braun* darauf. Eva Braun und Magda Goebbels kauften ihre Schuhe von Ferragamo immer am Kurfürstendamm. Die Gäste des Abendessens waren erst amüsiert, dann verwundert, am Ende ekelten sie sich.

Alle dachten, dass ich schwul bin. Und sie haben sich dann gewundert, als sie mich mit Riccarda gesehen haben.

Riccarda zu heiraten ist kein Witz. Ich meine das absolut ernst. Aber ich möchte auch nicht aus Frömmigkeit heiraten oder weil ich glaube, dass man das so machen muss. In unserem Bekanntenkreis sind die wenigsten verheiratet. Zu heiraten ist hier fast eine Provokation. Meine Generation mietet Autos und Wohnungen, weil sie sich nicht festlegen will. Sie reden sich dabei ein, freier zu sein als ihre Eltern. Aber das stimmt nicht.

Ich will mich doch nicht dreißig Jahre auf einen Kredit festlegen.

Wer weiß denn, ob ich dann überhaupt noch hier lebe?
Ich könnte ja auch in Kalifornien arbeiten.
Und wenn Lisa jetzt doch die Professur bekommt, dann haben
wir ja das Haus hier.
Ein eigenes Auto ist nicht mehr zeitgemäß.
Die belügen sich selbst. Sie haben Angst vor Verantwortung. Und deswegen auch Angst vor einer echten Verbindung. Sie sagen *vielleicht* oder *mal schaun*, aber nie einfach nur: *Ja.*

So wie Jennifer, die Freundin meiner Studiomanagerin. Die fährt jedes Jahr für zwei, drei Monate nach Goa oder nach Peru, um sich selbst zu finden. Sie kündigt dann ihren jeweiligen Job, den sie nie gerne macht. Und fährt weg. Und kommt noch ratloser zurück. Dann trifft sie irgendwelche Typen, von denen sie sich dann wieder trennt, weil es nicht *richtig war*, wie sie sagt. Weil sie glaubt oder hofft, dass da noch was Besseres kommt. Dann arbeitet sie wieder neun Monate, fährt wieder irgendwohin, wo sie von zehn Euro am Tag lebt und in irgendwelchen Backpacker-Hotels zwischen Kakerlaken schläft. So geht das seit 15 Jahren.

Oder Tim, der Hannah natürlich liebt. Die beiden fahren zusammen in Urlaub, sie feiern mit Hannahs Mutter Weihnachten. Tim gehört zur Familie. Aber Tim redet sich ein, dass er nur ein freier Mensch ist, wenn er am Wochenende irgendwelche Studentinnen abschleppt oder sie theoretisch abschleppen kann. Ich meine, er ist 45 und nicht 21. Und deswegen sind sie offiziell kein Paar. Weil Tim sagt, dass er frei sein möchte. Aber eigentlich ist er gefangen in seiner Vorstellung von Freiheit.

Wie ich schon erzählt habe, war Riccardas Vater Unternehmer. Und bei ihm habe ich gemerkt, dass erfolgreiche Unternehmer nicht deswegen erfolgreich sind, weil sie genau ausgerechnet und deswegen empirisch belegbar wissen, dass ihr Geschäft erfolgreich wird, sondern weil sie sich trotz der faktischen Unsicherheit der Zukunft entscheiden.

Spieltheoretisch ist das absolut banal. Wer nichts setzt, kann nichts gewinnen. Und nicht Ja sagen, heißt – nichts setzen. Ein *Vielleicht* ist keine Entscheidung. Ein Vielleicht ist Resignation vor dem Leben.

Genau deswegen ist dieser *Trainspotting*-Monolog auch so gut. *Sag Ja zum Leben, sag Ja zum Job, sag Ja zur Karriere, sag Ja zur Familie* und so weiter. Das liest sich natürlich wie das Feindbild, was gescheiterte Linke Neoliberalismus nennen. Aber *Ja* zu sagen, ist immer besser als Nein zu sagen.

Das ist das Grundproblem der Linken. Die sind immer gegen Nazis und Polizei, aber für was sie sind, können sie nicht sagen. Deswegen ist Punk im Verhältnis zu Disco auch die dümmere Musik. Weil Punk nur sagt, was er nicht will: weiter so leben. Deswegen war Punk immer ein Nichtort. Disco hingegen war und ist real. Nichts ist echter als der Dancefloor. Punk musste man sich ja leisten können. Fuck it all zu sagen, geht nur, wenn man alles hat. Deswegen kann ich bürgerliche Jugendkulturen nicht ernst nehmen.

Der *Trainspotting*-Monolog endet dann so:

Ich habe zum Jasagen Nein gesagt. Die Gründe? Es gibt keine Gründe. Wer braucht Gründe, wenn man Heroin hat?

Das klingt natürlich erst mal bizarr, und bösartig komisch. Aber es ist die Wahrheit. Heroin ist einer der größten Gründe, die man haben kann. Anfangen, Heroin zu nehmen, ist das größtmögliche *Ja*. Heroin zu nehmen, heißt Verantwortung zu übernehmen. Das ist wie ein Kind zu kriegen oder zu heiraten. Bis dass der Tod euch scheidet. For ever und ever. Die Entscheidungen von Junkies haben echte Konsequenzen. Junkies stellen jeden Tag aufs Neue die existenzielle Frage: *Sein oder nicht sein*. Deswegen bewundere ich die auf eine Art.

Wenn gelangweilte Bürgerkinder mit Regenbogenfahnen zum CSD oder mit Kohlestopp-Plakaten über ihren Uni-Campus laufen und etwas von *Haltung* erzählen, muss ich immer lachen. Weil das eben kein Ausdruck von Haltung, sondern vom kleinsten gemeinsamen Nenner ist, der dazu noch völlig ungefährlich ist. Die Rebellion des Bürgertums ist immer Konsens und dadurch immer egal. Sie kostet und riskiert nichts.

Heiraten aber ist für mich nicht egal. Es ist für mich genauso radikal wie Heroin zu nehmen. Ich sage das auch deswegen, weil für mich eine Scheidung keine Option ist. Auch wieder nicht aus christlichen oder welchen Gründen auch immer. Ich finde, wer glaubt, dass sich scheiden zu lassen eine Option ist, sollte nicht über das Heiraten nachdenken. Und bei Riccarda wusste ich nach kurzer Zeit, dass sie der Mensch ist, der mich verstehen kann. Dass sie der Mensch ist, mit dem ich bis zum letzten Tag über alles und nichts reden möchte. Das ist kein Kitsch. Das ist die Wahrheit.

Riccarda und ich gehen um 1 Uhr nach Hause. Seit vergangener Woche dürfen Schaufenster nur noch bis 22 Uhr beleuchtet werden. Der Stadtrat hat das beschlossen, nachdem Erlangen den Klimanotstand ausgerufen hatte. Auch die Laternen sind jetzt schwächer. Nur der Schornstein des Heizkraftwerks leuchtet über der Stadt.

Links ist das Universitätsklinikum. Im obersten Stockwerk liegen die Operationssäle. Durch die großen Fenster sehen wir Menschen in Kitteln. Wir laufen am Parkplatz vorbei, wo mein Vater seinen Golf immer parkte. Vor unserem Haus steht Riccardas BMW. Wir gehen die abgetretenen Stufen des Treppenhauses nach oben.

Ich bin angetrunken und habe einen trockenen Mund vom Speed. Ich höre, wie sich Riccarda die Zähne putzt. Ich gehe ins Wohnzimmer, lege das Jackett auf das Sofa. Mikosch hat aufgeräumt und die Tische gewischt. Ich rauche eine Zigarette am Fenster und beginne zu weinen.

Ich denke an meinen Vater. Wie gesagt, ich bin der Überzeugung, dass es besser ist, dass er nicht mehr da ist, weil ich dadurch ein freieres Leben habe. Aber andererseits fühle ich, dass es gut wäre, wenn er jetzt sehen würde, wie sich alles ergeben hat. Ich meine damit nicht, dass er stolz auf mich sein soll oder auf sich, weil ich ja ganz in Ordnung geworden bin. Ich meine, es ist ja nicht sein Verdienst, sondern meiner. Es geht mir nicht um sein Schulterklopfen, seinen Stolz oder seinen Triumph. Es geht hier um mich. Es geht darum, dass er sieht, dass ich es bis hierhin geschafft habe. Nicht wegen ihm und seinen fragwürdigen Erziehungsansichten, nicht wegen seiner Härte, seiner Strenge, seinem Geschrei, sondern trotz alledem.

Tränen laufen über mein Gesicht. Ich huste. Ich hyperventiliere. Ich setze mich auf den Boden.

Ich will, dass er das sieht, sage ich. *Er hat mich fast kaputt gemacht.*

Riccarda setzt sich neben mich. Sie nimmt mich in den Arm. Sie streichelt meinen Kopf. Durch den Mund stößt sie leise zischend Luft aus, wie eine Mutter, die ein Baby beruhigt.

Du bist nicht kaputt.

Sie haben mich aber fast kaputtgemacht. Wie ich hier sitze. Wie peinlich das ist.

Du bist nicht peinlich.

Das ist so lächerlich. Wir heiraten morgen. Und jetzt sitz ich hier wie ein Penner.

Ich huste und dabei fliegt etwas Nasenschleim auf den Dielenboden. Ich wische ihn mit dem Socken an meinem Fuß auf. Ich stelle mich wieder ans Fenster. Ich drücke die Zigarette auf dem äußeren Fensterbrett aus und werfe sie auf die Straße. Aus der Regenrinne kommt dieser vermoderte Geruch, der ein bisschen ekelig, aber auch schön ist. Es riecht nach bittersüßer Fäule.

Am nächsten Morgen frühstücken Riccarda und ich bei einem Bäcker. Wir trinken Milchkaffee. Ich trage den grünen Tweed-Anzug mit dem Stehkragenhemd aus Leinen. Riccarda den champagnerfarbenen Gitter-Rock, darüber eine weiße Bluse, um den Hals hängt der doppelköpfige Fuchspelzschal, der einmal ihrer Großmutter gehört hat. Vom Bäcker fahren wir mit dem Taxi zum Rathaus.

Der Trausaal ist direkt neben dem Büro des Bürgermeisters. Da stehen sie schon. Meine Mutter, Riccardas Eltern, Elias und Sascha, alle vom Vorabend. Dazu ist noch Riccardas Bruder mit den Kindern gekommen. Seine Frau, die nichts mehr als eine Politik-Wissenschafts-Professur will, gibt unbezahlt ein Seminar an einer Universität in Bordeaux.

Der Bürgermeister bittet uns in seinem blauen Anzug in das Zimmer. Der Boden ist mit grau gefiltztem Teppich ausgelegt. In der rechten Ecke des Raumes steht eine kindshohe, viereckige Vase aus Plastik-Sandsteinimitat. Daraus wächst ein Farn. Schwarz gepolsterte Stühle auf geschwungenen Chromröhren stehen links und rechts in jeweils drei Reihen. Da ist ein großer Tisch in der Mitte. Dahinter der Stuhl des Bürgermeisters, ein Drehstuhl aus schwarzem Leder. Vor Stuhl und Tisch stehen zwei Stühle für Riccarda und mich.

In seiner rechten Hand hält der Bürgermeister eine Klarsichthülle. Darin ist der Ausdruck der E-Mail, die wir ihm geschrieben hatten. Sein Büro hatte darum gebeten, stichpunktartig unser Kennenlernen aufzuschreiben.

Wir haben uns heute hier versammelt, beginnt er. Seine Haut ist rosig. In letzter Zeit versucht er, weniger pausbäckig zu wirken. Auf Instagram teilt er oft die Route und ein Foto seines morgendlichen Laufs ins Rathaus. Er trägt

Mütze oder Stirnband von Adidas. Seine Brille ist häufig beschlagen. Dazu schreibt er: *Puh! Eigentlich wollte ich ja auch im Urlaub laufen gehen. Aber, na ja, was soll ich sagen …*
Darunter stehen die Daten seines Laufs.
Distanz: 4,35 Kilometer
Dauer: 23:23
Ø Pace: 05:22 km/h

Ich mag den Bürgermeister. Mit seiner Frau spielt er Live-Action-Rollenspiele und geht zu Krimilesungen. Ich denke mir immer, Bürgermeister zu sein wäre nichts für mich. Er verdient, das habe ich in der Lokalzeitung gelesen, 9369 Euro und 63 Cent im Monat. Das ist natürlich gut. Aber jedes Mal, wenn ich ihn sehe, reden irgendwelche Leute auf ihn ein. Erzählen ihm von der nicht geteerten Einfahrt, von der kaputten Straßenlaterne, vom Fluglärm von Flugzeugen oder Vögeln. Und er muss sich das immer anhören. Und freundlich dabei sein. Schon als Bürgermeister einer Stadt wie Erlangen hat man, solange man das Stadtgebiet nicht verlässt, kein Privatleben mehr. Politiker, denke ich, sind die ärmsten Menschen der Welt.

Der Bürgermeister hat sich nicht auf die Trauung vorbereitet. Er versucht, frei zu sprechen, schaut auf Riccarda und mich, und dann wieder suchend auf die ausgedruckte E-Mail, auf der einzelne Zeilen mit gelbem Textmarker markiert sind. Seine Rede, das Nacherzählen unserer Geschichte, ist wie ein Referat in der Schule, das man vergessen und deswegen den Wikipedia-Artikel ausgedruckt hat. Wo man dann vorne steht, alle Augen sind auf einen gerichtet, und man weiß, die nächsten zehn Minuten werden schwierig. Wenn man versucht, die Stichwörter sinnvoll mit Sätzen zu verbinden wie beim Malen nach Zahlen, aber einfach kein Bild entsteht. Wenn man nicht weiß, ob die

Dinge zusammenfallen oder zusammengehören. Wenn Korrelation und Kausalität egal werden.

Museum, sagt er, *sie haben sich im Museum kennengelernt.*

Das haben wir nicht. Da war ja das Galerie-Abendessen in Berlin. Ich finde das nicht schlimm. Alle wollen Wahrheit. Aber ich finde Wahrheit uninteressant, weil sie absolut unpoetisch ist. Der Wahrheit liegt kein künstlerisches Bewusstsein, keine Schöpfungshöhe zugrunde. Die Wahrheit ist gedankenlos. Deswegen finde ich, kann doch jeder seine eigene haben. Ist doch viel interessanter. Bei Nietzsche heißt es: *Die Wahrheiten sind Illusionen, von denen man vergessen hat, dass sie welche sind.*

Und dann sagen wir beide *Ja.* Über den Kuss hatten wir vorher geredet. Riccarda und ich waren uns einig, dass wir es ohne Zunge machen würden. Alles andere fanden wir peinlich.

Wir verlassen den Trausaal. Wir werden umarmt. Der Sektempfang dauert eine Stunde. Der Grund, warum wir erst das Essen gemacht haben und am nächsten Morgen die Hochzeit, war, dass wir nach der Hochzeit einfach wegwollten. Nur wir beide. Keinen Abend mehr. Keine Feier. Keine Verpflichtung.

Wir steigen ins Taxi. Dann ins Flugzeug. Deutschland wird kleiner, bis es schließlich verschwunden ist. Unter uns ist erst das Meer. Und dann das Eis. Nach acht Stunden erreichen wir Amerika.

7.

Am vierten Tag gehen wir ins *Delmonico's*, wo wir Lobster Newburg, Austern und ein New York Strip Steak essen und dazu eine Flasche Perrier-Jouet trinken. Das Delmonico's liegt in Manhattan im Financial District, direkt an der Börse. Im *Delmonico's*, so heißt es, wurden Klassiker wie Eggs Benedict oder Manhattan Clamchowder erfunden. Früher gingen Menschen wie Nikola Tesla, Charles Dickens und Mark Twain hierhin. Sie rauchten und aßen und tranken so lange, bis sie die neue Welt nicht mehr sehen konnten.

Zur Mittagszeit sitzen im *Delmonico's* Banker aus dem letzten Jahrhundert. Moderne Banker essen mittags keinen Hummer in Cognac-Sahne-Soße. Moderne Banker machen Yoga, fahren E-Bike und trinken Smoothies. Ihr heutiger Lebensstil ist zwar gesünder, aber ihre Verachtung für die, die nicht so leben, ist die gleiche wie damals in *American Psycho*. Also natürlich nicht von allen Bankern an sich. Aber von dieser Art von Banker.

Nach dem Essen gehen wir die vier Meilen zum Alden Shop zu Fuß. Wir lassen die Freiheitsstatue hinter uns und passieren die Brooklyn Bridge. Wir gehen durch Chinatown und am Balthazar vorbei, dieses Restaurant, wo immer irgendjemand aus einer Limousine steigt, den man kennt. Als wir vorbeigehen, öffnet ein Boy gerade Anna Wintour die Tür. Daneben schreien ein paar Aktivistinnen *Fashion is facism*.

Direkt danach kommt das Museum of Ice Cream, das

ganz in Pink gestrichen ist. Wir machen ein Selfie vor dem Flatiron Building, und dann sehen wir das Alden-Geschäft. Der Shop ist winzig und altmodisch. Wir können nicht glauben, dass die Firma, die die Schuhe von Präsidenten und Indiana Jones macht, so ein Geschäft hat.

Roger Willemsen hat einmal in der *Süddeutschen* einen großen Artikel über sein erstes Paar Schuhe von Alden geschrieben. Er schrieb wie immer über alles und nichts. Über sich selbst, über Heidegger, van Gogh und über Bonn, über uns alle in Deutschland eigentlich. Und in dem Artikel schrieb er so was wie, dass man Alden-Schuhe zur Reparatur nach Massachusetts schicken könne. Dort würden ihm dann neue Nähte eingesetzt, aber der Schuh, schrieb Willemsen, *der mit dem Fuß alternde Schuh, er bleibt, bis sein Besitzer mit den bloßen Füßen zuerst an ihm vorbeigetragen wird.*

Das hatte ich alles im Flugzeug gelesen. Und in unserem Apartment in New York schaute ich noch ein Youtube-Video, in dem der Rapper Bushido am Anfang seiner Karriere mit dem Moderator Joko Winterscheidt nach Dänemark fährt und auch Aldens trägt.

Schuhe, die von Menschen, die so unterschiedlich wie Bushido und Roger Willemsen sind, getragen werden, müssen wirklich gute Schuhe sein. Diese Schuhe tun mehr für den gesellschaftlichen Zusammenhalt in Deutschland als alle Abgeordneten des Bundestages zusammen. Andererseits: vielleicht sind Bushido und Roger Willemsen gar nicht so verschieden. Es sind auch nur Männer, die mit nichts mehr als ihren nackten Worten um die Liebe kämpfen.

Es gibt nichts Demokratischeres als Luxus. Natürlich rappen Typen wie Bushido schwulenfeindlichen Unsinn. Aber dann wiederum tragen sie Kleidung, die größtenteils von Schwulen designt und im besonderen Maße auch von Schwulen wertgeschätzt wird. Ich glaube, dass ein homophober Idiot, der sich eine von Alessandro Michele designte Gucci-Tasche um den Bauch hängt, allein durch das Um-hängen ein weniger homophober Idiot wird. Ich glaube, dass die nicht zu leugnende Schönheit von Design, Mode und Kunst etwas mit den Menschen macht. Ein Diktator, der eine Fotografie von Robert Mapplethorpe im Esszim-mer aufhängt, ist ein besserer Mensch als der gleiche Dikta-tor, der an der gleichen Stelle eine Fotografie von so einem Schwindler wie Till Brönner hängen hat.

Der Alden Shop ist farblos. Alles ist beige. Auf dem Boden liegt schwerer Teppich, in dem man beim Gehen versinkt. Es riecht nach mittelaltem Mann. Der Verkäufer sieht aus wie der Schriftsteller Jonathan Safran Foer mit 15 Kilo zu viel. Und er starrt mich an.

Ich trage ein Outfit des jungen Designers Kit Neale. Eine weiße Hose und ein weißes Hemd, die jeweils voll mit orangefarbenen Hummern bedruckt sind. Dazu neongelbe Sneaker. Und darüber einen Kamelhaar-Mantel.

And how may I help you, sagt der Verkäufer das *you* so be-tonend, dass klar ist, dass er hofft, ich hätte mich in der Tür geirrt.

Ich erzähle ihm von Roger Willemsen und Bushido und dass ich die verbindende Schönheit dieser Schuhe auch selbst spüren möchte. Widerwillig vermisst er meinen Fuß. Obwohl ich nie stinkende Füße habe, finde ich es furchtbar, in einem Geschäft die Schuhe auszuziehen. Ich weiß nicht warum. Das geht mir auch im Flugzeug so oder im Zug. Einmal saß ich in der ersten Klasse nach Hamburg, als der Grünen-Politiker Robert Habeck begleitet von einer Jour-nalistin seine Schuhe auszog. Er hatte Löcher in den Socken und Erde unter seinem großen Zehennagel. Und ich dachte, wenn so jemand Deutschland regiert, dann ist es aus.

Are they supposed to be that tight, frage ich den Verkäufer, als ich in einem Paar Pferdelederstiefel über den beigen Teppich laufe.

Gefallen sie dir, fragt Riccarda.

Vielleicht ein bisschen eng, sage ich.

Cordovan is supposed to feel like a second skin, sagt der Verkäufer. *But you know cordovan, right? It stretches when it gets warm.*

Cordovan ist Pferdeleder, und es soll besonders weich und geschmeidig sein. Die Schuhe kosten 750 Dollar. Der Verkäufer ist ein Arschloch, und ich glaube, dass sie zu klein sind.

They're the right size, sagt er, *I did measure your feet, didn't I?*

We'll take em, sagt Riccarda.

Ich hatte den ganzen Flug von nichts anderem als von Bushido, Roger Willemsen und diesen Schuhen gesprochen. Dazu eine große gesellschaftliche Theorie entwickelt, die ich Riccarda in allen Einzelheiten erklärte. Am Anfang fand sie das noch amüsant. Am Ende eher nervig. Ich hatte mich da in etwas reingesteigert.

Ich glaube, Riccarda möchte das Kapitel mit den Schuhen durch ihren Kauf beenden. Sie zieht die Karte durch das Gerät. Ich bekomme noch ein paar Schuhspanner aus Zedernholz dazu.

Am Nachmittag telefoniere ich mit der Kuratorin des Museums Ludwig. Währenddessen schaut sich Riccarda eine Ausstellung von Mark Leckey im PS1 an.

Wir sollten langsam festlegen, was wir zeigen, sagt die Kuratorin.

Sie bleibt sehr höflich, aber ich merke, dass ich jetzt etwas sagen muss.

Du meinst eigentlich schnell.

Ja.

Die letzten Monate habe ich gar nicht über die Ausstellung nachgedacht. Der Tod meines Vaters hat viel passieren lassen. Eigentlich ist gar nichts passiert. Aber der Tod des eigenen Vaters – besonders, wenn man keine Bindung zu ihm entwickeln konnte – ist eine gute Entschuldigung, um eine Pause vom Leben zu nehmen. Da fragt dann niemand nach. Der Tod meines Vaters hat mich wirklich nicht belastet. Wie gesagt, eher befreit. Nur vor der Hochzeit habe ich kurz geweint. Und einmal, als ich spazieren ging, da hab ich seine alte Nummer gewählt.

0172 23 28 178

Wir telefonierten nicht wirklich oft. Aber manchmal rief ich ihn an, wenn ich irgendetwas sah, von dem ich dachte, dass es ihn interessieren könnte. Ich machte das, ähnlich wie die Anrufe bei meiner Mutter seit seinem Tod, aus Pflichtbewusstsein. So, wie man eben jemandem die Tür aufhält. Am Tag unseres letzten Gesprächs ging ich mit dem Stand-up-Comedian Oliver Polak am Café de Flor in Paris vorbei. Ich hatte ihn mit zwei Lammköpfen, der eine roh, der andere gegrillt, unter der Dusche seines Hotelzimmers fotografiert. Und er wollte noch mit seinem Hund Arthur Bilder im Café de Flor machen. Und im Café de Flor war ich häufig mit meinem Vater gewesen.

In den Frankreich-Urlauben saßen wir da. Er las Zeitung und rechnete und trank Espresso, manchmal Cognac. Draußen vor dem Café war ein in den Bürgersteig gelassener Aufzug. Ich fand das faszinierend und stellte mir vor, dass das der Eingang zu einem unterirdischen Labyrinth wäre. Wir saßen immer so, dass ich den Aufzug sehen konnte.

Auf dem Weg zum Café de Flor zu Oliver wählte ich die Nummer meines Vaters.

Die Mailbox ging ran. Ich hörte seine Stimme seinen Namen sagen. Ich weinte nicht in diesem Moment. Ich war nicht traurig. Ich war nur überrascht darüber, dass ich nicht daran gedacht hatte, dass er tot war.

Während des Gesprächs mit der Kuratorin gehe ich aus unserem Apartment auf das Dach des Gebäudes. Von der Kent Avenue schaue ich über den East River auf das East Village. Ich sehe die Williamsburg Bridge, Autos, U-Bahnen und Fahrradfahrer, Trucks, in deren Chrom sich Lichter spiegeln. Die Sonne geht unter. Sie ist ein orangeroter Ball. Die Kuratorin erzählt etwas von Abgabefristen für den Katalog.

Wir brauchen einen Titel, sagt sie. *Wir brauchen eine Ausstellung.*

Währenddessen schaue ich Fotos auf meinem Telefon durch. Ich zünde mir eine Zigarette an. An dem Picknicktisch zum Fluss hin sitzt Sarita Choudhury, diese Schauspielerin aus *Homeland*. Sie trinkt ein Bier und isst mit Holzbesteck aus einer Plastikschale Salat. Ich bleibe beim Foto meines toten Vaters hängen, das ich im Krankenhaus gemacht habe.

Ich schick dir jetzt was, sage ich der Kuratorin.

Ich höre lange keine Antwort, sondern nur das mehrstimmige Brummen der Klimaanlagen der Stadt. Auf einem Nachbardach üben Kids in Trainingsanzügen Parcours-Manöver. Sie hangeln sich von Metallstange zu Metallstange, balancieren über Holzbalken. Sie filmen sich dabei. Sie trinken Wasser aus großen Plastikkanistern.

Die Gesprächspause kommt mir lang vor. Ich schaue auf das Display des Telefons. Wir sind noch verbunden.

So schlimm?

Nein. Großartig. Wer ist das?

Mein toter Vater.

Es hat was von Marat. Und es macht neugierig. Ist es ein Hor-

*rorfilm? Ist das Kunst? Ein Kinofilm? Werbung? Wenn wir das
groß machen, pixelt das richtig gut.*

Wie groß?

Ans ganze Haus. Das ist doch das Titelbild.

Noch ist es mein Vater.

*Aber das ist ja nicht nur dein Vater. Das ist unser aller Vater.
Ich meine, das ist doch das, was jeder von uns sehen wird oder gesehen hat. Es ist das Memento mori, das wir nicht mehr kennen,
aber brauchen.*

*Eine Gesellschaft, die den Tod überwinden will, hat Angst vor
der Realität.*

*Genau. Es ist Kitsch, aber auch hart. Früher hat man die Toten
seiner Familie fotografiert. Aber jetzt nicht mehr. Und trotzdem
erlebt es jeder. Menschen haben eine Verbindung dazu. Weil es
jedem von uns passieren wird. Hast du einen Titel?*

Till death do us part? Ne.

Was war dein Vater für dich?

Angst.

Nur Angst?

*Es gibt zwei Phasen in meinem Leben mit ihm. Die vor der
Einschulung. Da hat er mir die Welt gezeigt. Und die danach. Ab
da hatte ich Angst. Er hat abends getrunken und geschrien. Ich
musste das werden, was er wollte, das ich werde.*

Under the influence?

Das klingt, als wäre ich kein mündiger Mensch geworden.

Breaking Dad.

Dumm, aber gut, aber auch zu albern.

Während wir weiter Ausstellungstitel hin- und herdenken,
frage ich mich, ob es richtig war, ihr das Foto zu schicken. Es
ist ein privates Foto. Ich wusste damals nicht, warum oder
wofür ich es machte. Riccarda würde bestimmt sagen, ein
ohne Absicht geschaffenes Werk kann kein Kunstwerk sein.
Aber war es nicht ein Readymade?

Ich möchte niemanden durch dieses Bild verletzen. Obwohl ich meinen Eltern wahrscheinlich nie verzeihen kann, möchte ich ihnen nicht schaden. Aber sollten sie durch das Bild verletzt werden – ich spreche hier im Plural von ihnen, im Bewusstsein, dass mein Vater tot ist –, müssen sie es aushalten? Muss meine Mutter das aushalten?

Jedes gute Werk ist größer als sein Schöpfer. Es hat eine Qualität, die auf die Befindlichkeiten des Schöpfers und dessen Umfeld keine Rücksicht nehmen darf. Ich meine sogar, natürlich nicht im juristischen Sinne, aber im abstrakt-ästhetischen Raum, könnte die unbestreitbare Qualität eines Kunstwerks sogar einen Mord rechtfertigen. Vorausgesetzt, das Kunstwerk ist größer als das Leben.

Toxic Man, sage ich, nachdem ich all das gedacht habe.
Was?, fragt sie.
Der Titel. Wie ein gescheiterter Superheld. Toxic Man. Ein Mensch, dessen Superkraft darin besteht, Gift zu sein. Der keine Nähe zulässt, weil er andere durch seine Präsenz vergiftet. Wie Midas. Nur anders.
Die Kuratorin ist vorerst zufrieden. Ich versichere ihr, weitere Foto-Ideen zu schicken, und lege auf. Die *Homeland*-Schauspielerin trinkt das zweite Bier.

Ich gehe die Treppe hinunter ins Apartment. Ich ziehe die neuen Schuhe und den Kamelhaar-Mantel an und laufe in Richtung *Xixa*, ein mexikanisches Fine-Dining-Restaurant. Ich hatte es ausgesucht, weil Riccarda Mexiko so sehr liebt. Wir haben uns dort verabredet.
Die Schuhe sind zu klein. Schon die 200 Meter bis zum Broadway sind schmerzhaft. Die Schuhe drücken nicht, sie fühlen sich wie Schraubstöcke an. Ich werde das Riccarda niemals sagen können. Der Wohlstand ihrer Eltern beruht

maßgeblich, also neben dem finanziellen Erfolg der Firma ihres Vaters, auf der Sparsamkeit ihrer Mutter. Nur um das zu verstehen: Wenn ihre Mutter im Supermarkt eine Schale Erdbeeren kauft und zu Hause merkt, dass eine angeschimmelt ist, fährt sie zurück in den Supermarkt, beschwert sich und fährt mit zwei Schalen Erdbeeren und großer Genugtuung wieder nach Hause.

Als ich in unserer gemeinsamen Wohnung eine Mahnung bekommen hatte, weil ich irgendein Zeitungsabo nicht rechtzeitig gekündigt und deswegen nicht bezahlt hatte, sagte Riccarda zu mir: *Das dürfen meine Eltern niemals erfahren. Sie enterben mich sonst.* Auch dass ich in Städten wie Berlin oder London ausschließlich mit dem Taxi fahre, darf ich unter keinen Umständen erwähnen.

Ich weiß noch, wie krass es für sie war, als ich das erste Mal mit ihr in einem Hotel für 300 Pfund die Nacht schlief. Ich glaube, das schlechte Gewissen hat sie langsam abgelegt. Aber komplett wohl fühlt sie sich immer noch nicht damit. Sie findet diese Hotels schon schön, sie freut sich über gute Einrichtung und zuvorkommendes Personal, aber ein bisschen unanständig findet sie es immer noch. Jedenfalls werde ich ihr das mit den Schuhen auf keinen Fall sagen können.

Chassidische Juden kommen vom Abendgebet. Männer mit Schtreimeln und Schläfenlocken, Frauen mit Perücken auf rasierten Köpfen, Kinder, wie aus Schwarz-Weiß-Fotografien vom Anfang des zwanzigsten Jahrhunderts, die wie kleine Erwachsene gekleidet sind, gehen an mir, einem Enkelkind der Täter, vorbei. Mein Großvater wollte sie vernichten.

Hier leben sie zwischen Hipstern, Milliardären und Obdachlosen in einer eigenen Welt aus Hebräisch und jahrtausendealten Ritualen, aber sie sind moderne Amerikaner. Das ist die Schönheit der Möglichkeiten Amerikas.

Als Kind wollte ich immer Amerikaner sein. Amerikaner zu sein bedeutet für mich bis heute, alles sein zu können. Cowboy. Schwul. Drag. It-Girl. Harvard-Professorin. Black Panther. Chassidischer Jude. Oder alles gleichzeitig.

Über Kopfhörer höre ich das Album der Beastie Boys, das nach dem elften September erschien. Es heißt: *To the 5 Bouroughs.*

Brooklyn, Bronx, Queens and Staten
  From the Battery to the top of Manhattan
  Asian, Middle-Eastern and Latin
  Black, White, New York you make it happen

Wenn in Deutschland irgendeine Kleinstadt-Sparkasse Diversity-Plakate aufhängt, ist das peinlich. Die schwarze Frau mit Afro neben dem coolen Asiaten, der spießigen Blondine und dem Skater-Typ mit Gitarre, die die neuen Auszubildenden im dualen Studium darstellen sollen, gibt es in Deutschland in dieser Kombination nicht. Aber in New York ist die Welt wirklich so. Deswegen ist New York neben London die einzige Großstadt der Welt, in der ich gerne mit öffentlichen Verkehrsmitteln fahre. Zum einen dauert eine Taxifahrt immer eine Stunde. Zum anderen gibt es keine schöneren und interessanteren Menschen als in New Yorker U-Bahnen. Amerika im Allgemeinen, aber New York im Speziellen sind Orte und Gesellschaften, die Unterschiede aushalten. In Deutschland muss alles gleich sein.

Ich sehe Riccarda vor einem Schaufenster stehen. In Käfigen auf Papierstreifen wie aus einem Aktenschredder liegen kleine lebendige Hunde von Neonlicht angeleuchtet.

Da ist ein Schild:

PUPPIES
50 % OFF
A Large Selection of Puppies

Ich stelle mich neben Riccarda. Sie bemerkt mich nicht. Mein Mund ist neben ihrem Ohr. *Das ist die Hässlichkeit der Möglichkeiten Amerikas,* sage ich zu ihr. Sie erschrickt.

Ich wollte immer einen Hund, sagt sie – *aber meine Eltern – mein Vater schon. Aber meine Mutter. Hat sich durchgesetzt.*

Weil sie wusste, dass sie am Ende alleine mit ihm rausmuss?

Ja. Mein Vater hat mal gesagt, dass er keine einzige Windel in seinem Leben gewechselt hat. Ich kann mich auch nicht erinnern, dass er nach meinen Hausaufgaben geschaut oder mich abgefragt hat. Das hat alles meine Mutter gemacht.

Hat es dir gefehlt?

Gar nicht. Er war nur an den Wochenenden wirklich da. Aber es hat sich so angefühlt, als wäre er immer da. Ich hatte nie das Gefühl, dass er nicht da ist. Die ersten zehn Jahre sind wir nicht in Urlaub gefahren. Er hat seine Firma aufgebaut.

Im *Xixa* machen wir wie so oft, wenn wir in einer neuen Stadt essen gehen, den Fehler, die *Chef's Choice* zu wählen. Das passiert meist nach dem Aperitif. Wir wissen das eigentlich. Aber nach zwei Gläsern Champagner oder zwei Longdrinks fühlen wir uns so euphorisch hungrig, dass wir die *Chef's Choice* nehmen und uns danach wie Foie gras fühlen. Also, ich mache den Fehler und überrede Riccarda dann.

Beim sechsten Gang stelle ich fest, und das kann ja nicht sein, dass alle Gerichte pork belly zu enthalten scheinen. Ich überlege vorzuschlagen, dass wir beide kotzen gehen. Es schmeckt wirklich alles sehr gut. Aber ich habe das Gefühl, dass alles aus Fett besteht. Das Tolle an mexikanischem Essen ist ja die Frische, die Limette, der Koriander. Es braucht natürlich auch Fett. Aber das hier ist nur Fett.

I hope you're enjoying your evening, sagt die Kellnerin, eine kurz rasierte, tätowierte junge Frau.

Well it's a blast, but you know a little bit too much. I mean, we're feeling like deepfried already. Like do you know Schlachtschüssel?

Ich versuche das so halb lustig, ohne zu böse zu klingen, zu erklären. Aber die Musik ist recht laut. Und natürlich ist es Unsinn, in einem mexikanischen Hipster-Lokal in New York das Wort Schlachtschüssel zu erwähnen. Die Kellnerin nickt trotzdem und kommt nach einigen Minuten mit zwei neuen Tellern wieder.

So sorry if we didn't fulfill your expectations, sagt sie, *so we have a little extra for you, it's our special, three kinds of passion fruit churros and of course the pumpkin seed butter cake is coming right after.*

Ich glaube, das ist die Rache Amerikas für den Zweiten Weltkrieg, sage ich zu Riccarda.

Jedes Mal fallen wir drauf rein und nehmen die große Hafenrundfahrt, sagt sie.

Am Nebentisch sitzt ein fünfzigjähriger Typ im Hoodie mit einer viel zu jungen Frau. Sie hat weiße Haut. Also wirklich weiß. Ihre Haare sind schwarz. Und sie hat Schatten unter den Augen. Er schaut auf sein Smartphone, telefoniert, schreibt Nachrichten. Auch wenn ein neuer Gang gebracht und anschließend erklärt wird, schaut er nicht auf. Das Mädchen isst mit spitzer Gabel und lässt bei jedem Teller mindestens die Hälfte liegen. In den zwei Stunden, die sie dasitzen, reden sie kein Wort miteinander.

Wasn't that great, sagt er zu ihr und schaut auf sein Telefon. *And the food was amazing.*

Wir trinken noch zwei Mescal. Dann gehen wir nach Hause. Wir rauchen. Meine Füße tun so weh, dass ich es kaum aushalte. Riccarda bemerkt meine Anspannung. *Es ist nichts*, sage ich etwas zu hart zu ihr. Ich fühle ein Stechen in der Brust, das beim Atmen stärker wird.

Zuerst rieche ich Geranien, dann Mandarine und dann Bergamotte. Ich liege im Bett und schaue auf die bernsteinfarbene Tiffany-Lampe auf dem Mahagoni-Schreibtisch. Auf der Kommode daneben steht die angefangene Flasche vom Vorabend – *Boom! Boom!*, ein Syrah aus Washington State. Auf den bestickten Seidenvorhängen neben den Fenstern sind Blumen in goldenen Kannen. Riccarda ist unter der Dusche. Unter der Zimmertür kommt der Geruch von Kaffee, Corn Bread, Bacon und Ahornsirup durch. Die zweite Woche unserer Hochzeitsreise verbringen wir im Silas Robbins House in Wethersfield, Connecticut. Wethersfield liegt zwei Stunden nordöstlich von New York.

Das Silas Robbins House ist heute ein gehobenes Bed & Breakfast. Die Nacht kostet 290 Dollar. Früher war das ein Herrenhaus. Es hat drei Stockwerke und ist im Second-Empire-Stil gebaut. Das ist so eine Art amerikanischer Historismus, eine Fantasie-Architektur, die sich überall bedient. Das Haus wurde 1873 von Silas Robins, einem Samenhändler, in Auftrag gegeben. Grün getünchte Holzlatten kleiden es ein. Die Fenster sind schmal und hoch.

Das Gebäude hat eine große Veranda, auf der ein weißer Schaukelstuhl steht, und über dem Eingangsportal liegen auf weiß-braunen Säulen zwei Balkone. Das Haus liegt im heutigen Historic District von Wethersfield, einer 25 000-Einwohner-Stadt, in der vor allem pensionierte Literaturprofessorinnen, Antikmarkt- und Oldtimerfans leben. Angeblich, aber das sieht wirklich nicht so aus, ich hatte es nur in einem Artikel im *New Yorker* gelesen, sterben hier gerade sehr viele Menschen durch das Betäubungsmittel Fentanyl.

Das Grundstück ist quadratisch und hat eine Seitenlänge von etwa 60 Metern. Buchs ist in verschiedene Formen zurechtgeschnitten, Rosenbögen blühen das letzte Mal in diesem Jahr. Tau liegt auf dunklem Rasen. Amerikanische Flaggen wehen im Wind. Auf den Stufen der Nachbar-Häuser stehen Kürbisse. In ein paar Tagen ist Halloween.

Riccarda kommt aus dem Bad. Aufgeregt. Durcheinander. Fröhlich. Überrascht. Sie hält einen Schwangerschaftstest in der Hand. Im Testfenster sehe ich zwei Streifen. Sie ist schwanger. Ich spüre Glück in mir. Glück und Liebe. Das ist unheimlich, so warm wird mir. Wir umarmen uns. Wir küssen uns.

Sie sagt: *Lass uns später einen zweiten Test machen.*

Sie schaut auf den Syrah. *Der war wirklich gut*, sagt sie.

Auf den Tischen des Frühstücksraums liegen weiße Spitzendecken. Die Teller sind von Rosenthal. Daneben liegen zweireihig eingedeckt Gabel und Löffel sowie Gabel und Messer. Zuerst essen wir Obstsalat, dann wird *cornbread* mit *syrup* gebracht.

Die Menschen an den Nachbartischen sind älter als wir. Sie sehen aus wie typische Ostküstenurlauber. Am Nebentisch sitzt ein schwules mixed-race couple. Sie sind vielleicht sechzig. Bis auf die Hautfarben sehen sie gleich aus. Sie haben keine Haare mehr, tragen randlose Brillen und feine Wollpullover über karierten Hemden.

Where are you from?, fragt der schwarze Mann in unsere Richtung, nachdem er häufiger interessiert rübergeschaut hatte.

Germany, sagt Riccarda.

Oh, beautiful. I am German, too. My grandmother is from Dresden. She's sending Stollen every year before Christmas.

Wir werden diesen Satz noch oft hören.

I am German, too.

Wirklich jeder, mit dem wir länger als fünf Minuten reden, hat irgendeine Tante, eine Großmutter oder einen Großonkel aus Deutschland. Das Gefühl, Amerikaner zu sein, bedeutet, dass man woanders herkommt, etwas Altes aufgegeben und neu angefangen hat. Dass man ein neuer Mensch geworden ist, ohne zu vergessen, wo man herkommt.

Is it really as bad as they say with all those refugees coming to your country, fragt der Schwarze.

Jacob, sagt sein Mann, *refugees are not bad per se.*

But if people come from abroad, they change your country. Look at LA.

Now you know, that Jacob's a republican, and I am a democrat.

And that's beautiful, sage ich.

Mit unserem Mietwagen, einem orangefarbenen Zweitausendsechzehner-Ford-Mustang, fahren wir zum Gillette Castle State Park. Der Mustang kostete nur 30 Dollar mehr die Woche als ein Kleinwagen. Und obwohl weder Riccarda noch ich uns etwas aus Autos machen, wussten wir sofort, dass wir ihn nehmen müssen.

Das Auto hat 450 PS. Der Motor blubbert, wenn man ihn anmacht. Die Ledersitze sind so weich, dass wir wie auf einem Sofa sitzen. Die Schalter für Klima- und Warnblink-Anlage in der Mittelkonsole sind kleine Hebel wie aus einem alten Flugzeug, die man mit einem Finger hoch- und runterschnappen lassen kann.

Wir überqueren den Connecticut River auf einer rostigen Metallbrücke. Die Ortschaften hier sind häufig nur Häuser an einer Durchfahrtsstraße. Da sind Bars und kleine Gemischtwarenläden. Weil Riccarda sich noch schminken wollte, fahre ich. Sie trägt Lippenstift und Wimperntusche auf. Das Laub der Bäume ist rot und gelb und orange.

Ahorn-Blätter fallen vom Himmel, als wir auf die Connecticut State Route 2 fahren.

Um den Mustang zu spüren, fahren wir immer mit Schrittgeschwindigkeit auf die State Route, um anschließend das Gaspedal bis zur erlaubten Höchstgeschwindigkeit von 65 Meilen, das sind 105 Kilometer pro Stunde, durchzudrücken. Riccarda hatte gemeint, so mache man das in Amerika. Die meiste Zeit gleiten wir schwerelos mit dem beruhigenden Brummen des Motors durch den Herbst. Am Anfang kam uns der Mustang laut und vulgär vor. Aber zwischen den Cadillacs und Riesen-Trucks wirkt er fast schüchtern.

Das Gillette Castle liegt zwischen den Ortschaften East Haddam und Lymes auf einer Anhöhe mit Blick auf den Connecticut River, der sich hier durch dicht bewaldetes Land schlängelt. Das Anwesen wurde Anfang des zwanzigsten Jahrhunderts von dem für seine Sherlock-Holmes-Darstellungen berühmten Schauspieler William Gillette selbst geplant und von einer lokalen Baufirma gebaut. Es besteht aus zusammengemörtelten unterschiedlich großen Kalksteinen, ähnlich der Bories in der Provence.

Ich frage mich, was meine Mutter wohl gerade macht.

Meinst du, sie ist insgeheim froh, dass er tot ist, frage ich Riccarda.

Ich weiß nicht. Das war ja schon komisch alles. Also so wie du es erzählt hast. Also dass sie die letzten Jahre gar nicht zusammengelebt haben. Er noch in Bayern an der Universität war unter der Woche, und sie schon wieder im alten Haus in Bonn.

Ich selber habe das nie hinterfragt. Man hält ja das eigene Leben immer für normal. Aber das war schon komisch. Wieso lebt man freiwillig vierhundert Kilometer voneinander entfernt, wenn man sich liebt und nicht aufs Geld schauen muss. Sie haben ja immer gesagt, sie wollten zurück ins Rheinland.

Aber sie waren ja nicht zurück. Dein Vater war unter der Woche in Bayern. Und nur am Wochenende in Bonn.

Er ist die Strecke ja auch noch mit dem Auto gefahren. Das wäre mir viel zu anstrengend. Und er war ja auch schon krank am Ende. Irgend so eine Autoimmunsache.

Gillette Castle hat drei Stockwerke, 47 Türknäufe, mehrere Geheimgänge und ist voll von Spielereien wie den obskuren Spiegelschächten, durch die man wie durch ein Periskop nach draußen blicken kann. Die Außenhülle von Gillette Castle ähnelt der Haut des Steinfischs. Das ist einer der giftigsten Fische der Welt. Das Mauerwerk wirkt, als ob es Jahrhunderte unter Wasser verborgen und von Seepocken bevölkert wurde.

Das ist wie das Palais idéal, sagt Riccarda, *von diesem Postboten in Frankreich.*

Ferdinand Cheval war erst Bäcker und dann Briefträger im Département Drôme in der Nähe von Lyon, kurz vor der Côte d'Azur. Er lebte etwa zur gleichen Zeit wie William Gillette. Anders als Gillette, dessen Vater ein republikanischer Politiker war, wurde Cheval in Armut geboren. Seit Jahren träumte Cheval von einem eigenen Palast, den er *Palais idéal* nannte.

Er war für die Post in Tersanne zuständig, einem Ort, der heute 386 Einwohner hat und so egal ist, dass das einzige Video über diesen Ort, das im Internet zu finden ist, ein zweieinhalbminütiger Film über das örtliche Gaskraftwerk ist.

Jeden Tag lief Cheval die 15 Kilometer von seinem Zuhause zu seiner Arbeit. Eine Kutsche oder ein Pferd hatte er nicht. An einem Sommertag im Jahr 1879 stolperte er beim Postaustragen in Tersanne über einen Stein. Er hob ihn auf, packte ihn in seine Tasche und begann noch am selben Tag, sein Palais idéal zu errichten. 33 Jahre baute er daran, bis er fertig wurde.

Cheval und Gillette kannten sich nicht. Aber sie bauten zur etwa gleichen Zeit etwa 6000 Kilometer Luftlinie voneinander entfernt sehr ähnliche Häuser. Die Gebäude stammten direkt aus ihrem Bewusstsein. Sie wurden und blieben gegen den Zeitgeist rebellierende Monumente für die Ewigkeit. Cheval und Gillette waren Freaks.

Die amerikanische, britische und französische Kultur ist stolz auf ihre Freaks. Elton John, Lady Gaga und Michel Houellebecq wären in Deutschland Ausgestoßene. Aber in ihren Heimatländern und darüber hinaus wird ihr Freaksein bejubelt. Die Deutschen belächeln oder verachten Wunderwesen – zumindest, wenn sie aus dem eigenen Land kommen. Jemand wie Harald Glööckler ist in Deutschland ein Witz. Siegfried und Roy wurden in Las Vegas zu Stars und nicht in Deutschland.

Die Deutschen haben heute keinen Sinn mehr für das Artifizielle. Sowohl der Nationalsozialismus als auch die DDR beruhen auf dem Gedanken von naturalistisch-biologistischer Normativität. Es ist kein Zufall, dass deutsche Stars wie Heidi Klum, Helene Fischer oder Dirk Nowitzki direkt aus Nazi-Fantasien entsprungen sein könnten. Sie sind groß, blond, diszipliniert und fleißig.

Flink wie Windhunde, zäh wie Leder, hart wie Kruppstahl.

Alles in Deutschland ist normiert oder genehmigungspflichtig. Selbst Anarchisten und Antikapitalisten, die Kraftwerke blockieren oder in Bäumen campieren, um eine Rodung zu verhindern, sind nichts anderes als Beamte.

Sie hängen vor ihren kleinen Aussteiger-Paradiesen Zettel mit Regeln auf. Als ich im von Umweltaktivisten besetzten Hambacher Forst eine Modestrecke fotografierte, war das Erste, was ich im Camp dieser Menschen sah, ein Schild mit drei Ausrufezeichen:

Rauchen nur im Rauchendenbereich
Drogenverbot im gesamten Camp
!!!

Abseits der Baumhäuser der Besetzer fand ich im Moos einer verlassenen Lichtung einen Pfahl, an dem ein laminierter Zettel mit zu beachtenden Regeln für einvernehmlichen Geschlechtsverkehr hing.

Zustimmung ist für alle da – egal ob Frau, Mann, homo, hetero, bi, trans*, welche Genderexpression und welche Sexpraktiken oder Hilfsmittel auch immer.

Was ich bei aller Sympathie für Revolutionen nicht verstehe, dass Deutsche, die eine neue Weltordnung wollen, immer spießiger werden als das System, das sie stürzen möchten. Die Leute, denen parlamentarische Prozesse zu langwierig sind und die sich deshalb auf irgendeinen Notstand berufen, um mit ihrem zivilen Ungehorsam Veränderung zu erzwingen, scheitern ja deswegen, weil sie alle ihre Beschlüsse in paritätisch besetzten Plenen durchdiskutieren müssen und so nie zu einem Ergebnis kommen.

Am Ende sind in den Camps der Revolutionäre nur noch Junkies, Obdachlose, psychisch Kranke und Spanier, die sich von Industriellenkindern vegan bekochen lassen, bis auch die abziehen – weil die Sommersemester an ihren Elite-Universitäten wieder losgehen.

Wir sitzen auf einer der Mauern von Gillette Castle. Übergewichtige Wanderer laufen vorbei. Mit meiner Leica mache ich Fotos von Riccarda. Sie läuft einige Male wie bei *Germany's Next Top Model* die Treppen rauf und runter.

Sie liebt diese Sendung. Und wir reden oft darüber, ob anderen Leuten das auch so geht. Ob andere Kuratorinnen oder Künstler das auch gucken. Dabei Wäsche zusammenfalten oder auf ihren Vitra-Stühlen sitzen, im Rücken Kunst und im Backofen einen Bioland-Schweinebraten oder einen Porridge auf dem Herd. Ich glaube das ja schon. Ich versuche mir dann immer so jemanden wie Durs Grünbein, Diedrich Diederichsen oder Elfriede Jelinek vorzustellen. Aber ich schaff das einfach nicht.

Überhaupt frag ich mich immer, wie solche Leute wohl leben. Gucken die auch Netflix? Onaniert Christian Thielemann zu Filmen auf Pornhub?

Meinst du, Elfriede Jelinek hat schon mal Gute-Laune-Tee im Bioladen gekauft?, frage ich Riccarda.

Sie überlegt einen Moment.

Ja, und sie hat gelacht, als sie ihn aus dem Regal genommen hat.

Weil ihr die Ironie des Bildes bewusst war?

Nur unterbewusst. Sie hat ein Kitzeln gespürt im Bauch.

Aber sie hat sich nicht von außen gesehen dabei?

Ich glaube nicht.

Hast du die Klavierspielerin *gelesen?*, frag ich Riccarda.

Nein. Die Erzählungen waren mir zu hart.

Charlotte Roche ist nichts dagegen. Die Erzählerin bei Jelinek geht immer ins Pornokino in Wien. Und hebt die vollgewichsten Taschentücher in den Einzelkabinen auf und riecht daran. Es gibt nichts Härteres als in Taschentüchern getrocknetes Sperma.

Junge Künstlerinnen, sagt Riccarda, die auf ihr Handy schaut.

Was?

Ich lese gerade eine Mail von Vanessa.

Vanessa Braun ist die Künstlerin, die Riccarda als Nächstes zeigt. Sie ist 27, wie ich, und hatte gerade eine Riesen-Installation auf der Art-Basel. Wirklich jeder Blog und jedes Magazin hat darüber geschrieben. Sie arbeitet mit Drohnen,

mit Video, mit Sex, mit Tierkadavern, mit absolut verstören-
den Bildern und sieht dabei wie eine der Hexen aus *American Horror Story* aus. Ihre schwarzen Haare sind immer zu
einem zerzausten Vogelnest arrangiert. Es ist unklar, ob das
eine bewusste Entscheidung oder die Verwahrlosung eines
Menschen ist, die entsteht, wenn man nur für das eigene
Werk lebt. Vanessa hat sich vor Kurzem einen schwarzen
Pudel gekauft, den sie Mephisto getauft hat.

Wir sind auf unserer Hochzeitsreise.
    Es tut mir leid. Das beschäftigt mich aber.
Schlimm?
Dumm.
    Vanessa, die auf alle selbstbewusst und krass wirkt, ist in
Wahrheit ein unsicherer Teenager. Riccarda erzählt, dass sie
alle Mails an sie jetzt auch an ihren ehemaligen Akademie-
Professor schicken soll.
    *Sie will mündige Künstlerin sein und ist ihrem erfolglosen
Lehrer hörig*, sagt Riccarda. *Und sie will eine zweihundertneun-
zig Seiten umfassende Werkschau als Katalog. Sie ist am Anfang
ihrer Karriere und will eine Werkschau. Sie hat mir gerade Zeich-
nungen aus ihrer Bewerbungsmappe für die Akademie mitge-
schickt, die sollen da rein. Sie sagt, die seien auch heute noch gut.
Aber das sind Kinderzeichnungen. Immerhin hat ihr Professor
davon abgeraten. Größenwahn und Unsicherheit gleichzeitig
machen mich fertig.*
    Ich weiß, sage ich, *mich auch. Billie Eilish war genauso. Jaden
Smith war genauso. Weißt du noch, auf der Fashion Week. Er
wurde als role model, fashion icon und entrepreneur angekündigt. Und dann saß da ein kleiner Junge, der sein Smartphone
wie einen Gameboy festgehalten hat.*

In Berlin hatte ich Jaden Smith für das Cover eines Maga-
zins fotografiert. Und der Reporter, der die Titelgeschichte

schrieb, wollte mit ihm über Rassismus sprechen. Er fragte Jaden Smith, ob er als Kind eines Hollywood-Stars mit Chauffeur und in seiner Gated community in den Hollywood Hills auch Erfahrungen mit Rassismus gemacht habe. Aber ehe Smith antworten konnte, schaltete sich sein Aufpasser ein. Das war so ein anorektischer und lispelnder Ivy-League-Drop-Out. Und der meinte dann wirklich: *This question is inappropriate. Next question.*

Was willst du Vanessa jetzt schreiben?
Nichts.
Aber es beschäftigt dich doch.
Ja.
Riccarda setzt sich auf eine der Mauern und tippt in ihr Handy. Ich rauche und schaue auf Gillette Castle.

In Deutschland sind Häuser wie dieses unmöglich. Noch darf man träumen in Deutschland. Aber wer Träume umsetzen möchte, braucht eine Genehmigung.

1958 verfasste Friedensreich Hundertwasser sein *Verschimmelungsmanifest gegen den Rationalismus in der Architektur.* Ich hatte das zufällig im Internet entdeckt, als ich – wie so oft – nicht schlafen konnte. Hundertwasser finde ich bis heute kleinbürgerlich. Wobei das vielleicht auch daran liegt, dass vor allem Achtundsechziger Bildbände über ihn im Wohnzimmer liegen haben. Das Manifest ist dennoch aktuell wie nie.

Hundertwasser fordert in diesem Manifest die Befreiung des Bauens.

Die Malerei und die Skulptur sind jetzt frei, denn jedermann darf heute allerlei Gebilde produzieren und nachher ausstellen. In der Architektur besteht jedoch diese grundsätzliche Freiheit, die als Bedingung jeder Kunst anzusehen ist, noch immer nicht, denn man muß erst ein Diplom haben, um bauen zu können.
Den Feind nennt Hundertwasser *Linealmensch.* Das sind

Leute, die die Welt aus geraden Linien konstruieren. Die analfixiert alles ordnen, sortieren und normieren wollen. Hundertwasser meinte, einer gerade gezogenen Wand eines Mietshauses könne nichts Besseres als Schimmel passieren, der dem toten Material Leben gibt.

Er formulierte Sätze, die ich alle unterschreiben könnte.

Die materielle Unbewohnbarkeit der Elendsviertel ist der moralischen Unbewohnbarkeit der funktionellen, nützlichen Architektur vorzuziehen.

Und man muß das Risiko mit in Kauf nehmen, daß so ein tolles Gebilde nachher zusammenfällt, und man soll und darf sich vor Menschenopfern nicht scheuen, die diese neue Bauweise erfordert, vielleicht erfordert.

Die Architektur unterliegt bei uns derselben Zensur wie die Malerei in der Sowjetunion.

Schon das Bei-sich-Tragen einer geraden Linie müßte, zumindest moralisch, verboten werden.

Das Lineal ist das Symbol des neuen Analphabetentums. Das Lineal ist das Symptom der neuen Krankheit des Zerfalls.

Deutschland ist das Land der Linealmenschen, denke ich.

Wir steigen in den Mustang und fahren in Richtung New Haven. Die Interstate 95 verläuft parallel zum Atlantik. Sie trägt den Namen Jewish War Veterans Memorial Highway. Wir riechen das Meer und den Herbst. An Buden entlang der Straße verkaufen sie Lobster Rolls und Barbecue. Autos halten davor. Manchmal stehen Plastiktische da, an denen man sitzen kann. Wir halten an einer Apotheke und kaufen einen zweiten Schwangerschaftstest, der auch positiv ist.

Seit ich zu Hause ausgezogen bin, war ich immer nur für mich verantwortlich. Und so lebte ich auch. Ich hatte nie Angst zu sterben. Ich war auch nicht lebensmüde. Aber mir war es eben nicht wichtig, am Leben zu bleiben.

In den paar Momenten, in denen es wirklich knapp war, hatte ich keine Angst. Als ich auf dem Beifahrersitz eines Autos mit 130 auf einen Baum zuschleuderte, spürte ich nichts. Und in dem Moment, wo ich sah, dass ein Triebwerk des Flugzeugs brannte, in dem ich gerade nach Island flog, kam eine Ruhe in mir auf.

Ich hätte jeden dieser Tode in Ordnung gefunden.

Aber schon mit Riccarda hatte sich das verändert. Kurz nachdem wir uns kennengelernt hatten, kaufte ich mir einen Fahrradhelm. Ich dachte dabei, dass es einfach lächerlich wäre, wenn ich sterbe und den Menschen, den ich liebe, nie wiedersehen kann, weil ich unglücklich vom Fahrrad gefallen war.

Und jetzt denke ich, ist der Tod nicht mehr in Ordnung. Zumindest für mich.

Ich greife Riccardas Hand und streiche mit meinem Daumen über ihren.

Ich liebe dich.

Und ich dich.

New Haven ist für amerikanische Verhältnisse eine kleine und alte Stadt. Sie hat heute 130 000 Einwohner und wurde 1638 gegründet. In New Haven wurde die erste Telefonzelle der Welt aufgestellt. Aber wir wollen uns vor allem die Yale University anschauen.

Die Gebäude der Universität sehen wie eine Mischung aus romanischer Kirche und Hogwarts aus. Da sind große runde Fensterbögen aus Bleiglas. Die Kleidung der Studenten stört dort richtiggehend. Die modernen Rucksäcke, die bunten Sneaker und die alten Mauern passen nicht zusammen.

Ich hatte mir das anders vorgestellt. Irgendwie beeindruckender. Vielleicht märchenhafter. Riccarda geht es ähnlich. Ich bin enttäuscht, auch von mir selber. Von der Spießigkeit des Wunsches, nur durch das bloße Zugegensein an einer Universität ein quasi-religiöses Bildungserlebnis zu haben.

Vielleicht hatten wir unterbewusst erwartet, die fünf nächsten Präsidenten auf dem Campus zu sehen oder den nächsten James Franco oder die übernächste Hillary Clinton. Aber da sind nur ein paar Studenten, die wie schon gesagt, total uninteressant angezogen sind, und sehr viele Obdachlose.

Die sind überall in New Haven. Sie lehnen an den gelben Hydranten, sie sitzen auf den Wiesen der Universität, auf den Bürgersteigen, vor den Coffee Shops.

Spare some change.
I am hungry.
Help me.

Ich habe nichts gegen Obdachlose. Die Obdachlosen sind nicht das Problem. Das Problem ist eine Gesellschaft, die dieses Elend neben einer Elite-Universität akzeptiert. Selbst der Herbstwind kann den Gestank nicht vertreiben, der über der Stadt liegt.

Wir steigen in den Mustang. Als ich losfahre und den Hals nach links drehe, um zu schauen, ob die Straße frei ist, geht ein stechender Schmerz von meinem Nacken bis zum Herzen. Ich mache die Sitzheizung an, weil ich glaube, dass es dann besser wird.

Mit Schmerzen kann ich eigentlich gut umgehen. Aber diese Art von Stechen im Herzen, das bei jedem Atemzug und jeder Bewegung spitzer wird, macht mich aggressiv. Ich schlage mit der Faust gegen die Mittelkonsole des Autos. Riccarda zuckt zusammen, sie traut sich nicht, etwas zu sagen. Sie starrt geradeaus, sie tut so, als hätte sie das nicht bemerkt.

Wir stehen in einer Sackgasse vor dem Lake Beseck. Die Straßen heißen *Cherokee, Iroquois und Mohican Road*. Aber

Native Americans gibt es hier nicht. Minivans mit Umwelt-Aufklebern und Elektroautos stehen vor den Häusern. Ich habe mich verfahren.

Beim Wenden übersehe ich den überhöhten Bordstein. Erst kracht es, dann höre ich ein Kratzen und Schaben.

Ich schreie.

Fuck!

Fuck!

Verfickte Scheiße!

Fuck!

Das letzte *Fuck!* dehne ich sekundenlang. In meinem Kopf ist wieder dieser Druck. Ich spüre die zu engen Schuhe. Ich spüre das Stechen im Herzen. Ich bilde mir ein, noch selbst zu entscheiden, dass ich jetzt schreie. Aber ehrlicherweise ist das wohl nicht so. Ich schlage mir mit der flachen Hand ins Gesicht – da an der Ecke Lake Shore Drive/Kickapoo Road. Ich schlage auf das Lenkrad. Auf die Hupe.

Hey, sagt Riccarda sehr bestimmt, *es ist alles in Ordnung. Das war nur ein Bordstein.*

Nichts ist in Ordnung. Das ist ein Mietwagen. Ein verfickter Mietwagen. Ich habe das gemacht. Weil ich zu dumm bin. Ich bin zu dumm.

Nein.

Es klopft auf meiner Seite an die Scheibe.

Ich sehe, wie ein Polizist mir signalisiert, die Hände auf dem Lenkrad zu lassen. Ich sehe Riccardas Angst. Ich höre mich schreien. Ich sehe die Öffnung einer Dose Pfefferspray. Ich sehe nichts. In meinen Augen ist Feuer. Ich versuche zu atmen. Ich habe Panik. Ich spüre Schleim in meiner Luftröhre.

Kein Sauerstoff. Feuchter Asphalt auf meiner Wange, ein Knie in meinem Rücken. Stahl schneidet in meine Handgelenke.

Klick. Klick.

Ich spüre, wie sich jeder Muskel in mir anspannt. Ich spüre die Welt verschwinden. Alles ist schwarz. Dann weiß. Dann heiß. Dann Pfeifen.

Ich sehe Blaulicht. Ich sehe die Sitzbank eines Polizeiwagens. Durch die Heckscheibe sehe ich Riccarda auf dem Beifahrersitz des Mustangs weinen und kleiner werden.

Is everything alright, sagt der Mann, der kein Polizist, sondern ein schwarzer amerikanischer Mann vielleicht um die 50 ist. Er trägt einen braunen Lederblouson und einen Hut.

Ich hole Luft. Ich lasse das Fenster runter.

I hit the curb, sage ich.

Shit happens. But the car looks good to me, sagt der Mann.

Ich steige aus. Riccarda steigt aus. Wir gehen ums Auto.

Der hintere Kotflügel hängt etwas tiefer, glaube ich.

I am Adrian, sagt der Mann und streckt die Hand aus. Die Innenfläche seiner Hand ist warm und ledrig weich. Sein Händedruck ist beruhigend.

Ich sage meinen Namen und: *Nice meeting you.*

Hi, I am Riccarda.

What are you doing out here?

We got lost on our honeymoon.

That's what honeymoons are for, aren't they, sagt er, und lacht leicht in sich hinein.

Wir unterhalten uns. Adrian hat einen Cousin, der in Nürnberg Polizist ist und Craig heißt. Adrian selbst hat gerade ein Buch geschrieben. *The Black History of Barbecue.* Und Adrian erzählt, dass er als Berater an einer Fernseh-Show mitarbeitet, in der Menschen aus ganz Amerika um einen Barbecue-Meister-Titel kämpfen.

Barbecue is not just barbecue, sagt er, *it is what brings America together. Black, white, male, female, everyone loves barbecue. America is not being held together by capitalism, you know.*

America is being held together by burnt and smoked meat. It is barbaric. But too much civilisation is barbarism as well. Do you know where the term soul food comes from?, fragt er uns.

Aber bevor wir antworten können, geht Adrians Vortrag weiter.

You think soul food is black, right? But it was first mentioned in Shakespeare's The Two Gentlemen of Verona, *the first play he ever wrote. So soul food is high culture, you know. By definition. Soul food is European poetry cooked by descendants of slaves.*

So it's cultural appropriation, sage ich hoffend, dass die Ironie verstanden wird.

Yes it is, indeed, sagt Adrian. *You know noodles, Chinese or Italian? What difference does it make. Noodles are human. So is soul food. It's about adapting. Making things better, different. That's what we are about. That's what mankind is about.*

Wir verabschieden uns. Riccarda fährt. Ich sehe Adrian im Seitenspiegel kleiner werden.

Objects in mirror are closer than they appear, steht in der unteren Hälfte des Spiegels.

Am Abend gehen wir ins *Village Pizza Restaurant* nicht weit von unserem Bed & Breakfast. Der Chef sieht aus wie eine Mischung aus dem deutschen Koch Johann Lafer und dem amerikanischen Pornodarsteller Ron Jeremy. Er ist groß, trägt einen Schnauzbart und hat das Lächeln eines Bären. Im Eingangsbereich stehen die Pokale der örtlichen Sportvereine. Daneben ist ein Regal mit Chips zum Mitnehmen.

Wir sitzen auf blau gepolsterten Bänken in einer restaurant booth. Die in Pfannen gebackenen Pizzen werden auf silbernen Etagèren in die Mitte des Tisches gestellt. Sie sind einfach und fettig. So wie die Menschen hier. So wie wir.

Über die Anlage läuft wirklich *I'm on Fire* von Bruce Springsteen. Und die Männer tragen hier Trucker-Mützen.

Und die Bedienung hat wirklich immer ein Lächeln. Und sie sagt *honey*. Und mir kommt das so ausgedacht vor. So wie diese Geschichte, die ich im Flugzeug im *Spiegel* gelesen hatte. Aber andererseits läuft auch in deutschen Kneipen mal ein Song von Peter Maffay, während am Nachbartisch Leute in Onkelz-Shirts sitzen und danach in ihren getunten Golf steigen.

Ich merke, dass Riccarda sich überwinden muss, als sie das sagt:

Das ist jetzt kein Angriff.

Es fühlt sich natürlich jetzt schon so an, obwohl ich gar nicht weiß, was kommt.

Du bist. So wütend. Und ich komm mit dieser Wut nicht zurecht.

Aber ich schlage dich doch nicht.

Nein.

Warum sagst du das dann jetzt?

Sag ich doch nicht.

Ich komme mit deiner Wut einfach nicht zurecht. Das ist nicht normal.

Ich schmeiße ein Stück Pizza auf den Teller zurück.

Normal sind Leute, die schlecht angezogen sind. Normal sind Leute, die zu dumm zum Fühlen sind. Ich will nicht normal sein. Normal sind Menschen, die keine Ideen haben.

Ich schreie jetzt fast.

Ich fühle mehr. Deswegen bin ich so gut. Ich fühle mehr Freude, mehr Angst, mehr Wut. Kriegen normale Menschen eine Ausstellung im Museum Ludwig? Was willst du eigentlich?

Ich will nicht angeschrien werden. Ich will nicht in einem Auto mit dir sitzen und spüren, dass du die ganze Welt hasst. Dein Hass trifft mich.

Aber ich hasse dich doch nicht.

Wenn du schreist, fühlt sich das an, als würdest du mich schlagen.

Ich habe dich noch nie geschlagen. Nur mich selbst.

Das ist aber Gewalt, die ich abbekomme. Und das ist doch nicht gut. Nicht für dich. Nicht für mich.

Wir verlassen die Pizzeria. Stumm gehen wir die Marsh Street am Friedhof entlang. Wir hören nur unsere Schritte und ich meinen Atem. Es ist dunkel. Da sind Straßenlaternen alle paar Meter. In einigen der Kürbisse flackern Teelichter. Skelette sind beleuchtet.

Ist es so schlimm?, frage ich.

Manchmal, sagt sie.

8.

Jeden Tag wird Riccardas Bauch größer. Und ich finde sie jeden Tag schöner. Aber die Natur scheint, folgt man aktuellen Ansichten progressiv-westlicher Eliten über Ethnie, Geschlecht, Fleischersatz oder veganem Käse, nicht mehr gewünscht. Was sind wir denn, wenn nicht Natur? Und ist nicht das auch das Magische an uns? Dass Natur eben ganz am Ende nicht erklärbar ist. Ich meine damit, dass wir relativ genau sagen können, warum Wasser bei wie viel Grad und welchem Luftdruck flüssig, fest oder gasförmig ist. Aber das letzte Warum bleibt immer unbeantwortet. Warum gibt es unsere Erde? Die meisten werden den Urknall anführen. Aber was war davor?

Manchmal, wenn ich auf mich zurückfalle, wenn ich abends allein auf dem Balkon sitze und nach oben schaue, wird mir ganz unheimlich. Ich sehe die Sterne und das Schwarz des Himmels und das Einzige, was ich erkennen kann, ist der Große Wagen, wobei ich mir auch nicht wirklich sicher bin. Und ich merke, wie klein ich bin. Und jeder Stern ist eine Frage, auf die ich keine Antwort weiß. Ich weiß nicht, woher ich komme, warum ich da bin. Das Einzige, was ich glaube zu wissen, ist, dass ich irgendwann sterben werde. Ich fühle, dass da etwas sein muss, etwas Großes. Und gleichzeitig fühle ich, dass ich es nie auch nur ansatzweise werde begreifen können. So geht mir das auch mit Riccardas Schwangerschaft.

Wir Menschen bauen Überschallflugzeuge, selbst fahrende Autos und Satelliten. Aber das alles ist banal, wenn ich überlege, dass aus einer Samen- und einer Eizelle ein Mensch werden kann, der ein eigenes Bewusstsein, einen eigenen Charakter entwickelt. Ei- und Samenzelle haben das Potenzial, Hitler zu werden oder Billie Eilish, Barack Obama oder eben nichts.

Kunst = Natur – X, hat Arno Holz geschrieben. Alles ist schon da in der Natur. In Wahrheit können wir nichts Neues erfinden. Wir können nur Unbekanntes entdecken.

Als Jeff Koons Vater wurde, sprach er von seinen Kindern als seinen *biological sculptures*. Vielleicht ist das künstlerisch eine interessante Position, aber ansonsten absolut unmenschlich.

Schöpfer im göttlichen Sinn werden zu wollen, war nie der Grund, warum Riccarda und ich Kinder wollten. Ich glaube, wir wollen unsere Liebe bedingungslos weitergeben. Einem Lebewesen Schönheit zeigen. Wir wollen, dass es weitergeht mit der Welt, wir wollen Verantwortung übernehmen. Verantwortung ist Liebe.

Es ist inzwischen Dezember. Die letzten Tage hat es geschneit. Wir liegen am Abend im Bett. Beide auf der Seite. Mein Bauch berührt Riccardas Rücken. Mein rechter Arm ist unter ihrem Hals. Mein linker Arm umschlingt ihre Hüfte. Meine Hand liegt auf ihrem Bauch. Sie schläft. Und da spüre ich zum ersten Mal eine Bewegung unseres Kindes. Es fühlt sich wie ein fast schwereloser Regentropfen an, der auf einen ruhigen Teich fällt.

Vielleicht bilde ich mir das nur ein. Aber durch Riccardas Bauch spüre ich das. Wie ein leichtes *Blubb*. Obwohl diese Bewegung unter ihrem Bauch winzig ist, ziehen große Wellen durch meinen Körper. Ich glaube, das ist Glück. Alles ist schon da, wir müssen es nur finden, denke ich und schlafe ein.

Für ein Magazin soll ich den Gesundheitsminister fotografieren. Er ist bei den Konservativen, jung und schwul. Aus der Ferne wirkt er steif. Das ist so ein Typ, der mit seinem Boyfriend, einem Society-Reporter, in einer Fantasie-Uniform auf den Wiener Opernball fährt, um mit dem konservativen österreichischen Kanzler Walzer zu tanzen. So ein Typ, der dann in Deutschland Jeans zu Stoff-Jacketts trägt, um seine Bodenständigkeit zu zeigen, und immer wieder betont, wie er früher im Schützenverein Eierlikör getrunken habe. Der sich in Interviews darüber aufregt, dass sie in einer internationalen Großstadt wie Berlin in Cafés Englisch sprechen, der aber natürlich mit dem ebenfalls schwulen und republikanischen amerikanischen Botschafter in Berlin in Restaurants wie das *Grill Royal* geht, um dort Austern zu essen. Von den stramm Konservativen wird er wegen seines Schwulseins belächelt. Und die Schwulen hassen ihn, weil er konservativ ist und Dinge wie *Die Pille danach ist kein Smartie* sagt.

Ich bin begeistert, als ich die Anfrage bekomme. Menschen mit Widersprüchen finde ich immer interessanter als solche ohne. Außerdem hat der Minister eine Zahnlücke, die mich an Elton John und Georgia Jagger erinnert.

Der Minister wird als neuer Kanzler gehandelt. Früher dachte ich, dass das wirklich so ist, wenn das in Zeitungen steht. Aber in letzter Zeit wird jeder als neuer Kanzler oder neue Kanzlerin ausgerufen und stürzt dann wieder in die absolute Bedeutungslosigkeit. Das letzte Mal war das den Sozialdemokraten passiert. Da hatten sie einen Kanzlerkandidaten, so einen trockenen Alkoholiker, der mal Bürgermeister in der Provinz war und danach jahrelang im Europaparlament nichts tat. Und auf einmal führte der alle Umfragen an. Ich erinnere mich noch, wie siebzehnjährige Jungsozialisten bei seiner Kandidaturveranstaltung *Geile-*

Sau-Sprechchöre anstimmten. Noch nie hat ein Kanzlerkandidat die Wahl so haushoch verloren.

Die Fotos vom Gesundheitsminister sind für die kommende Cover-Story geplant, der vorläufige Arbeitstitel laut Redaktions-Briefing: *Ist Deutschland reif für einen schwulen Kanzler?*

Mit dem 8:19-Uhr-ICE fahre ich nach Berlin. Auf den roten Ledersitzen im Bordbistro sitzen Männer vor Weizengläsern. Die Kellnerin trägt eine zu einem Helm geföhnte Frisur in Rot-Schwarz. Ihre langen Nägel sind matt im gleichen Farbton wie die dunkelrote, von Guido Maria Kretschmer designte Arbeitskleidung lackiert.

Noch ein Bierchen, die Herren?

Immer her damit, dröhnt es zurück.

In der zweiten Klasse sitzt eine Frauengruppe an einem Vierertisch mit Piccolos vor sich. Die Luft ist sauer. Vor der Toilette riecht es nach Rauch. Auf Laptop-Bildschirmen werden Präsentationen gebaut. Ein Hippie-Pärchen schläft ineinander verschlungen. Ihre Schuhe haben sie ausgezogen. Ich setze mich auf meinen Platz in der ersten Klasse und stelle mir den Wecker auf 15 Minuten vor der Ankunftszeit in Berlin. Irgendwo da, wo Thüringen anfängt, wo die Landschaft wild wird, wo der Schnee fast einen Meter hoch liegt, schlafe ich ein, ich w...

An einem Herbsttag geht das Mädchen an der Hand seiner Mutter über einen Friedhof in Duisburg. Sie gehen oft hierhin. Die Mutter hat immer Angst um ihr Kind. Hier auf dem Friedhof, der eingezäunt ist, glaubt sie, könnte am wenigsten passieren.

Es ist 1957. Am frühen Morgen startet der erste Satellit ins Weltall. Das Mädchen weiß nichts davon. Der Kies knirscht unter seinen Füßen. Es lässt die Hand der Mutter los. Es rennt.

Nicht so schnell, ruft die Mutter, sonst fällst du hin. Am Hals und am Unterarm der Mutter wachsen rot-weiße Schuppen. Ihr Mann verkauft zur gleichen Zeit Tischdecken als Handlungsreisender irgendwo in der Nähe von Wuppertal an einen Haushaltswarenhändler. Such mich, ruft das Mädchen. Eine Straßenbahn rattert am Friedhof vorbei. Aus den Schornsteinen der Mietshäuser steigt Rauch in den Himmel. Lastwägen liefern Kohle und Milch. Such mich, ruft das Mädchen noch einmal. Dann ist es ruhig. Wo bist du?, ruft die Mutter.

Die Mutter rennt die Wege entlang, von Grabstein zu Grabstein, schaut hinter jeden Strauch. Der Stoff ihres gelben Kleides flattert. Sie atmet schnell. Am Brunnen ist es nicht. Bei den Gießkannen ist es nicht. Die Mutter spürt die gleiche Angst wie 1943, als sie auf dem Stroh in Graz lag. Der Pfarrer neben ihr, schwer atmend. Schweiß war auf seiner Stirn.

Da ist eine Bank. Das Mädchen sitzt auf der linken Seite. Ganz rechts, etwa einen Meter entfernt von ihr, am anderen Ende, sitzt ein Mann. Er trägt einen Hut und einen schwarzen Anzug. Ein Regenschirm ist an die Bank gelehnt. In der rechten Hand hält er eine filterlose Zigarette. Er murmelt vor sich hin:

Die graue Welt macht keine Freude mehr

Ich gab den schönsten Sommer her, und dir hat's auch kein Glück gebracht

Nicht wahr, hast nur den roten Mund noch aufgespart

Die Mutter sieht ihr Kind. Sie reißt es von der Bank. Das Mädchen schreit. Es weint. Die Mutter sagt: Noch nicht mal hier kann ich dich schützen.

Am Berliner Hauptbahnhof kommen sofort die üblichen Gestalten. Die übergewichtigen Rumäninnen in ihren weiten Röcken mit den Unterschriftentafeln für Gehörlose. Die Straßenmagazin-Verkäufer mit der grauen Haut. Der Alkoholiker mit den Löchern in seinen Wangen, der den Sommer immer im Weinbergspark verbringt. Im Winter ist der Berliner Hauptbahnhof noch schlimmer als sonst. Der

Wind zieht komplett hindurch. Es gibt keinen warmen Ort hier.

Ich gehe zum Ausgang Invalidenstraße und zünde mir eine Zigarette an. Das mache ich immer, wenn ich an einem Bahnhof ankomme. Ich rauche und schaue den Menschen zu. Sie steigen in Straßenbahnen, in Leihwägen. Mich beruhigt das immer, zu sehen, dass alles weitergeht. Ich schaue mir das eine Weile an. Dann steige ich ins erste Taxi.

Der Fahrer ist ein junger Araber. Ein silberner Krummsäbel hängt an seinem Spiegel.

Ich sage: *Zum Gesundheitsministerium, bitte.*

Die ersten zehn Sekunden einer Taxifahrt entscheiden darüber, wie sie enden wird. Ob man redet. Ob man schweigt. Der Fahrer schaut fragend in den Rückspiegel.

Dann fängt er an: *Weißt du, warum es uns so schlecht geht?*

Mir geht es ziemlich gut.

Das denkst du, Bruder. Was machst du beim Ministerium?

Ich bin Fotograf. Ich fotografiere einen Politiker für ein Magazin.

Und ihr dürft entscheiden, was da dann steht?

Ich bin Fotograf.

Die sagen euch doch, was ihr schreiben dürft.

Nein. Und ich schreibe ja auch nicht. Ich mache Fotos.

Politiker sind Huren. Die machen das für Geld.

Ich mache Fotos für Geld. Und du fährst Taxi für Geld.

Weil ich muss. Aber der Unterschied, die sind gekauft. Und weißt du von wem?

Diesen Dialog habe ich das erste Mal erlebt, als ich am Frankfurter Flughafen in ein Taxi stieg. Der Fahrer war ein hessischer, schlecht gelaunter Alt-Hippie, der mit sechzig noch den Parka trug, den er sich zum Anfang seines Informatik-Studiums in den Achtzigern gekauft hatte. Der mich allein schon dafür hasste, dass ich in sein Taxi stieg.

Er fing sofort an zu reden. Dass im Radio nur noch

Schrott lief und er deshalb jetzt Spotify nutzen würde, wo es auch Creedence Clearwater Revival gebe. Und dann zeigte er auf die Hochhäuser von Frankfurt. Und sagte: *Da sind die, die uns beherrschen.*

Der Araber fragt noch mal. *Weißt du, wer in Deutschland Politik macht? Wer die Macht hat? Wenn du's weißt, geht die Fahrt auf mich.*

In der Verfassung steht, die Macht geht vom Volk aus.

Wir haben keine Verfassung. Wir werden von Amerikanern regiert. Und das Volk? Was haben die in der Regierung denn mit dem Volk zu tun?

Wir wählen die.

Denkst du, die entscheiden für uns?

Wählst du denn?

Das bringt doch nichts.

Dann entscheidet auch niemand für dich.

Hast du schon mal den Namen Rothschild gehört? Rockefeller?

Ich kenne Austern Rockefeller.

Wir sind in der Mitte des Tiergartentunnels, als der Fahrer das Auto nach links reißt. Mein Kopf knallt gegen die Seitenscheibe. Die orangefarbenen Oberlichter des Tunnels fliegen vorbei. Für einen Moment zittern meine Augenlider, und ich sehe Lichtblitze, von denen ich weiß, dass sie nicht da sind. Der Fahrer hupt. Er flucht.

Was?, schreit er.

Dann: *Fotze!*

Ein anderes Taxi hat ihn von rechts überholt und fast gerammt. Mein Fahrer beschleunigt. Die Seitenspiegel beider Autos sind einen Finger voneinander entfernt. Um uns herum ist nur Beton. Ich denke an Lady Di und wie sie in einem Tunnel sterben musste. Mein Fahrer lässt das Fenster auf der Beifahrerseite herunter. Ich spüre staubigen, lauten Fahrtwind. Auf der Rückbank des anderen Taxis sitzt eine

Frau. Wir schauen uns an. Ich sehe Angst in ihren Augen. Sie sieht Angst in meinen.

Der andere Fahrer, er sieht sehr deutsch aus, hat sein Fenster heruntergelassen. Beide scheinen sich zu kennen. Sie schreien sich mit Namen an. Dann wieder *Fotze. Hurensohn. Ich krieg dich.* Der Tacho meines Fahrers zeigt 93 Kilometer pro Stunde.

Bei Starts und Landungen mit einem Flugzeug stelle ich mir häufig vor abzustürzen. Ich bin überhaupt nicht aufgeregt dabei. Ich habe keine Angst. Ich finde die Vorstellung, aus einigen Kilometern auf die Erde herabzustürzen und am Boden in tausend Einzelteile zu zerschellen, beruhigend.

Vom Himmel zu stürzen wie ein Vogel, der einen Herzinfarkt aus Altersschwäche hat, erscheint mir als eine natürliche und würdevolle Art zu gehen. Aber hier im Tiergartentunnel, zwischen dem Berliner Hauptbahnhof und dem Potsdamer Platz, zwischen zwei der hässlichsten Orte der Welt, zu sterben, weil zwei Typen ein Problem mit sich und der Welt haben, das wäre einfach deprimierend.

Ich schreie: *Stopp!*

Was?, ruft mein Fahrer.

Ich sage: *Sie machen jetzt das Fenster hoch. Und fahren normal.*

Er schimpft in einer Sprache, die ich nicht verstehe. Er schließt das Fenster. Ich schließe die Augen.

Vor dem Gesundheitsministerium steige ich aus, ohne ein Trinkgeld zu geben. Der Fahrer sagt noch *Sorry, Bruder.*

Ich glaube, dass Wahnsinn vor allem etwas mit Einsamkeit zu tun hat. Wenn Menschen zu viel Zeit mit sich selbst verbringen, vor allem nachts oder abends, dann leben sie an der Welt vorbei. Sie haben Sehnsüchte, die in eine Realität hineinreichen, die sie nicht berühren können, weil sie von dieser Realität verstoßen worden sind oder sich selbst verstoßen haben. Nur manchmal berühren sie diese Welt noch. Ich glaube, das betrifft vor allem Männer.

Männer wie mein Fahrer oder Objektschützer oder solche Menschen eben haben nur noch kurzen Kontakt zu unserer Welt, wenn ein Fahrgast einsteigt oder wenn sie nachts an einer Tankstelle halten und ein Red Bull kaufen. Wenn sie morgens nicht schlafen können und beim Bäcker eine Frau sehen, die lächelt. Und trotzdem schauen sie nur zu. Wie durch eine Scheibe, die sie von dem, was sie sehen, trennt. Sie können nicht eingreifen. Sie sind wie Geister.

Ich glaube, das Problem dieser Menschen ist, niemanden zu haben. Das Einzige, was sie haben, ist irgendeine Art von Stolz oder Ehre. Weil ihnen diese Fiktion niemand nehmen kann. Sie sind objektiv nicht reich oder attraktiv. Sie haben nichts außer ihren bedeutungslosen Leben und diesem Stolz.

Und diesen Stolz kann ihnen niemand nehmen, weil er fiktiv ist, und gleichzeitig fühlt es sich für sie permanent so an, als würde es jeder versuchen. Und genau dann, wenn einer aus Versehen zu dicht überholt, geht es nur noch um Stolz und Ehre. Und dafür sind einsame Männer bereit, zu töten oder zu sterben, weil es sonst keinen Grund für sie zum Leben gibt.

Leute wie mein Fahrer steigen um 18 Uhr ins Auto, fahren bis 4 Uhr, manche bis 8 Uhr durch. Da steigen Männer in Vetements-Hemden und Frauen mit Lippenstift ein, mit Reisegepäck von Rimowa oder Louis Vuitton. Und die Fahrer sind ja nicht dumm. Die sehen, was das alles kostet. Und später kommen die Partyleute, die sie zum Geld-Automaten fahren müssen, zum Dealer, und wieder zurück ins Restaurant und später in die nächste Bar und von dort in eine große Wohnung in einem Bezirk, den sich die Fahrer nie leisten können.

Taxifahrer sind deshalb so empfänglich für Wahnsinn, weil sie meistens nur Leute sehen, denen es besser geht als ihnen. Die schöner sind, mehr Geld, mehr Sex oder einfach bessere Laune haben. Und deswegen empfinden sie ihr eigenes Leben als ungerecht. Und weil eigene Schuld das Schlimmste der Welt ist, muss es an den anderen liegen. Und da kommen wir jetzt zu der Sache mit den Rockefellers und den Rothschilds. Die besten Schuldigen sind die, die man nicht kennt, weil man sie nie getroffen hat. Der unbekannte Fremde, den es vielleicht sogar gar nicht gibt, ist immer die größte Bedrohung. Und deswegen trifft es häufig Juden, weil niemand wirklich Juden kennt. Es gibt ja nur noch 100 000 oder so in Deutschland, hat mir der Studio Manager von Georg Baselitz mal erzählt und mir danach sehr fest in den Schritt gefasst und mir einen Blowjob angeboten.

Und dann stehe ich vor dem Gesundheitsministerium. Das hat die Adresse Friedrichstraße 108 und liegt zwischen dem Restaurant *Grill Royal* und dem früheren *King Size*. Das war eine Bar, in der man nie vor 3 Uhr sein durfte, in der es immer zu voll war. Wo es immer einen Gin Tonic und eine Linie Kokain gab. Wo so jemand wie Helene Hegemann oder Gregor Hildebrandt rumstand und einfach nur sehr gut aussah.

An der Ecke ist der Friedrichstadtpalast, wo sich heterosexuelle Menschen aus der Eifel oder Dresden homosexuelle Kostüm-Shows anschauen. Und danach zu so einem Inder gehen, in dem man Cocktails für fünf Euro trinkt. Dass Berlin überhaupt irgendeinen Ruf hat, verstehe ich bis heute nicht. Eigentlich sind das lauter Kleinstädte, die gar nichts Internationales haben.

Das Gebäude des Ministeriums sieht auch nach nichts aus. Das ist einfach nur ein totes Bürogebäude, in dem ne-

ben dem Ministerium auch eine Filiale der Berliner Volksbank ist. Was eigentlich alles sagt. Ich meine damit, wie am-
bitionslos das alles ist. Der Minister hat vor seiner Zeit als
Politiker eine Ausbildung zum Bankkaufmann gemacht, danach noch ein Studium an der Fernuniversität Hagen. Ich
finde das theoretisch sogar toll. Weil es so geerdet ist. Aber
eigentlich finde ich es schrecklich. Weil es total lächerlich
ist, in Parade-Uniform auf den Opernball zu gehen, um sich
wie ein junger Kaiser zu fühlen, aber eigentlich von der
Volksbank kommt.

Im Eingangsbereich des Ministeriums steht ein dick-
licher Mann mit Dreitagebart. Er raucht und telefoniert.
Über einem weißen Hemd trägt er einen hellblauen Kasch-
mir-Pullover, darüber ein Sakko mit Falten und Flecken.

Ja, ich warte auf den Fotografen.

Ich gehe auf ihn zu.

Der Fotograf bin ich.

Der Mann legt auf. Er zündet sich mit der alten Zigarette
eine neue an.

*Wir sind ein bisschen später heute. Der Minister ist auf dem
Weg. Was haben Sie vor mit ihm? Kaden, Büroleiter.*

Ich mache heute die besten jemals gemachten Fotos.

Er weiß nicht so recht, was er sagen soll. Er weiß nicht, ob
das Ironie war, Ernst, beides oder Spott.

Er sagt: *Da haben Sie ja was vor.*

Er gibt mir seine Karte.

Wie lang kennen Sie sich?

Ich darf seit fünfzehn Jahren für den Minister arbeiten.

Aber er ist ja erst seit zwei Jahren Minister.

*Wir kennen uns aus der Jungen Union. Ich hab ihm immer
den Rücken frei gehalten.*

Hat er das gebraucht?

Als schwuler Mann auf dem Land war es nicht einfach.

Ist es irgendwo einfach?

Die Sprüche waren hart. Aber unter uns, eine schwulere Partei als die CDU gibt es heute nicht.

Im Eingangsbereich steht ein vier Meter hoher Weihnachtsbaum. Wir laufen über graue Flure. Menschen tragen Aktenordner. Männer, die gleich aussehen. Frauen, die gleich aussehen. Anzüge. Hosenanzüge. Marineblau. Brillen. Praktische Frisuren. Der Boden ist aus Marmor. In Ecken stehen Grünpflanzen in Kübeln. Plakate für Aids-Kampagnen und Grippe-Impfungen hängen von Magneten an Schautafeln geklebt. Europa- und Deutschland-Flaggen stehen in Haltern aus Messing. Da sind Teeküchen, aus denen es nach Biomüll und Spülmittel riecht, und Büros, an deren Türen Zettel hängen.

Spülmaschinen kann man auch ausräumen.
Fehlt nur noch das Zelt. Dann wäre der Zirkus hier komplett.

Der Minister sitzt an seinem Schreibtisch und telefoniert. Vor den Fenstern hängen halbhoch grau lackierte Lamellenrollos. Ich kann den Fernsehturm sehen. Eine Bronze steht auf einem der Fensterbretter – ein dünner nackter Mann, der seine Hände vor dem Schritt gefaltet hat, wie zum Beten. Das ist diese Art von Kunst, von der man nie weiß, ob es ein KZ-Mahnmal oder einfach nur Dekorationskitsch oder – wir sind ja in Deutschland – beides ist. *Der Kaufpreis geht niemanden was an*, sagt der Minister in sein Telefon, legt auf, steht auf. Er ist sehr groß. Und trotzdem wirkt er verloren in seinem Amtszimmer. Seine Hose knittert, der Hemdkragen ist nicht gebügelt. Die Krawatte hängt schief. Deutsche Politiker sehen immer so aus, als würden sie zum ersten Mal einen oder seit einer Woche den gleichen Anzug tragen. Ich denke an den bayerischen Ministerpräsidenten und seine Strickjacken mit Reißverschluss unter den zu großen Jacketts. An die zu engen Hosenanzüge der Frauen im Bundestag. Je höher man kommt, desto weniger kann man die Größe eines Amtes ausfüllen. Kein Mensch kann so groß wie seine Aufgabe sein.

Espresso?, fragt der Minister in meine Richtung und bedeutet seinem Sprecher, zwei Tassen zu bringen. Dann: *Richtig, Fotos. Sie machen ja sehr spezielle Sachen, ne. Also ich mach mich nicht zum Affen, aber sonst bin ich offen. Ich vertrau Ihnen da.*

Das klingt jetzt komisch, aber ich frag das alle Leute, die ich fotografiere. Wer sind Sie?

Der Sprecher des Ministers bringt den Espresso. Auf die weißen Tassen ist der Bundesadler gedruckt. *Zucker*, fragt der Sprecher. Er stellt alles auf den Konferenztisch aus Glas, der umgeben von klobigen Ledersesseln in der Mitte des Raumes steht. Der Minister geht auf und ab. Er hält kurz vor dem Fenster an, blickt nach draußen. Geht zum Tisch, nimmt die Espresso-Tasse, trinkt aber nicht.

Oder anders. Warum machen Sie das eigentlich? Ich habe wirklich Respekt vor Ihrem Beruf. Aber ich würde das nicht machen. Die Hälfte findet Sie blöd, egal was Sie machen. Und Sie haben kein Privatleben. Also ich kann betrunken aus jedem Restaurant stolpern, aber wenn Sie das machen, haben Sie ein Alkoholproblem. Wenn Sie im Borchardt *fotografiert werden, haben Sie den Kontakt zu den Menschen verloren. Warum machen Sie das?*

Warum fotografieren Sie, fragt er.

Weil ich geliebt werden will.

Das ist jetzt Ihre Antwort.

Sind Sie nicht auch Politiker, weil Sie geliebt werden wollen? Wahlkampf ist doch wiederkehrende Sehnsucht nach Zuneigung. Wovor haben Sie Angst?

Dass wir unsere Freiheit aufgeben. Unsere europäischen Werte.

Dass Araber die Badehose beim Duschen ausziehen sollen?
Sorry, hab ich in einem Interview von Ihnen gelesen.

Der Sprecher räuspert sich. Der Minister schaut ihn an. Er schaut mich an.

Ich denke mir dabei ja was, wenn ich das sage. Ich möchte keine spießigen, verklemmten Werte in Deutschland aus falscher Toleranz haben. Das ist nicht Europa.

Was ist denn Europa?

Wissen Sie, ich bin an der holländischen Grenze aufgewachsen und nach dem Abitur mit dem Interrail einfach losgefahren, und überall haben wir ähnliche Werte. Das ist Europa.

Der Sprecher räuspert sich erneut. Der Minister sagt, dass wir jetzt wirklich anfangen sollten. Er blinzelt.

Ich hab auf dem Weg eine Europa-Flagge gesehen. Darf ich Sie damit fotografieren?

Der Minister schaut auf seinen Sprecher. Der nickt. *Ja, kein Problem*, sagt der Minister.

Können Sie die holen, sage ich zum Sprecher. *Und bringen Sie doch noch eine zweite mit. Auch Europa.*

Ich packe meine Kamera aus. Der Minister geht zu einem Spiegel in seinem Vorzimmer. Er streicht sich über das Jackett, dann über die Hose. Er trinkt einen Schluck Wasser. Er kommt zurück. Ich deute auf seine Krawatte. Er zieht sie gerade. Er bedankt sich für den Hinweis. Der Sprecher kommt mit den Flaggen zurück. Ich stelle sie hinter den Schreibtisch des Ministers.

Und das ist Ihre Kamera?, fragt der Sprecher. *Ist die nicht etwas klein?*

Das ist eine Leica, sagt der Minister. Und ich denke, wie kann man nur solche Anzüge tragen und dann eine Leica erkennen.

Meine Idee ist, den Minister als europäischen Engel zu fotografieren. Ohne dass er es merkt, natürlich. Das ist überhaupt das Wichtigste beim Fotografieren, dass niemand, aber vor allem nicht die Person, die man fotografiert, merkt, was man vorhat. Dass sich alles so anfühlt, als sei es die Idee der Person selbst. Oder zumindest einfach passierend und nicht geplant.

Es darf nie darum gehen, Leute bloßzustellen oder sie so zu zeigen, wie sie nicht sind. Aber die meisten Leute haben vor sich selber und ihren Eigenschaften Angst. Sie würden sich selbst im Spiegel verleugnen, wenn sie sich so sehen würden, wie sie wären. Sie trauen sich nicht, sie selbst zu sein, weil sie glauben, dann nicht geliebt zu werden. Und deshalb wollen die meisten dafür geliebt werden, jemand anders zu sein.

Im Kindergarten wollte ich zum Beispiel David, englisch ausgesprochen, heißen. Weil es diesen Jungen gab in meiner Gruppe, der so hieß, der diese Nike-Schuhe trug. David war blond und spielte Fußball. Ich dachte, wenn ich blond wäre und Fußball spielen und David heißen würde, dass ich dann genauso beliebt wäre.

David war der absolute Durchschnitt. Und der absolute Durchschnitt ist immer das, was in Deutschland am besten ankommt. Und, dass das natürlich total falsch ist, zeigt diese *Simpsons*-Folge, in der Homer ein Auto designt, weil sein Bruder, ein Autounternehmer, in ihm den average American erkennt. Das ist am Ende das schlechteste Auto der Welt, und niemand will es kaufen. Aber in Deutschland wäre es ein Erfolg.

Jetzt steht er da, verloren zwischen den Fahnen. Die Haut des Ministers ist trocken. Seine Haare haben einen leichten Rotstich. Am Hals hat er Pickel vom Rasieren. Man muss sich selbst nicht schön finden, es reicht, sich zu akzeptieren, um auf Fotos gut auszusehen. Aber das schafft er gerade noch nicht.

Komplimente machen Menschen schöner. Deswegen finde ich sie so wichtig. Ein Kompliment ist keine Lüge, weil ein Kompliment Wahrheit in der Zukunft schafft. Der Minister hat braune Augen.

Sie haben schöne Augen, sage ich, als ich durch die Kamera schaue. Politiker sind so einen Satz nicht gewohnt. Aber ich meine das wirklich so. Und die Anspannung des Ministers wird weniger. Er fühlt sich allein durch diesen Satz schöner. Er ist etwas überrumpelt, aber er lächelt. Sein Pressesprecher schaut komisch. Aber für ihn habe ich den Satz nicht gesagt.

Ich weiß noch, wie ich dem Bundespräsidenten gesagt habe, dass er ein schöner Mann sei. Sein Sprecher hat die Augen verdreht. Aber der Bundespräsident hat gelacht. Und er meinte: *Manchmal sagt das auch meine Frau.* Auf den Fotos nach diesem Satz war er ein anderer Mensch.

Das war kein Witz mit den Augen. Die sind wirklich toll, sage ich noch mal. Und alles in ihm verändert sich.

Selbst die Falten in Hose und Jackett des Ministers sehen jetzt irgendwie gut aus. Nicht wie von jemandem, der nachlässig gekleidet ist, sondern wie jemand, der was geschafft hat.

Ich sehe meine Aufgabe als Fotograf darin, Menschen in ihrer schönstmöglichen Version zu zeigen. Journalisten sind dafür da, die Fehler, die Unstimmigkeiten, die Widersprüche zu zeigen. Ich möchte Menschen zum Strahlen bringen.

Das habe ich gemerkt, als der *Spiegel* mal ein großes Interview mit dem französischen Präsidenten gemacht hat. Auf dem Titel war der Präsident eigentlich ein recht junger, attraktiver Mann. Aber er sah aus wie Hitler in der letzten Nacht in der Reichskanzlei. Natürlich war das Foto schwarz-weiß, er starrte mit weit aufgerissenen Augen in die Kamera, als ob er zu viel Pervitin geschnupft hätte. Aber innen drin im Heft, da waren wirklich schöne Bilder. Der Präsident stand mit seinem Hund in seinem Büro im Élysée-Palast. Er sah aus wie ein verliebter Adliger. Da war eine Liebe in seinem Blick, die ich noch nie an ihm gesehen hatte.

Politiker zeigen normalerweise keine Liebe, weil verliebt sein verletzlich macht. Aber genau das ist die Aufgabe guter Fotografie. Die Liebe in den Menschen zu zeigen. Dem Fotografen Jerome Bonnett war in seinem Bild des Präsidenten mit dessen Hund etwas gelungen, was kein anderer vorher geschafft hatte. Die Fotos waren unglaublich. Aber eine Titelgeschichte mit Liebe zu füllen, widerspricht den Ansätzen jedes Nachrichtenmagazins. Nichts verkauft sich besser als schlechte Nachrichten.

Die Engel-Fotos des Ministers gefallen mir sehr gut. Ich weiß nicht, ob er damit zufrieden sein wird. Aber darum geht es mir auch nicht. Es geht mir darum, dass ich ein Werk schaffe, von dem ich glaube, dass es Schönheit enthält. Und ein schwuler Minister mit Zahnlücke in zerknittertem Anzug mit zwei Europa-Fahnen als Flügel, finde ich wunderschön. Das ist natürlich auch knallharter Kitsch beziehungsweise an der Grenze dazu. Wobei es ja eben nicht Wim-Wenders-Kitsch ist, weil ich Schwarz-Weiß-Fotografie ablehne. Es gibt nichts Dümmeres auf der Welt. Schwarz-Weiß ist immer falsch. Entweder es sieht nach Softporno oder nach Leni Riefenstahl aus. Oder beidem.

Der Sprecher entschuldigt sich. Er müsse zwei dringende Rückrufe tätigen. Ich bin mit dem Minister allein. Darauf hoffe ich immer. Die Menschen, die ich fotografiere, sind mir dann – ausgeliefert ist das falsche Wort – aber sie sind eben mit mir alleine.

Nehmen Sie mal eine der Flaggen ab, und legen Sie sich um die Schultern.

Wirklich?

Das sieht super aus!
Ich bin mir …
Haben Sie Angst vor den Werten Europas?

Ich sage das, halb im Witz, halb im Ernst. Politiker sind in diesem Moment hilflos. Einerseits fühlen sie sich geschmeichelt, sie wollen dem Gegenüber gefallen, das wollen eigentlich alle, aber eine Stimme in ihnen, ihre Sprecher würden das sonst für sie verbalisieren, sagt ihnen, dass das jetzt falsch sei, ihrem Amt, ihrer Funktion oder wie auch immer nicht angemessen. Nicht ernst genug. Aber Menschen, die ernst sein wollen, sind ja eben nicht ernst. Deswegen können Menschen, die etwas darstellen, eigentlich alles auf Fotos machen und sie sehen dabei immer gut aus. Weil sie in sich ruhen. In sich ruhende Menschen können nicht lächerlich sein.

Mit seinen Augen sucht der Minister seinen Sprecher, das seh ich ganz genau.

Sie können ja immer noch sagen, dass Ihnen die Bilder nicht gefallen.

Da nimmt er die Flagge schon vom Ständer, er legt sie sich zögernd wie einen Mantel um. Er blinzelt wieder.

Wow, sage ich und fotografiere. Am Anfang ist er noch unsicher. Dann findet er sich und seine Haltung. Er stellt etwas dar. Obwohl nur sein Gesicht aus der Europa-Flagge herausschaut, ist sein ganzer Körper präsent. Die an sich alberne Pose wirkt nicht mehr albern. Natürlich ist das komplett ausgedacht, dieses Bild. Es hat was Theatralisches. Es ist künstlich. Es gibt eine Alicja-Kwade-Skulptur, von so einer Frau in einem Laken, die vor der Berlinischen Galerie steht. Es hat etwas St.-Martin-Haftes, aber auch etwas Modisches. Nach dem Europa-Hoodie der Galerie König müsste Vetements konsequenterweise die Europa-Burka herausbringen. Ich bin jedenfalls zufrieden.

Danke, sage ich.

Er nimmt sich die Flagge von den Schultern, versucht sie über die Fahnenstange zu hängen. Sie fällt hinunter. Der Minister lässt sie liegen. Er muss sich an etwas festhalten. Er nimmt die leere Espresso-Tasse in die Hand. Deutet einen Schluck an. Die Tasse ist leer. Er stellt sie wieder auf den Glastisch.

Da ist eine spannungshafte Stille zwischen uns. Gute Fotos hinterlassen oft ein beidseitiges Gefühl, zu weit gegangen zu sein. So wie der Walk of Shame nach abartig gutem Sex mit jemand Fremden, bei dem man Dinge gemacht hat, die man eigentlich nicht tun wollte, die sich aber großartig angefühlt haben. Gute Fotos überwinden Grenzen.

Ich hab heute Abend so einen kleinen Empfang bei mir und meinem Mann, sagt der Minister. *Kommen Sie doch gerne vorbei. Da sind ein paar Leute aus Politik und Medien, nicht spießig. Ich glaube, Sie passen da ganz gut.*

Er schreibt mir eine Adresse in Berlin-Dahlem auf. Dazu eine Telefonnummer. Darunter:

21 Uhr

9.

Es ist früher Nachmittag, und ich beschließe, kein Taxi zu nehmen, sondern zu unserer Berliner Wohnung zu laufen. Schnee fällt vom Himmel. An der Ecke Friedrichstraße/Torstraße schaue ich in die Auslagen eines Möbelgeschäfts. Es gibt gerade 35 Prozent Rabatt auf alle Sideboards.

Seitdem ich mit Riccarda zusammengezogen bin, schaue ich in die Schaufenster von Möbelgeschäften. Ich glaube, das ist ganz normal, wenn man jemanden gefunden hat, dass man sich mehr mit dem Konzept des Wohnens beschäftigt als zuvor. Ich hatte vorher Wohnungen, aber kein Zuhause. Ich war nur zum Schlafen dort, zum Aufwachen, zum Ausnüchtern, zum Kotzen, zum Schwitzen, zum Zittern, zum Angsthaben. Aufstehen, Kopfschmerzen haben, Übelkeit, Cola kaufen, eine Pizza in einem Backshop kaufen. Essen. Mit dem Brechreiz kämpfen. Noch mal schlafen. In okayem Zustand aufwachen. Arbeiten. Und abends wieder ausgehen. Bloß nicht nach Hause gehen. Bloß nicht allein sein wollen. Allein sein. Jeden Tag. So lange, bis ich Riccarda traf.

Es gibt diesen Song der Band The National. *Slow Show* heißt der. The National sind bestimmt 20 Jahre älter als ich. Und das ist mit vielen Dingen so, mit Filmen, mit Büchern, mit Bildern, mit Menschen, dass man ein Gefühl hat, aber kein Verständnis. Dass das in einem schon drin ist, aber eben dauert, bis man weiß, was es ist.

You know I dreamed about you
For twenty-nine years before I saw you
You know I dreamed about you
I missed you for, for twenty-nine years

Ich mochte den Song, als ich ihn das erste Mal hörte. Ich wusste nicht warum. Ich kannte die Band nicht. Sie nennen das Indie Rock, aber eigentlich ist das Adult Oriented Rock. Musik für Leute, die ein Weinregal haben.

Was ich eigentlich sagen will, ich glaube, dass alles in meinem Leben vor Riccarda ein permanentes Schreien nach einem Zuhause war. Und die Tatsache, dass ich jetzt Sideboards und Schränke und Küchentische für mehrere Tausend Euro anschaue und darüber nachdenke, so etwas zu kaufen, das zeigt eben, was ich jetzt habe: ein Zuhause.

Vorher gab es nie einen Grund, mich mit so etwas zu beschäftigen. Ich fand gut eingerichtete Wohnungen schon immer schön. Ich hätte es schön gefunden, ein Zuhause zu haben. Ich hätte auch nichts dagegen gehabt, so zu leben.

Im Möbelgeschäft riecht es überall nach diesem floral-natürlichen Raumduft, der natürlich nicht natürlich, sondern hochgradig künstlich ist.

Du schaust nur?, fragt die Verkäuferin.

Hmm.

Alleine durch so ein Geschäft zu gehen hätte ich früher lächerlich gefunden. Aber jetzt hebe ich Vasen hoch, streiche mit den Fingern über Tischplatten. Warum macht man das eigentlich immer? So im Vorbeigehen in Geschäften über Jacken, Tische, die man eh nicht kauft, streifen? Vielleicht ist das eine Dominanzgeste. So ein performativer Atavismus. Reviermarkieren im Kapitalismus. Oder doch nur Scham, weil man eh nichts kauft, aber wenigstens so tut?

Noch vor drei Jahren hätte ich, wenn ich so jemanden

wie mich gesehen hätte, gedacht, was das für ein Idiot ist, der jetzt erwachsen tut. In einem Geschäft von so einer Kette wie Bolia, wo die Sachen das Fünffache von Ikea kosten, aber immer noch kein echtes Design sind. Wobei ich das natürlich damals nicht gewusst hätte. Ich hatte schon mal von Eames Chairs gehört, aber das war's dann auch. Wer kein Zuhause hat, braucht auch keine Einrichtung.

Mit dem Handy fotografiere ich einige Möbel und schicke Riccarda die Bilder. Beim Rausgehen nehme ich einen Katalog mit. Es wird dunkler. Ein Fahrradkurier fährt so dicht an mir auf dem Gehweg vorbei, dass ich zur Seite springe. Das Telefon fällt mir aus der Hand, fällt auf das Kopfsteinpflaster. Ich bücke mich und sehe neben dem Telefon ein Koksröhrchen liegen. Ich muss leise lachen. Also ich stoße nur Luft durch die Nase aus und deute ein Lächeln an. Ich hebe das Handy auf. Und schaue noch immer auf das Koksröhrchen. Ich hebe es auf und stecke es in meine Jackentasche.

Diggi, höre ich eine Stimme rufen. Jemand klopft mir auf die Schulter. Es ist Oliver, ein befreundeter Künstler. Wir hatten uns zufällig mal an einer Bushaltestelle getroffen. Und er trug ein offenes Hemd, und auf seine Brust war eine Kuckucksuhr tätowiert. Und ich fragte ihn, ob die von Stefan Strumbel sei, so einem deutschen Neo-Pop-Art-Künstler. Und das war sie tatsächlich. Die beiden waren Freunde. Und wir sprachen über den Schwarzwald, und so wurden wir Freunde.

Wir gingen eigentlich immer nur zusammen aus und nahmen Drogen. Oliver hatte eine Frau und eine Tochter. Aber er hatte immer was mit irgendwelchen Models, die er fotografierte. Er legte immer irgendwo auf und nahm mich mit. Mit ihm nahm ich das erste Mal Ketamin. Das werde ich nie vergessen, wie ich eine halbe Stunde mit dem Tattoo einer Frau gesprochen habe. Wie ich meine Hand an die Wand stützte und wie es sich anfühlte, als ob meine Hand in der Wand verschwinden würde, so als ob sie aus Wackelpudding sei.

Ehrlich gesagt, sieht Oliver ziemlich kaputt aus. Er hat dunkle Augenringe und wiegt bestimmt 15 Kilo zu wenig. Obwohl er einen Kopf größer als ich ist, trägt er Kleider in Größe S, die trotzdem riesig an ihm aussehen.

Was geht?, fragt er.

Ich hab den Gesundheitsminister fotografiert. Als Engel. Und als St. Martin.

Diggi, geil, Mann.

Oliver redet immer noch so wie der zwanzigjährige Gangsta-Rapper, der er mal war, bevor er mit dem Malen anfing. Ich glaube, er hieß El Porno oder so und rappte vor allem übers Ficken. Was naheliegend war, weil er immer sehr viel gefickt hat.

Eine Geschichte von ihm geht so, dass er in einem Klub in Offenbach aufgelegt hat. Eine Frau habe ihm dann hinter dem DJ-Pult einen geblasen. Und dann seien sie in einen Lagerraum. Und da seien dann so Kanister mit Fritteusenfett gewesen. Und damit habe sie sich den Arsch eingeschmiert, und er habe sie dort *so richtig weggescheppert*. So erzählte er das jedenfalls.

Weggescheppert.

Was für ein Wort.

Ich weiß, wie pubertär oder despektierlich diese Erzählung klingt. Ich habe das aber nie als männliches Fick-Geprahle empfunden, sondern eher so kindlich, naiv wahrgenommen. So total begeistert. So wie wenn ein Junge erzählt, dass er das Riesen-Lego-Ninjago-Set bekommen hat oder die Matchbox-Monster-Truck-Rampe.

Ich hab bald in Nürnberg eine Ausstellung, sagt er.

Komm vorbei. Erlangen ist ja direkt daneben.

Wann ist es bei euch so weit?

Juni, sage ich.

Junge oder Mädchen?

Wir wissen es noch nicht.

Mädchen ist das Beste! Frauen sind Boss! Wir werden so krasse Frauen haben später, mit uns als Vätern.

Ich weiß nicht.

Doch, Mann! Die werden krasser als wir. Die werden machen und nicht fragen. Und vor allen Dingen: Sie werden sich niemals rechtfertigen müssen.

Wir reden noch eine Weile zwischen dem Schnee, den vorbeifahrenden Taxen und Bussen. Dann umarmen wir uns. Oliver drückt mich an sich. Stärker als sonst. *Wir sehen uns in Erlangen,* sagt er.

Auf dem Nachhauseweg liegen viele Restaurants und Bars, in die ich früher immer gegangen bin. Ich schaue durch die Fenster des Trois Minutes, wo Stefanie mit einer Flasche Weißwein sitzt. Sie ist eine Freundin, die sich gerade von ihrem Mann, einem Filmemacher, getrennt hat, weil er Alkoholiker ist. Jetzt ist sie allein mit drei Kindern. Und ich habe volles Verständnis, dass man da auch mal eine Flasche Weißwein am Nachmittag braucht. Ich winke ihr zu. Sie winkt zurück. Ich gehe weiter. Vor der *Torbar* von Dieter Meier stehen ein paar Feuilletonisten und rauchen. Der Künstler Jonathan Meese kommt, einen Schirm über seine Mutter haltend, aus der Ackerstraße.

Wer glaubt, in der Großstadt Anonymität zu finden, irrt. Ständig muss man jemanden grüßen, ständig über das, was man macht oder nicht macht, reden. Abends trifft man die gleichen Leute in den gleichen Bars und Restaurants. Nach Erlangen zu ziehen, das spüre ich jetzt, war die richtige Entscheidung. Da spielt das, was ich mache, keine Rolle. Ein

Foto von Billie Eilish oder eine Mode-Kampagne interessieren dort niemanden. Niemand dort kennt mich. Ich bin ja nicht bei der SPD oder im Posaunenchor.

Um 21 Uhr stehe ich vor der Villa des Ministers. Zwei Polizisten in Zivil bewachen das Tor. Sie fragen nach meinem Namen. Sie kontrollieren eine Liste. Sie nicken. Das Tor zwischen den blickdichten Buchsbaum-Hecken fährt zur Seite. Das Haus ist sehr klassisch Zwanzigerjahre. Anders als die Riefenstahl-Villa, die sich Joerg Koch, so ein Modemagazin-Macher, auch im Westen gekauft hat, ist es aber deutlich kleiner. Es hat einen quadratischen Grundriss, in der Mitte ist ein dreitüriges Eingangsportal.

Ah, der Flaggen-Fotograf, sagt der Mann des Ministers, als er die Tür öffnet. *Kommen Sie rein in unser Vier-Millionen-Euro-Zuhause.*

Vier-Millionen?

Haben Sie's gelesen heute?

Was denn?

So eine Zeitung hat den Kaufpreis veröffentlicht. Aber shit happens.

Aber das ist doch nicht schlimm. Für vier Millionen kann man doch viel hässlichere Häuser kaufen.

Er muss lachen. *Ich bin der Daniel,* sagt er.

Die Jacke gebe ich so einem für den Abend gebuchten Typen in die Hand, der im Eingangsbereich steht.

Dann geht es in den Wohnbereich. Bestimmt 50 Leute stehen verteilt im Wohnzimmer, das über einen Wanddurchbruch in die Küche und auf der anderen Seite in einen Wintergarten übergeht. Größtenteils sind das Männer. Ein paar Chefredakteure, die ich entfernt kenne. Dann so ein Professor aus Mainz, der zum Konservativsein forscht. Und diese junge Schriftstellerin, deren Name mir nicht einfällt.

Und ich frage mich, warum vor allem junge Schriftstellerinnen gerade so schlechte Haut haben müssen. So teigig, so grau wie Asche, so kaputt einfach. Andererseits, denke ich, vielleicht ist das ihr Kommentar zum Kapitalismus, den sie in ihren Texten immer wieder ablehnt, obwohl sie ja eindeutig davon profitiert. Ich glaube, sie hat sogar einen Werbedeal mit einem Modelabel. Oder es ist so eine Art Houellebecquisierung, ein Gegenentwurf zum Fräuleinwunder der Popliteratur der Neunziger. Überhaupt komisch, dass sie da ist. Sie hat den Minister mehrfach öffentlich beschimpft.

Sie stehen da alle und trinken und rauchen und reden. In Anzügen, in Hemden mit Kaschmirpullovern darüber, in Stoffhosen. In Slippern, in Loafern, in Budapestern. Und ich frage mich, warum Konservative immer so aussehen, als würden sie am Tegernsee eine Perser-Katze mit einem silbernen Cabriolet überfahren wollen.

Die Möbel sind aus Mahagoni. Alt. Kein Design. Trotzdem teuer bestimmt. Auf den Tischen liegen Tischdecken mit Spitze. An den Wänden hängen ein paar Fotografien. In der Küche, wo zwei Kellner hinter einer Bar stehen, an der es Weißwein, Gin Tonic und Radeberger gibt, hängt dieses Bild mit den zwei Würstchen im Wasserkocher von Wolfgang Tillmans. Im Wohnzimmer ein schwarzer Mann mit Schnauzbart und offenem Hemd, fotografiert von Robert Mapplethorpe. Ich bleibe vor dem Bild stehen. Und weil einige Leute hier rauchen, zünde ich mir auch eine Zigarette an. Sonst würde ich das natürlich nicht machen, bei jemandem einfach im Wohnzimmer losrauchen.

Westerwelle hat die noch heimlich gekauft, sagt der Minister, der jetzt neben mir steht. Er gibt mir ein Glas Weißwein in die Hand. *Jens*, sagt er.

Ich sage meinen Namen und frage: *Aber warum heimlich?*

Na, Westerwelle hat viel Kunst gekauft. Das wussten auch alle. Nur, dass er schwule Kunst kauft, sollte keiner wissen. Als Peichl eine große Mapplethorpe-Ausstellung machte, da ist Westerwelle am Montag, als sie geschlossen hatten, durch den Hintereingang gekommen, damit ihn keiner sieht, wie er die Schwanz-Bilder kauft.

Ist das nicht schrecklich?

Wie meinst du das? Dass er die Bilder gekauft hat?

Nein, nein, ich meine das so Rosa-von-Praunheim-mäßig. Die Gesellschaft ist natürlich pervers und nicht Westerwelle.

Bist du eigentlich schwul?

Weil ich so aussehe?

Na ja. Also die Hose und der Pullover fallen auf jeden Fall auf.

Rosa Hose und Pullover sind schwul? Ist das nicht ein bisschen Klischee?

Ja.

Ich habe eine Frau, und wir bekommen bald unser erstes Kind.

Herzlichen Glückwunsch.

Aber zu Westerwelle. Das ist natürlich schrecklich, dass er geglaubt hat, dass er Fotografien von Mapplethorpe heimlich kaufen muss.

Total. Und er hat sich dadurch auch ein Stück weit verleugnet.

Ist das nicht die Essenz von Politik?

Ich bin mir treu.

Dein Mann hat das mit dem Hauspreis erzählt. Wieso willst du den geheim halten?

Weil es niemanden was angeht. Weil es so einen Idioten einer Zeitung nichts anzugehen hat.

Ist das nicht die Abmachung für Berühmtheit oder Macht?

Für mich nicht.

Aber irgendwas muss es ja kosten.

Die schreiben jetzt wieder, ich hätte keinen Kontakt zu den normalen Leuten. Ich sei abgehoben. Ich sei elitär. Ich würde die Lebenswirklichkeit der Menschen im Land nicht kennen.

Du bist elitär. Und ich auch. Das sind alle hier. Jeder, der sein Geld mit etwas verdient, was ihn glücklich macht, jeder, der hier steht, mit eigener Kolumne, mit Kunst im Wohnzimmer, mit einem Hemd, das zweihundert Euro kostet. Wir sind abgehoben. Wir sind die Elite. Wir sind die oberen zehn Prozent. Ob wir es wollen oder nicht. Egal, ob wir als Jugendliche im Schützenverein Eierlikör getrunken haben. Es ist doch lächerlich, wenn wir behaupten, wir seien Mittelschicht.

Aber da komm ich her.

Aber das bist du nicht mehr. Genauso wie Obama kein von Rassismus betroffener Schwarzer mehr ist. Wir sind nicht das, als was wir geboren worden sind. Und das ist gut so.

Der Geschichtsprofessor winkt den Minister heran. Der Minister nimmt mich mit.

Andreas, das ist der Fotograf von heute. Wir sprachen gerade davon, dass er ein Kind bekommt.

Toll, sagt der Professor, *sehen Sie, das ist Fortschritt.*

Wieso?, frage ich.

Der Professor: *Na ja, also das liegt doch auf der Hand. Progressiv leben und konservativ sein, das ist doch modern.*

Er hat eine Frau, Andreas, sagt der Minister.

Ach so. Na, also das hätte ich jetzt nicht gedacht.

Wieso?, frage ich.

Na ja …

Rosa? Wollten Sie rosa sagen?

Das ist zumindest ungewöhnlich. Also toll. Aber ungewöhnlich.

Der Mann des Ministers klopft mit einer Gabel an sein Glas.

Jens hasst es, Reden im Privaten zu halten. Was ich natürlich verstehe, er hält ja jeden Tag mindestens drei. Heute Morgen zum Beispiel beim Verband der Deutschen Winzer. Herr Gesundheitsminister, Sie wissen ja, ein Glas Rotwein, das schadet nie. Deswegen nur kurz von mir. Schön, dass ihr da seid. Jetzt wisst ihr auch, was unser Haus gekostet hat. Danke noch mal an den kritischen Journalismus. Habt Spaß und denkt daran, dass ihr euch heute Abend benehmt. Zum einen steht das BKA vor der Tür und zum anderen: Ihr seid beim zukünftigen Kanzler zu Hause.

Irgendjemand ruft: *Und bei der zukünftigen First Lady!*

Kurzes Gelächter. Kurzer Applaus. Dann widmen sich alle wieder Getränken und Gesprächen.

Ich gehe zur Bar und treffe Carl-Jakob. Ich kenne ihn entfernt. Er ist Modeblogger. Er ist am ganzen Körper tätowiert und sieht aus wie ein albanischer Autoscooter-Betreiber. Er trägt einen Adidas-Trainingsanzug von Alexander Wang und unter der offenen Jacke ein T-Shirt mit Deutschland-Fahne und Bundesadler. Seine dunklen, schulterlangen Haare hat er nach hinten gegelt. Er trägt goldene Ohrringe. Wir mögen uns nicht wirklich. Wobei nie etwas zwischen uns vorgefallen ist. Ich glaube, das Problem ist, dass wir uns zu ähnlich sind und uns deswegen nicht mögen.

Er hat auch etwas total Verspieltes, aber mit einer größeren Proll-Härte. Also mit dem Adidas-Trainingsanzug und dem Deutschland-Shirt zu einem konservativen Minister nach Hause zu kommen, ist ja genial. Das muss ich einfach so sagen. Und genauso wie mein Rosa verstehen das die Menschen bei ihm nicht. Nur dass sie halt nicht denken, dass er schwul ist, sondern ein Voll-Assi, obwohl er eben, ich kann das aber nicht beurteilen, das haben mir nur andere erzählt, eigentlich ein sehr nachdenklicher Mensch ist. Nur sein Auftreten und seine Inszenierung sind total hart.

Is it a gun in your pocket or are you just happy to see me, sagt er.

Ich sage: *Beides. Weißt du, wo die Toilette ist?*

Oben, ich zeig's dir.

Dann nehmen wir also Drogen beim Gesundheitsminister, denke ich. Von der Bar gehen wir durch das Wohnzimmer. Vorbei an der ehemaligen Familienministerin, dem Professor, der Schriftstellerin mit der grauen Haut, den Chefredakteuren. Sie schauen uns alle an. Keine Ahnung, ob sie denken, dass wir jetzt ficken oder was auch immer.

Wir passen hier nicht hin, sage ich.

Niemand passt hierhin, sagt Carl-Jakob, *deswegen ist es umso besser, dass wir da sind.*

Ich werde nie verstehen, warum man glatt polierte Steinböden haben möchte. Es ist kalt, steril, und sieht immer aus, als hätte ein mexikanisches Kartell oder Bushido die Inneneinrichtung übernommen.

Aber das ist auch das Problem. Egal ob Minister, Drogendealer oder Rapper – es sind alles Emporkömmlinge. Sie kommen von unten nach oben. Und man sieht wieder, dass Geld und Bildung, Geschmack ist ja nichts anderes als Bildung, nicht zwangsläufig zusammenhängen. An der Decke hängen LED-Spots, und das ist nun wirklich zu viel für mich. LED-Spots in einer Jahrhundertwende-Villa sind schlimmer als Krieg.

Carl-Jakob macht eine Tür auf. Er zuckt zusammen. »Entschuldigung«, sagt er, zieht die Tür wieder zu und prustet los.

War da jemand, frage ich.

Der Wirtschaftsminister. Auf dem Klo. Mit runtergelassener Hose. Er hatte ein Brötchen in der Hand. Ein Brötchen beim Kacken.

Nein.

Doch.

Nein.

Du kannst die Tür ja aufmachen.

Lieber nicht.

Wir gehen ins Arbeitszimmer gegenüber. Es ist absurd alt eingerichtet, wie das Zimmer eines Lehrers aus dem 18. Jahrhundert. Dunkle, schwere Holzmöbel, eine Tiffany-Lampe und ein großes Regal mit Büchern in Leder eingebunden.

Herders Konversationslexikon
Das deutsche Vaterland von Hermann Müller-Bohn
Dr. F. König: Ratgeber in gesunden und kranken Tagen
Die neue Volkshochschule
Fauna Germanica: Die Käfer des deutschen Reichs

Das ist ein guter Titel, sage ich zu Jakob und zeige auf das Käfer-Buch.

Er sagt mit einer Adolf-Hitler-Stimme: *Der tausendjährige Käfer.*

Und wir legen zwei Linien auf dem Buchrücken. Beim Schnupfen des Pulvers mischt sich der chemische Geruch der Drogen mit fast hundertjährigem Leder und Papier.

Wenn ich jetzt ein Parfüm machen würde, das Deutschland hieße, genau so würde es riechen, sagt Jakob.

Ich sage: *Wie eine Mischung aus Straßenkokain und Nazi-Botanik.*

Jakob notiert sich das in seinem Handy. Wir kontrollieren unsere Nasenlöcher und verlassen das Arbeitszimmer.

Um Mitternacht tritt eine Band auf. Sie kommt aus dem Wahlkreis des Ministers. Und hat sogar einen Plattenvertrag beim Hamburger Indie-Label Grand Hotel Van Cleef. Wir dürfen keine Fotos oder Videos machen, das war die Bedingung der Band.

Ich finde das albern. Entweder man traut sich, bei jemandem zu spielen, oder man lässt es. Aber Geld verlangen, für das man sich schämt, das finde ich peinlich.

Die Band ist trotzdem grandios. Gegen Mitternacht tanzen die Gäste des Ministers im Wintergarten. Ein mit Jakob befreundeter Journalist hat noch Ketamin mitgebracht. Meine Knie sind ganz weich. Das Bier schmeckt nach Karamell. Ich merke, wie ich immer weniger Körper und immer mehr Gefühl und Ton werde.

Da ist sogar eine Lichtorgel, die alles in warmes Rot und Orange taucht. Die restliche Beleuchtung ist ausgeschaltet. Es hat etwas absolut Schönes und gleichzeitig Unwirkliches, dass in der Villa eines schwulen Ministers konservative Männer in Hemden und mit Stoffhosen mit Frauen in Abendkleidern zu Indie-Rock von Anfangzwanzigjährigen tanzen.

Der Gitarrist und Sänger ist sehr dünn und geschminkt. Weiße Haut und rote Lippen, dazu einen strengen Scheitel. Er trägt einen säuregrünen Anzug von Gucci mit Blumen darauf. Am Schlagzeug sitzt eine junge Frau in einem roten Pailletten-Kleid, keine Ahnung von wem. Vielleicht Dries van Noten. Der Bassist trägt den gleichen Anzug wie der Sänger.

Der letzte Song, den sie spielen, heißt *Sterben wär jetzt wirklich schade*. Das ist so 80ies-Dreampop. Schlagzeug wie von einer alten Drum-Machine. Und eine eiernde Gitarre mit Hall.

Der Milkshake auf dem Parkplatz von Obi
Noch drei Folgen Akte X *auf Netflix*
Wir schlafen ein und stehen auf
Im Museum ist ne Party mit DJ
Wir packen unsere Tütchen ein
Autisten-Disco für Gesunde
Und die Sonne geht schon wieder auf

Und bei der ersten Wiederholung des Refrains singen diese Leute dann tatsächlich mit. Diese Leute, die darüber entscheiden, wie es weitergeht. Die ernst erscheinen wollen, aber häufig verloren sind. Die Angst vor Entscheidungen haben, sie aber jeden Tag treffen müssen.

Ich stehe da mittendrin. Und bin doch weit weg. Eine Frau küsst mich. Sie riecht nach Riesling und Puder. Sie sagt mir, dass sie mich den ganzen Abend angeschaut und gehofft habe, dass ich nicht schwul sei. *Frau Staatssekretärin*, sagt der Minister gespielt empört im Vorbeigehen.

Und dann kommt der Refrain:

Sterben wär' jetzt wirklich schade
Jetzt wirklich so echt
Sterben wär' jetzt wirklich schade

Mit dem Taxi fahre ich allein nach Hause. Ich schaue den BKA-Beamten nach, die draußen vor der Tür stehen. Der Schnee reflektiert das Licht der Laternen. Mein Mund ist trocken. Ein Räumfahrzeug schiebt knirschend die Straße frei. Ein alter Mercedes steht da. Auf dem Handy schaue ich mir das Foto vom ersten Ultraschallbild unseres Sohnes an. Und ich frage mich, ob ich ein guter Vater werden kann.

10.

Meine Mutter hat inzwischen über zwanzig Mal versucht bei mir anzurufen. Ich bin nicht ans Telefon gegangen. Ich liege mit Riccarda im Bett unseres Kölner Hotels. Heute eröffnet *Toxic Man*. Seit gestern hängen die Plakate mit dem Bild meines toten Vaters in der ganzen Stadt und auch in München, Frankfurt, Berlin, Hamburg und ein paar anderen Städten.

Die letzten Tage war ich mit der Kuratorin mit der finalen Hängung der Fotos beschäftigt. Das Zentrum der Ausstellung ist das Bild meines Vaters auf drei mal zwei Metern. Darum herum sind einige Selbstporträts von mir in Kleidern, in Anzügen, mit Ohrringen, mit Gewehr, nackt, in Tarnkleidung, in verschiedenen Rollen arrangiert. Dazu eine Serie von Aufnahmen verschiedener Transfrauen, die ich im Wald fotografiert habe. Die Ausstellung hat jetzt noch einen in Klammern gesetzten Nachsatz. Sie heißt jetzt:

Toxic Man (Transparency)

Heute müssen die ersten Besprechungen in den Zeitungen sein. Wahrscheinlich auch eine in der Lokalzeitung meiner Mutter. Kunstmagazine liest sie nicht, und die Plakate kann sie unmöglich gesehen haben. Nach Köln fährt sie nie. Sie mag die Stadt nicht. Sie findet, ich weiß nicht, ob sie das so sagen würde, aber ich denke, sie findet sie zu proletarisch. Anders als Bonn, wo sie studiert hat und deswegen glaubt, dass Bonn intellektueller sei. Aber wenn man heute nach Bonn fährt, ist das auch eine deutsche Stadt wie überall, mit Primark und Poke-Bowl-Lokalen.

Wie konntest du mir das antun? Dass die ganze Welt das jetzt sieht, schreibt sie in einer Kurznachricht.

Dazu hat mir meine Tante eine längere E-Mail geschrieben. Auch darauf habe ich nicht geantwortet.

Diese Ausstellung ist kein Feldzug gegen meinen Vater oder meine Familie. Die Ausstellung zeigt meine Kunst. Natürlich ist das eine Unverschämtheit, dieses Bild zu zeigen. Aber ich möchte, dass mein Vater zumindest Kunst werden kann, wenn er schon die meiste Zeit kein Vater war.

Und wenn man überlegt, dass mein Vater, der Tote da auf dem Bild, meine Schwester tagelang in den Keller gesperrt hat und mich, wenn auch nicht wirklich körperlich, aber emotional misshandelt hat und alle in meiner Familie davon wussten, es mit angesehen, es geduldet haben, dann frage ich mich, wie meine Mutter und meine Tante auf die Idee kommen können, ich würde meiner Familie etwas antun. Mein Vater hat mir Dinge angetan. Und der Rest hat durch Unterlassen mitgemacht. Aber das stört mich jetzt nicht. Denn ich liege in meinem Hotelzimmer, und das Leben ist gut.

Durch die bodentiefen Fenster schaue ich auf den Dom. Ich küsse Riccarda. Sie öffnet die Augen. In zwei Wochen soll Edward auf die Welt kommen. Ich küsse ihren Bauch. Ich rieche an ihr und schließe die Augen. Ich streichele sie. Wir haben Sex. Fantastischen Sex. Diese Art von Sex, wo man nicht mehr weiß, wer man ist. Weil sich die Grenze des eigenen Körpers und des eigenen Ichs auflösen. Wir sind nur noch als Bewegung und Gefühl existent. Wir denken nicht mehr. Wir sind. Ineinander. Umeinander.

Ich habe eine recht einfach gestrickte Sexualität. Mir reicht ein anderer Mensch. Ich brauche keine Abstraktion.

Kein Rollenspiel. Keine Peitsche. Keinen Ball im Mund. Keinen Schmerz. Ich bin da zu wenig intellektuell, denke ich.

Der Orgasmus ist so intensiv, dass ich lachen muss, was sich in ein unkontrollierbares Kichern ausdehnt. Es überwältigt mich.

Wir liegen noch eine Weile nebeneinander und halten uns an den Händen und hören uns beim Atmen zu.

Ich liebe Sie, sage ich. Wir siezen uns manchmal.

Und ich liebe Sie.

Wir duschen, ziehen uns an und fahren mit dem Aufzug zum Frühstück.

Der Frühstückssaal ist im fünfzehnten Stock und von allen Seiten von Fenstern umgeben. Die Morgensonne scheint hindurch. Auf dem Terrazzo-Boden stehen signalrote Metallstühle an Holztischen unter Pflanzen, die neben großen Retro-Industrielampen von der Decke hängen. Die Musik ist ein bisschen zu laut, aber in Ordnung.

Ich bestelle zwei Gläser Champagner, Milchkaffee, eine Flasche Wasser mit Kohlensäure und Orangensaft. Ich nehme erst ein Joghurt mit Früchten, dann geräucherte Forelle mit Silberzwiebeln und am Ende ein Stück Kuchen. Wir reden über die Kleidung der anderen Gäste, darüber, wen Riccarda als Nächstes im Museum zeigen will. Wir haben uns immer etwas zu erzählen, weil uns wirklich alles interessiert.

Ein paar Tische weiter sitzt eine größere Firmengruppe. Sie scheinen gestern zu viel getrunken zu haben. Sie sehen aufgeschwemmt aus. Die Männer in ihren Büro-Anzügen und die Frauen in ihren Büro-Kleidern, aufgepeppt mit bunten Krawatten und bunten High Heels. Das machen die, wenn sie mal modisch sein wollen. Manchmal treffen sich vielsagend Blicke von Männern und Frauen, und dann schauen sie wieder verschämt auf ihre Teller mit Guacamole, Lachs und Bratwürsten, mit Spiegelei und Speck.

Durch die offenen Fenster fliegt eine Taube in den Frühstückssaal. Sie setzt sich auf eine der Pflanzen, die in einer Makramee-Blumen-Ampel im Wind baumelt und gurrt. Ein Kellner ruft: *Nicht schon wieder!*, und wedelt mit einem Geschirrtuch herum, um das Tier zu vertreiben. Die Taube bleibt sitzen.

Ihr Kopf ist graublau und geht in einem irisierenden Farbverlauf in ihren Körper über. Meine Mutter hat sich vor Tauben immer geekelt. Sie hat immer gesagt, sie seien dreckig und hätten Krankheiten. Aber ich finde Tauben wunderschön. Sie sind vollkommen.

Es ist kein Zufall, dass eine Taube den Olivenzweig nach der Sintflut brachte. Und ich muss auch an Patrick Süskind denken. Als ich ein Kind war, hatte ich seine Novelle *Die Taube* gelesen. Und es ist alles so im Leben wie in diesem Text. Die meisten Menschen, vor allem die der Mittelschicht, sind macht- und mutlos. Sie fahren auf Schienen durch ihr Leben. Und wenn nur ein winziges Hindernis, wie eben eine Taube, in ihrem Hausflur vor ihnen steht, wirft sie das aus der Bahn, wie ein Schnellzug, der durch ein von einem Kind auf die Schienen gelegtes Cent-Stück entgleist und Hunderte Menschen mit in den Tod reißt.

Und das ist ja auch dämlich, den Frühstückssaal wie eine Naturlandschaft einzurichten und dann die Tiere zu verscheuchen, die denken, das sei wirkliche Natur.

Meinst du, meine Mutter kommt heute Abend, frage ich Riccarda.

Ruf sie an.

Und dann?

Rede mit ihr.

Ich habe ihr nichts zu sagen. Meine Ausstellung sagt alles.

Aber sie versteht das nicht. Sie sieht ihren toten Mann dort.

Ich wüsste auch nicht, wie ich darauf reagieren würde an ihrer Stelle. Außerdem, du bist für sie kein Künstler. Du bist ihr Sohn.

Es ist Kunst. Wenn sie nichts von Kunst versteht, ist das ihr Problem.

Das ist kein Streit zwischen Riccarda und mir. Wir sind unterschiedlicher Meinung. Und natürlich verstehe ich Riccarda und am Ende auch meine Mutter. Als Mensch. Als Mann. Als Sohn. Aber als Künstler darf ich kein Verständnis haben beziehungsweise darf ich meine Kunst nicht nach den Gefühlen anderer richten. Als Künstler darf ich nur an mich denken. Sonst wäre ich kein Künstler.

Beim Rausgehen kommt uns der ehemalige Moderator Johannes B. Kerner entgegen. Er redet mit einem sehr attraktiven jungen Mann. Beide tragen leicht verschwitzte Sport-Kleidung.

Er sagt: *Jetzt erst mal nen schönen Smoothie.*

Der junge Mann sagt: *Das sollten wir öfter machen, Papa.*

Ich denke, wie schön das ist, dass Johannes B. Kerner mit seinem Sohn nach dem Sport in einem Hotel einen Smoothie trinkt. Da kann man wirklich nichts dagegen sagen. Und trotzdem frage ich mich, ob Johannes B. Kerner glücklich ist. Aber ich glaube schon. Denn er ist ja nicht Markus Lanz.

So jemand wie Markus Lanz, der drei Sendungen pro Woche macht, einen Podcast mit so jemandem wie Richard David Precht, dann noch Film-Dokus und Fotos, der kann ja nicht glücklich sein. Wenn man so viel macht, dann rennt man vor etwas weg. Meistens vor sich selbst. Leute wie Markus Lanz ertragen die Ruhe nicht, weil sie dann nur sie selbst sind. Und sie selbst reichen sich nicht. Sie wollen immer mehr sein als sie selbst, als der Junge, der sie mal waren, irgendwo auf einem Bauernhof in Tirol.

Riccarda geht zum Einkaufen, ehe sie den Zug zurück nach Erlangen nehmen wird. Abends hat sie eine Podiumsdiskussion zu Familienkonzepten in der zeitgenössischen Kunst in ihrem Museum. Sie will noch zu Doc Martens, weil es da gerade so tolle Stiefel gibt, auf die das Album-Cover einer New-Order-Platte gedruckt ist. Und ich habe ihr noch gesagt, dass sie unbedingt in die Boutique *Heimat* soll, weil es dort immer so tolle Sachen von Walter van Beirendonck gibt. Die haben überhaupt total gute Sachen da, alles ist bunt und albern und verspielt. Obwohl der Laden gar nicht so aussieht. Der ist mehr so Neue Sachlichkeit aus Holz. Und die Betreiber, ein schwules Paar, sehen fast gleich aus, sie haben sogar die gleichen Vornamen. Und manchmal ist die Mutter von dem einen da, so eine komplett verrückte und geniale Frau. Marlies heißt sie. Sie war mal Model und Künstlerin. Sie ist jetzt so 80 und trägt bunte Kleider von Bernhard Willhelm oder von Comme des Garçons. Und sie raucht immer. Und ich finde, wenn man so ist, wenn man 80 ist, dann ist alles in Ordnung.

Um 12 Uhr beginnen die ersten Interviews im Museum. Ich laufe die zwei Kilometer vom Hotel dorthin. Auf dem Hohenzollernring ist viel Verkehr. Die Straße ist vierspurig. Auf dem Gehweg vor einem alt aussehenden Kino schläft eine Obdachlose. Sie trägt einen schwarzen Mantel. Neben ihr liegen eine Gitarre und ein Hund. Vor ihr stehen mehrere Becher mit mehreren Schildern. Einer für *Weed*, einer für *Sirius* (dahinter ist ein Hund gemalt) und einer für *Leben*. Ich lege fünf Euro in jeden Becher. Sie öffnet kurz die Augen und nickt. Ich gehe weiter – vorbei an türkischen Brautmoden-Geschäften, einem Pick-and-Weight-Second-Hand-Laden, an Burgerläden und Cocktail-Bars. Kisten voller Tomaten und Melonen werden geliefert.

Ich sehe Werbeplakate.

100 % Fleischlos
Rustico mit Veggie-Schnitzel
Ein Vollkorn-Schnitzelbrötchen vor einer grünen Wiese.

Willkommen in der Zukunft
Emissionsfreie Mobilität
Ein SUV von Audi fährt über das Wasser.

Glutenfrei leben
Glutenfrei genießen!
Ein Paar sitzt an einem Frühstückstisch voller Gemüse
und lacht völlig gestört dabei.

Ich weiß nicht, wann das passiert ist. Aber ich meine, dass
Werbung doch immer mit etwas warb und nicht für etwas,
das garantiert ohne etwas ist. Und jetzt ist alles zuckerfrei,
ohne schlechtes Gewissen, ohne Fleisch, ohne Fett, ohne
Sünde – und soll trotzdem genauso gut sein. Das kann doch
nicht sein.

Die Traurigkeit der Gegenwart liegt darin, dass sie sich
vor allem durch die Abwesenheit von Dingen definiert. Wir
leben in der Zeit von alkoholfreiem Wein und körperlosem
Sex. Gerade habe ich von einem Bordell mit Puppen in
Dortmund gelesen. Eine Welt, in der sich niemand mehr
berührt oder berühren lässt, macht mich fertig.

Das *No Future* von Punk war ein Witz. Das war Ironie.
Aber die jetzige Generation meint alles ernst. Sie glaubt
nicht an die Zukunft, sie hat Angst vor ihr. Sie glaubt an das
Ende von allem. Einige nennen sich jetzt schon *Die letzte*
Generation.

Ich laufe an einem Pullman Hotel vorbei. Früher, so erzählt
es meine Mutter bis heute, habe ich beim Vorbeigehen an
so einem Hotel immer Pullmoll-Hotel dazu gesagt, wegen

der Bonbons, die mein Vater gelutscht hat. Wie mein Cousin beim Rauchen.

Im Museum wartet schon die erste Journalistin auf mich. Wir gehen durch die Ausstellung. Sie stellt Fragen und zeichnet das Gespräch mit ihrem Handy auf. Wir duzen uns.

Warum stellst du deinen toten Vater aus?

Das Bild ist gut.

Es ist unscharf und kontrastarm und schlecht ausgeleuchtet.

Das Leben ist nicht Instagram.

Ich denke über den Widerspruch der Aussagen der Werbeplakate und der Ästhetik von Instagram nach. Und ich versuche das alles zu erklären. Aber manchmal ist das ja so, eigentlich sogar meistens, dass man einen Gedanken spürt, aber noch nicht formulieren kann. Früher habe ich gedacht, das sei auch das größte Problem von Kant gewesen. Weil das auf mich so gewirkt hat, als sei es noch nicht fertig gedacht. Weil ja nie etwas fertig gedacht werden kann. Aber ein Freund hat mir dann erklärt, dass ich einfach nicht denken kann. Er meinte, dass Kant Rationalist gewesen sei und dass seine Sprache deshalb so umständlich wirkt, weil sie so genau ist, so mathematisch.

Ich sage: *Du willst eine Wahrheit, aber ich habe keine. Kunst ist keine Wahrheit. Wenn überhaupt nur eine von vielen. Und manchmal glauben Menschen, Kunst sei **die** Antwort. Aber wir kennen doch noch nicht mal die Frage. Wie alt bist du?*

Neunundzwanzig.

Fühlst du dich alt?

Ich habe keine Kinder, ich bin Single, ich lebe in einer WG. Das ist die Definition von jung.

Ich bin verheiratet, wir bekommen bald unser erstes Kind, wir leben zusammen. Aber ich sage, ich bin alt. Und du sagst, du bist jung. Aber unser Alter ist gleich. Wer hat jetzt recht?

Wir beide.

Genau. Und diese Gleichzeitigkeit von unvereinbar scheinen-

den Dingen, dieser Widerspruch, das ist die Realität unseres Lebens. Die Frauen, die ich zeige, sind Transfrauen. Aber wenn deren Überreste in zweitausend Jahren von einem Archäologen ausgegraben werden, wird der sagen, er hat die Knochen von Männern gefunden.

Das ist transphob.

Nein, das ist eine Wahrheit. Eine von vielen.

Transfrauen sind Frauen.

Es kommt darauf an, wen du fragst.

Wie siehst du das?

Ich habe Frauen fotografiert. Aber ich denke, dass meine Antwort auch nur eine von vielen ist.

Aber die Antwort kennen doch nur die Leute selbst.

Aber es gibt die Antwort doch nicht. Deswegen finde ich den Unterschied zwischen sex und gender im Amerikanischen gut. Er vereint scheinbare Widersprüche. Er wird der Wirklichkeit gerecht. Hannah Arendt hat Adolf Eichmann, einen der größten Massenmörder der Welt, auch als spießigen Familienvater gesehen. Auch das ist Wirklichkeit. Aber eben nur eine.

Jetzt vergleichst du Transfrauen mit Eichmann?

Nein. Es geht um unsere Wahrnehmung. Es geht nicht um das Innen. Es geht um das Außen aus Sicht der anderen. Und darum, dass die Sicht von außen eben auch eine Wahrheit ist. Sonst könnte ich ja keine Fotos machen.

Was sagt deine Familie zum Bild deines Vaters?

Ich weiß es nicht. Es interessiert mich auch nicht. Zumindest nicht als Künstler. Als Künstler interessiert mich nur das Bild.

Ist das nicht egoistisch oder narzisstisch? Ist das nicht toxisch?

Wer, wenn nicht Künstler, sollte egoistisch und narzisstisch sein?

Aber du hast doch auch eine Verantwortung.

Vielleicht als Mensch. Als Künstler gebe ich alle Verantwortung ab in dem Moment, in dem das Werk frei ist. Dann gehört

es allen. Und dann ist jeder für die eigene Rezeption selbst ver-
antwortlich. Dann wird aus meiner Wahrheit eine von unend-
lich vielen.

Aber machst du es dir damit nicht einfach?

Nein, wahnsinnig schwer sogar.

Wir reden etwa eine Stunde. Dann kommt der nächste Journalist. Und mein Kopf wird immer leerer. Während des letzten Interviews trinke ich drei Bier und rede nur noch Unsinn. Mit dem Taxi fahre ich zurück ins Hotel und schlafe eine Stunde.

Nach dem Aufwachen dusche ich. Ich trinke zwei Bier aus der Minibar. Ich rasiere mich vor dem Spiegel. Ich ziehe den rosafarbenen Zweireiher von Gucci mit den schwarzen Federn an den Ärmeln an. Ich steige in ein Taxi und fahre zurück ins Museum. Die Fahrerin mustert mich und fragt: *Karneval oder CSD?*

Mein Mund ist trocken. Ich merke, dass ich schwitze. Ich scrolle wahllos durch sämtliche Nachrichtenapps. *FAZ, Spiegel, WELT, BILD, New York Times, TAZ, Zeit.* Ich lese keinen einzigen Satz zu Ende, da mache ich schon den nächsten Artikel auf. Ich öffne das Fenster. Ich strecke den Kopf heraus und atme tief ein. Ich schließe das Fenster. Und öffne es wieder.

Schätzchen, egal, was es ist, alles wird gut, sagt die Fahrerin.

Am Bahnhof, der direkt neben dem Museum liegt, lässt sie mich raus. Ich laufe am Dom vorbei. An einer Wand hängt ein riesiges Plakat meiner Ausstellung. Ein schwarzer Mann wird von mehreren Polizisten dagegengedrückt. Sein Kopf liegt auf der Bettwäsche im Krankenzimmer meines toten Vaters. Seine Taschen werden ausgeleert. Alle schauen zu. Mit dem Handy mache ich ein Foto davon. Dann erkenne ich, dass der Mann Safi ist.

Safi, sage ich zu ihm. Er steht da komplett in Prada, von zwei Männern festgehalten, während eine Polizistin die Situation absichert, wie man so sagt. Aber Safi ist nicht sicher. Ich sehe Angst und Hilflosigkeit in seinem Gesicht. Zu den Polizisten sage ich: *Entschuldigen Sie, Sie drücken meinen Freund gegen ein Bild von mir.*

Sie stören eine Maßnahme. Ich kann Ihnen auch einen Platzverweis geben.

Und ich kann Sie berühmt machen, sage ich und richte mein Handy auf die Beamtin. Es ist die einzige Waffe, die ich habe. Und gleichzeitig ist es absolut peinlich. Aber was soll man in so einer Situation schon machen?

Sie dürfen mich nicht filmen. Und jetzt einmal den Ausweis bitte.

Über Funk fordert die Polizistin Verstärkung an. Ich gebe ihr meinen Ausweis. Und zeige auf das Plakat, auf dem mein Name steht, dann sage ich: *Warum drücken Sie meinen Freund gegen mein Bild?*

Er hat sich einer Maßnahme widersetzt.

Die zwei Männer fixieren Safi immer noch. Mich schauen sie an. Ein Streifenwagen kommt dazu. Menschen schauen auf uns.

Safi sagt: *Sie haben sich von hinten auf mich gestürzt.*

Die Polizistin sagt: *Sie sind nicht stehen geblieben.*

Warum sollte ich stehen bleiben?

Weil wir es Ihnen gesagt haben.

Ich habe Musik gehört.

Nach zehn Minuten lassen sie uns gehen. Safi bekommt eine Anzeige wegen Widerstand gegen Vollstreckungsbeamte. Ich bekomme nichts.

Das Museum ist voller Menschen. Kunststudenten. Sammler. Rentner. Meine Freunde. Ich sehe Christian und Lina. Elias sitzt noch im Zug, hat er geschrieben. Julia und Anne trinken Weißwein. Die Kuratorin zieht mich von Safi weg. Ich rede mit irgendwelchen Leuten, die ich noch nie gesehen habe. Reden werden gehalten. Applaus. Ich komme auf die Bühne. Ich sage irgendetwas. Und dann stehe ich mit der Kuratorin und neuen fremden Leuten da.

Und was haben Sie als Nächstes vor, fragt einer.

Ecstasy nehmen.

Köstlich. Aber jetzt mal wirklich. Was kommt als Nächstes?

Reicht das nicht, heute eine Ausstellung zu eröffnen?

Sie haben doch bestimmt schon etwas geplant.

Einen gesunden Sohn bekommen. Glücklich sein. Nicht dick werden. Nicht sterben.

Ist das wirklich Ihr Vater auf dem Bild?

Ich weiß es nicht mehr.

Um 21 Uhr beginnt der DJ aufzulegen. Lars, ein Schauspieler aus Berlin. Er hat Sticker im Gesicht und in verschiedenen Farben lackierte Fingernägel. Das war die Idee meiner Frau. Draußen vor dem Museum ist eine Schlange. Die meisten kommen wegen der Party und nicht wegen der Kunst. Und ich finde das absolut in Ordnung. Riccarda machte das seit Jahren auch so. Sie lockt Nicht-Kunstinteressierte mit guten Partys ins Museum. Ihre Idee ist, wenn auch nur zwei wegen der Kunst wiederkommen, hat es sich gelohnt.

Elias stolpert durch den Eingangsbereich. Er fällt fast vor einem Sammler-Paar auf den Boden. Er fängt sich, sodass es aussieht wie eine Art Pirouette. Seine Zähne sind rötlich verfärbt. Vermutlich Rotwein. In den Mundwinkeln ist weißer Speichel. Er schwitzt. *Hey*, sagt er, Spucke fliegt auf mich zu. Ich umarme ihn. Es ist Rotwein, rieche ich.

Hast du Drogen?, flüstert er in mein Ohr und gibt mir einen Kuss.

Wir gehen ins Büro des Direktors. Wir sind auf einmal zu fünft. Safi, Christian und Lina sind auch mitgekommen. Das ist immer so, wenn man sieht, dass zwei auf einer Party wohin gehen, dass alle anderen sofort wissen, was los ist. Auf dem Konferenztisch vor dem Schreibtisch legen wir vier Linien. Lina ist schwanger. Auf der Fensterbank steht ein Bierkrug, in dem ein Papagei in einem orangefarbenen Gel eingelegt ist. Ein Wecker in der Form des Jokers steht auf dem Schreibtisch. An den Wänden hängen Plakate vergangener Ausstellungen. Es riecht nach Linoleum.

Es ist immer das Gleiche. Wir gehen irgendwohin. Wir nehmen Drogen. Wir reden Unfug. Wir nehmen mehr Drogen. Wir reden mehr Unfug. Und das hatte ich ja schon am Anfang erzählt, dann reden wir nur noch ernste Sachen. Safi erzählt die Geschichte mit der Polizei.

Und das passiert mir ständig, sagt er, *und ihr habt es mir nicht geglaubt.*

Dafür ist das Foto gut geworden, sage ich und zeige allen das Bild.

Ich hatte es mir selbst noch gar nicht angeschaut. Aber es ist tatsächlich wirklich gut. Eigentlich direkt eine Prada-Anzeige. Wobei Prada ja nicht diesen Humor hat. Also es ist eher eine Balenciaga- oder Vetements-Anzeige. Aber Safi trägt ja eben Prada. Da ist also Safi von zwei bleichen Deutschen festgehalten, die in ihren Uniformen aussehen wie verkleidet. Sie haben jeder zehn Kilo zu viel und sehen so aus, als würde sie selbst ihr Hund zu Hause nicht ernst nehmen. Safis Gesicht ist verzerrt gegen das Bild meines toten Vaters gedrückt. Aber seine Haut sieht fantastisch aus. Ganz weich, glatt. Ich hatte da mit ihm mal drüber gesprochen. Ich habe nach dem Trinken immer trockene, kaputte Haut. Seine ist immer geschmeidig. Auf dem Rücken der Polizisten steht groß *Polizei.* Und über der ganzen Szenerie steht in Neon-Schrift *Toxic Man (Transparancy).*

Safi will das Bild sofort haben. Ich schicke es ihm. Er lädt es auf Instagram hoch.

Prada Fall Campaign.
Thank you @polizei.nrw.k
Styling: me
Model: me
Photographer: @FSPictures
#LoveCops

Wir sitzen am Tisch mit unseren Handys in der Hand und schauen den Post von Safi an.

Ich sage: *Auf die Polizei!* Und wir stoßen an. Nur Lina nicht. Sie schaut weiter auf ihr Handy. Ihr Gesicht ist für einen Moment ganz starr. Dann sagt sie: *Oliver ist tot.*

Safi: *Polak?*

Christian: *Der Fotograf.*

Safi: *Überdosis?*

Lina: *Erhängt.*

Ich erzähle von unserer letzten Begegnung. Im Winter. Vor dem Möbelgeschäft. Da, wo ich das Koksröhrchen gefunden habe. Und dass er da schon nicht so gut aussah. Dass ich ihn anrufen wollte. Es aber nie getan habe. Dass er dann ein paarmal versucht hat, mich zu erreichen. Aber ich nicht rangegangen bin. Einfach weil es nie gepasst hat.

Das ist manchmal so, dass es keine Synchronität zwischen zwei Menschen geben kann, obwohl sie sich mögen. Weil sie in unterschiedlichen Zeiten leben. Oder Welten. Oder Universen. Und meistens ist es so, dass man sich dann doch irgendwann wieder trifft. Und wenn es eine gute Freundschaft ist, dann macht man weiter, wo man aufgehört hat und alles ist wieder: synchron.

Lina: *Hatte der nicht zwei Kinder?*

Ich: *Und eine Frau.*

Lina: *Was für ein Arschloch!*

Christian: *Warum bringen sich immer nur Männer um?*

Dann mischt sich Elias ein. Das Kokain hat ihn wieder halbwegs fit gemacht. Er sieht immer noch zertrümmert aus, aber zumindest das Rotweinlallen ist weg. Dafür hat er jetzt einen Rede-Flash. Er hält einen langen Monolog über Suizid, den Tod von River Phoenix im Viper Room in Los Angeles, den Techno-DJ Avici, der sich im Oman umbrachte, und über den Koch Anthony Bourdain. Es gehe vor allem um die Kränkung und das Nicht-Genügen-Können der drei sich selbst gegenüber, meint Elias.

Aber mir ist das zu viel. Ich höre nicht zu. Ich nehme noch eine Linie. Und denke, dass man sich, wenn man Kinder hat, nicht umbringen sollte. Egal, wie alles ist. Ich glaube, das Problem von Oliver war, dass er sich nicht ernst genommen gefühlt hat. Seine Bilder haben sich zwar gut verkauft, aber im ernsthaften Kunst-Kontext, in Museen keine Rolle gespielt. Oliver wäre da wahrscheinlich auch nie hingekommen. Weil ihm intellektuell einfach etwas gefehlt hat.

Irgendwann reicht es nicht mehr, nur jung zu sein, Drogen zu nehmen und aufregende Bilder zu machen. Irgendwann muss man auch mal was lesen, sich Gedanken machen und das eigene Schaffen in Relation zur Welt setzen. Sonst bleibt man immer das Originalgenie im Sturm und Drang, und das ist mit Ende 30 nicht mehr aufregend, sondern tragisch. Und wahrscheinlich ist ihm das bewusst geworden.

Ich weiß, dass Depressionen eine Krankheit sind. Aber Selbsttötung sehe ich wie auch Drogenabhängigkeit als Entscheidung. Weswegen ich auch eher böse auf Oliver bin als traurig. Und es nützt ja nichts. Es ist meine Ausstellung. Unten spielt der DJ. Lebendig wird Oliver auch nicht dadurch, dass wir hier oben über Selbstmord reden.

Wir gehen zurück ins Foyer, wo alle tanzen. Ich denke, dass ich Olivers Frau anrufen sollte.

Ruinart, eine Champagner-Firma, sponsert den Abend. Nach der zweiten Flasche fühle ich mich übersäuert. Champagner kann man nie unendlich lange trinken. Irgendwann muss man auf Longdrinks oder Bier umsteigen. Ich gehe auf die Toilette.

Ganz häufig, wenn ich Drogen nehme, bekomme ich so eine Art Inkontinenz. Ich merke, dass ich aufs Klo gehen muss. Aber wenn ich dann gepinkelt habe und denke, dass ich fertig bin, dann kommt oft noch was raus, und das geht dann in die Hose. Inzwischen weiß ich das, und ich warte einfach länger. Und deswegen passiert es nicht mehr.

Es gibt ja diese Geschichte von Helmut Berger, dem Schauspieler, dass er bei der Fürstin von Monaco am Tisch eines großen Banketts in seinen weißen Anzug gekackt haben soll. Das ist mir nie passiert, aber ich habe Verständnis dafür.

Auf der Toilette bietet mir eine Kunststudentin eine Pille an. Eine rote Mercedes. Ich sage sofort *Ja*. Weil ich es aus Prinzip richtig finde, *Ja* zu sagen. Weil mich die meisten *Jas* weitergebracht haben. Selbst wenn ich jetzt Lungenkrebs bekäme oder eine Überdosis hätte, ich finde schon, dass mir das Ja zu Drogen eigentlich immer genützt hat. Vor allem habe ich durch Drogen interessante Menschen kennengelernt. Nicht alle davon waren gut für mich. Aber sie waren eben interessant.

Ich halte meine Hand auf, aber sie legt die Pille direkt in meinen Mund. Das erregt mich ein bisschen. Aber ich gehe einen Schritt zurück und sage: *Das ist aber nett*. Natürlich finde ich das aufregend. Natürlich will ich begehrt werden. Ich denke an Edward und Riccarda. Ich denke daran, dass mein Schwanz auf Ecstasy und Kokain immer winzig wird und dass ich eigentlich nicht zur Sexualität fähig bin dann. Ich meine, viel interessanter ist es doch, Gedanken auszutauschen als Körperflüssigkeiten.

Ich mag deine Bilder, sagt sie.

Danke, sage ich und gebe ihr die Hand.

Ich weiß, sagt sie, *aber ich bin eigentlich wegen Lars gekommen. Ich mag, wie er auflegt. Das ist so Trash und gleichzeitig total ernst.*

So wie unser Leben.

Ja.

Aber ich mag deine Bilder wirklich.

Entschuldigung, unterbricht uns die Kuratorin, *der Kaiser ist da, er will dich unbedingt kennenlernen.*

Wer?

Stephan Kaiser. Der Galerist.

Bis später, sage ich.

Willst du nicht wissen, wie ich heiße?

Ne, sag ich, *ist doch schöner so.*

Der Kaiser heißt eigentlich Stephan Kaiser und ist einer der berühmtesten Galeristen in Deutschland. Vielleicht sogar auf der Welt. Er ist nicht so mächtig wie Larry Gagosian oder David Zwirner. Aber seine Geschichte ist gut. Er ist vielleicht fünf Jahre älter als ich. Er sitzt seit einem Autounfall vor 20 Jahren im Rollstuhl und kann nicht mehr sprechen. Er kommuniziert über einen Sprachcomputer, der an seinem Rollstuhl befestigt ist und den er mit seinen Augen steuert. Er ist vielleicht der erste Galerist, der berühmter ist als seine Künstler. Größtenteils hat er Frauen unter 40 im Programm.

Kaiser ist ein großartiger Selbst- und Kunstvermarkter. Er weiß, wie viel Eindruck es macht, wenn jemand in einem Rollstuhl mit einer Roboterstimme und einem Sauerstoffschlauch in der Nase sagt, dass Kunst sein Leben gerettet hat. Er verkauft nicht nur die Geschichte seiner Künstler, er verkauft mit jedem Kunstwerk auch seine Geschichte. Die Geschichte eines Phoenix.

Die Ambivalenz, über Sinnlichkeiten mit einem Menschen zu sprechen, den man als Maschine wahrnimmt, ist magisch. Es ist wie ein Blick in die Zukunft. Wie ein Cyberpunk-Film, unterlegt von Radioheads *Paranoid Android*.

Die Kuratorin führt mich durch den Dancefloor im Foyer in den Ausstellungsraum, der inzwischen geschlossen ist. Kaiser sitzt in seinem Rollstuhl in der Mitte des Hauptraumes einige Meter vom Bild meines Vaters entfernt. Stumm schaut er darauf. Ich höre einen Motor Luft pumpen. Die Kuratorin stellt uns einander vor.

Er dreht seinen Rollstuhl um 180 Grad. Er sagt nichts. Er schaut mich nur an. Dann blicken seine Augen auf den Bildschirm seines Computers. Seine Pupillen, aufgenommen von einer Kamera, sausen über eine digitale Tastatur. Vielleicht zehn Sekunden vergehen. Dann spricht der Computer mit mir.

Was kostet dein toter Vater?

Meine Galeristin weiß das genau. Aber ich glaube, zweiundzwanzigtausend plus Steuern.

Wieder vergehen Sekunden. Seine Pupillen bewegen sich.

Ich kann dein Bild noch heute für hunderttausend verkaufen.

Am besten fragst du Caroline, sie ist auch da. Soll ich sie holen?

Er lächelt. Seine Augen fahren erneut über die Tastatur. Bis auf den Motor der Luftpumpe und den durch die Wände gedämpften Beat der Musik ist es ruhig.

Ich will mit dir arbeiten. Pause. *Schätzchen.*

Seine Stimme eiert wie ein Tonband oder eine Schallplatte, die kaum merkbar in ihrer Abspielgeschwindigkeit und dadurch in der Höhe der Töne variiert.

Ich arbeite gerne mit Caroline zusammen.

Mit mir ist es lustiger. Lass uns tanzen.

Er fährt einfach los. Mit der rechten Hand an einem Joystick steuert der Kaiser den Rollstuhl aus den Ausstellungsräumen ins Foyer. Und ich sehe das alles in Zeitlupe. Wie der Kaiser auf die Mitte der Tanzfläche zusteuert. Wie er sich einmal dreht. Wie Lars am DJ-Pult die Arme ausbreitet. Wie er eine Konfettikanone hervorholt. Nicht so ein Pumprohr, sondern eine an einen großen Sack angeschlossene und elektrisch betriebene Kanone. Wie alle zu *Krawall und Remmidemmi* durchdrehen. Wie die Frau, die mir die Pille gegeben hat, dem Kaiser ein Weinglas ins Gesicht schüttet. Wie sich das Konfetti aus der Kanone in der Luft mit dem Wein aus dem Glas in der Luft mischt. Wie das von Wein durchtränkte Konfetti durch die zusätzliche Masse beschleunigt auf den Kaiser fliegt.

Sie ruft:

Fick das Patriarchat. Fick den Kommerz. Fick Stephan Kaiser. Rape ist keine Kunst.

Sie zieht ihr Shirt nach oben, schmeißt es in die Luft und zeigt ihre gepiercten Nippel.

In den Federn meiner Ärmel hängt Konfetti. Wie bunte Fischschuppen. Ich merke, wie das Ecstasy zu wirken beginnt.

Kaiser ist von Konfetti und Wein geteert und gefedert. Erst schaut er überrascht, dann lacht er. Und dreht und dreht sich. Um ihn herum tanzen die Kunststudenten und Mode-Hipster und dieses Sammler-Paar, wo sie Architektin ist und er der Erbe eines Klavier- und Jukebox-Imperiums. Ich frage mich, ob die das abgesprochen haben. Also der Kaiser und die Studentin. Es wirkt so ausgedacht. So künstlerisch.

Die Studentin zieht ihre Hose aus. Ein Typ reicht ihr ein Küchenmesser. Sie ritzt drei Striche in ihren Bauch. Blut läuft über ihre Schenkel auf den Boden.

Drei Mal hast du gesagt, du stellst mich aus. Drei Mal hab ich deinen Schwanz gelutscht. Drei Mal bist du nicht gekommen.

Die Tanzenden merken, dass was passiert. Sie schauen auf den Kaiser im Rollstuhl. Auf das Blut auf den Schenkeln. Ich merke, dass das keine Performance sein kann. Die Studentin springt auf den Rollstuhl. Sie reibt ihren blutigen Bauch durch das Gesicht des Galeristen.

Leck mich, ruft sie, fährt sich mit dem Finger in den Schritt, über das Blut ihres Bauchs und zeichnet Kaiser ein Kreuz auf die Stirn. Dann geht sie ruhig und einer geraden Linie folgend nach draußen. Lars spielt *Send It Up* von Kanye West. Und alles ist vergessen.

Discomusik lebt nur im Moment. Es gibt keine Vergangenheit und keine Zukunft. Es gibt nur den Augenblick. Deswegen sind das Blut und das Geschrei und die gepiercten Nippel in der nächsten Sekunde schon nicht mehr existent. Der Kaiser fährt begleitet von einer Assistentin nach draußen und mit ihm das Blut auf seiner Stirn.

Die Party geht weiter.

Irgendwann sitzen wir in meinem Hotelzimmer. Safi, ein Freund von ihm, Lina, Christian und Elias. Ich habe zwei Flaschen Champagner von der Rezeption geholt, dazu einige Biere. Die Rezeptionistin meinte noch, *two is a company, three is a crowd*. Und ich antwortete ihr auch auf Englisch. Weil wir ja alle denken, dass wir international sind. Sogar in Köln.

Wir sitzen verteilt in meinem Zimmer. Wir sind albern. Die Fenster sind offen. Ich rauche mit Elias am Fenster.

Er hat sich schon während der Zugfahrt nach Köln betrunken, erzählt er. Irgendwas war mit seinem Mann. Ich verstehe die Zusammenhänge nicht. Es ging wohl um eine neue Bank für das gemeinsame Ferienhaus. Dann spricht er über die Studentin und den Kaiser.

Das war sehr Matthew Barney, sagt er.

Oder Mel Gibson, ruft Lina vom Sofa, die zugehört hat.

Die Passion des Kaisers, sage ich.

Wir legen Linien. Wir schnupfen. Wir trinken. Christian und Lina verabschieden sich. Elias geht in sein Zimmer. Safi will noch eine Flasche Champagner holen. Und ich denke, dass wäre jetzt der Punkt, auch ins Bett zu gehen. Weil das dieser Moment ist, wo eh nichts mehr passiert. Der Punkt, an dem wir so lange die letzten Reste Kokain zusammenschieben, bis wir nur noch Staub einatmen. Wo wir immer mehr wollen, obwohl immer weniger passiert.

Safis Freund hat den ganzen Abend kein Wort gesagt. Er steht auf. Geht zu mir ans Fenster. Er fragt: *Willst du knutschen?* Und ohne die Antwort abzuwarten, küsst er mich.

Ich will nicht wirklich. Ich will gar nicht. Aber ich sage nichts. Ich lasse es passieren. Weil ich es auch unhöflich fände. Weil ein Nein so hart ist.

Sein Mund ist trocken. Meiner ist trocken. Er riecht nach Schweiß und Champagner. Er fasst mir in den Schritt. An den Po. Seine Hände fahren über meinen Körper. Er öffnet meine Hose und nimmt meinen winzigen, schlaffen Penis in den Mund.

Ich sehe seine Augen, seine weit geöffneten Pupillen. Er spuckt sich auf den Finger und steckt ihn mir in den Hintern. Ich stehe einfach da am Fenster und lasse alles geschehen.

Ich schaue auf die leeren Flaschen. Ich sehe den Dom. Die Straßenlaternen. Ab und zu fährt ein Taxi vorbei. Sind das Amseln, die ich höre? Oder Spatzen? Und ich meine, dass da unten die Obdachlose von vorhin steht.

In ihrem schwarzen Mantel vor dem Eingang zum Parkhaus spielt sie ein trauriges Lied auf ihrer Akustikgitarre.

Vor meinem Fenster stirbt die Nacht
Der Wind hat mich nach Haus' gebracht

Ich denke an nichts. Ich höre einfach zu. Und vergesse, dass ich bin.

Ich setz mich in den Kleiderschrank
Und warte bis der Morgen kommt

Er drückt mich über den Tisch an der Sitzecke und versucht, in mich einzudringen. Er hat nur einen Halbsteifen. Er spuckt auf meinen Po. Er steckt einen, dann zwei Finger hinein. Es tut weh. Ich sage nichts. Dann drückt er seinen halb steifen Penis gegen meinen Po.

Es wird hell. Er sagt, er könnte noch einen Dealer anrufen, der Viagra bringen würde. Ich denke daran, dass ich bald den Zug erwischen müsste. Ich sage, dass mir ganz schwindlig sei. Ich sage, dass ich etwas Ruhe bräuchte. Ich lege mich aufs Bett. Er streichelt mich. Er sagt, er könnte auf mich aufpassen, bis es mir besser geht.

Ich sage, *nein, das ist schon gut, das ist lieb von dir. Aber ich glaube, ich muss jetzt einfach schlafen.*

Ich schließe die Augen. Ich hoffe, dass er geht. Ich höre einen Reißverschluss. Ich höre das Hacken einer Kreditkarte auf dem Tisch. Die Augen mach ich nicht mehr auf. Ich höre ein Schnupfgeräusch. Dann die Türklinke. Sich entfernende Schritte. Und schließlich die Tür, die ins Schloss fällt.

11.

Sonnenstrahlen fallen durch das Fenster auf unser Bett.

Dass ich nicht viel geschlafen habe, merke ich sofort. Die Sonne steht nicht sehr hoch. Mein Kopf drückt von allen Seiten. Irgendwie ist eine Hitze in mir. Riccarda streichelt meine Hand.

Ganz ruhig sagt sie:

Es geht los. Die Fruchtblase ist geplatzt. Aber du kannst noch duschen, wenn du magst.

Da ist weder Angst noch Aufregung in ihr. Nur große Liebe. Im Bad liegt ein nasses Handtuch auf dem Boden. Aus der Dusche kann ich Erlangen sehen. Die Dachterrasse der Burschenschaft mit der Fahne. Den Kirchturm. Den Balkon der Nachbarn mit dem Grill darauf. Ich höre die Müllabfuhr und hupende Autos dahinter.

Riccarda sagt: *Da kommt viel weniger Flüssigkeit, als man denkt. Und viel langsamer. Kein Sturzbach.*

Die ganze Nacht habe ich Bilder für eine Modestrecke sortiert und bearbeitet. Dann bin ich gegen 4 Uhr ins Bett gegangen. Köln ist zwei Wochen her. Manchmal frage ich mich, ob ich ihr das erzählen müsste, wie das alles ausgegangen ist. Manchmal frage ich mich, ob das schlimm war, was mir passiert ist. Ich hatte einige Tage danach Blut in der Unterhose. Ich habe Geschlechtskrankheiten gegoogelt.

Mit der schon seit dem gemeinsamen Geburtsvorbereitungskurs gepackten Tasche gehen wir durch das Treppenhaus auf die Straße. Ich schließe das Auto auf. Aber sie sagt, wir könnten auch laufen. Die Geburtsklinik ist 500 Meter von unserer Wohnung entfernt. Die Wehen kommen regelmäßig. Sie sind nicht stark. Manchmal bleibt Riccarda stehen. Dann hält sie sich an Straßenschildern oder einer Wand fest.

Darf ich ein Foto machen?, frage ich.

Wenn's gut aussieht.

Wie fühlen sich die Wehen an?

Gut. Eher wie Muskelkater in Wellen. Aber auf eine gute Art.

Früher hätte man Riccardas Art Gottvertrauen genannt. Heute wahrscheinlich Naivität, weil die Allgemeinheit seit einiger Zeit immer mit dem Schlimmsten rechnet. Aber ich teile Riccardas Optimismus, diese Idee, dass am Ende alles gut wird.

Das Problem ist, dass es den meisten Menschen bei uns so gut geht, dass jede noch so kleine Schwierigkeit als Angriff auf ihre Existenz gesehen wird. Weil eigentlich niemand mehr Schwierigkeiten hat. Ein Busfahrer, der einem vor der Nase wegfährt, muss ein Rassist oder Frauenfeind sein. Und wenn die Versicherung das geklaute Fahrrad nicht direkt ersetzen möchte, sondern noch Rückfragen hat, ist es der menschenverachtende Kapitalismus, der einen unten hält. In ihrem totalen Zugutgehen wollen viele, dass es ihnen noch besser geht.

Sie optimieren und inszenieren alles. Ihr Leben soll wie Pornografie eine Überfantasie sein. Gesünder, entspannter, schöner, gerechter, als es überhaupt geht. Aber gleichzeitig sind das auch die Leute, die Selbstoptimierung als neoliberal abtun und sagen, dass es gar nicht um Optimierung geht, sondern darum, sich selbst näher zu kommen.

In unserem Geburtsvorbereitungskurs waren Paare, die von Waldgeburten auf Moos sprachen. Die haben gar nicht gemerkt, was für eine Künstlichkeit in ihrem Wunsch von

Naturnähe steckte. Ich würde behaupten, dass die wenigsten Menschen in der Geschichte der Menschheit ihr Kind ungeschützt auf dem Moos einer Waldlichtung zur Welt bringen wollten.

Meine Erfahrung ist, je akademischer und je mehr Geld, desto größer ist auch diese fast religiöse Skepsis Ärzten und Krankenhäusern gegenüber. Die haben größtenteils von Geburtshäusern und Heimgeburten gesprochen da. Wir, die einfach nur auf die Geburtsstation eines Krankenhauses gehen wollten, waren in der Minderheit.

Aber wenn man ein gesundes Kind bekommen möchte, dann sollte man diese Natur- und Heimeligkeits-Pornografie sein lassen. Ich meine, falls etwas schiefgehen sollte, wie eine Nabelschnur, die sich um den Hals legt oder so was, dann ist eine Ärztin garantiert besser als ein Birth Coach, der auf einer Panflöte spielt. Und ich merke selbst, dass das alles Unsinn ist, was ich gerade denke.

Vor der Geburtsklinik steht auf einem mehrere Meter hohen Pfahl einer dieser geschnitzten Menschen des Künstlers Stephan Balkenhol. Balkenhol hat es geschafft, jeder deutschen Stadt und Einkaufspassage eine seiner total egalen Skulpturen zu verkaufen. Das Mittelmaß deutschen Geschmacks hat ihn, den mittelmäßigen Künstler, zum Millionär gemacht. Auch das ist die Schönheit des Kapitalismus.

Väter gehen telefonierend und rauchend vor dem Eingang der Geburtsklinik hin und her. Mütter mit vor wenigen Tagen geborenen Kindern sitzen auf Bänken. Wir laufen durch die Schiebetür hinein. Vor einer verschlossenen Tür klingeln und warten wir.

Meine Frau sagt ihren Namen, dann öffnet sich von einem Elektro-Motor angetrieben die Tür. Wir werden in einen Raum gebracht. Da ist eine mit gelbem Kunststoff bezogene Liege. An der Wand zwischen zwei Fenstern, die von

Außenrollos abgedunkelt sind, hängt ein selbst gemachtes Plakat, das Informationen zu Aromaölen bietet.

Eine Schwester samt Schwesternschülerin kommt herein.

Ich bin die Simone und in der ersten Schicht ihre Schwester. Das ist die Tanja, sie lernt noch.

Schwester Simone legt Riccarda einen Zugang, die Schülerin knipst ihr ein Gerät zur Messung des Blutsauerstoffs an den Finger. Auf dem Bauch verteilt die Schwester – *Achtung, gleich wird's ein bisschen kalt* – eine Art Gleitgel, um von Gurten fixiert mehrere Sonden anzulegen.

Das ist jetzt der Herzton- und Wehenschreiber, sagt sie.

Wir hören den Herzschlag von Edward über das Gerät wie einen Technobeat durch die Wand eines Clubs.

Der ist jetzt auch schon ein bisschen aufgeregt, dass es losgeht, sagt die Schwester und zeigt auf den Monitor.

Aber vorher schauen wir schon mal nach dem Muttermund. Dann ziehen Sie doch Ihre Strumpfhose und den Slip bitte einmal runter, dass wir schauen, wie weit das schon ist.

Die Schwester zieht sich einen Handschuh an. Gibt Gleitgel auf ihre Finger und steckt sie in Riccarda.

Willst du auch mal, Tanja? Sie schaut Riccarda an. *Also, wenn das in Ordnung für Sie ist.*

Da kommt wieder eine Wehe.

Und kurz darauf stecken auch zwei Finger von Tanja in Riccarda.

Und was sagst du, Tanja?

Noch nicht so, ne?

Ne, genau, sagt Schwester Simone zu Tanja.

Dann zu Riccarda:

Da haben wir noch Zeit heute. Wahrscheinlich wird's erst morgen was. Aber die Ärztin kommt auch gleich.

Der Muttermund, das stellt auch die diensthabende Ärztin mit zwei Fingern fest, ist noch geschlossen. Wir hätten noch Zeit.

Gehen Sie spazieren. Haben Sie Sex. Essen Sie was Scharfes, sagt sie.

Schwester Simone erklärt, dass wir das Geburtsgepäck gerne dalassen könnten. Wir sollten uns nicht zu weit von der Klinik entfernen. Ansonsten könnten wir alles tun.

Wir gehen durch den Schlossgarten. Maiglöckchen und Tulpen blühen. Der Radiologe, der immer was mit jungen Mädchen hat, schiebt eine Palme auf einem Brett auf Rollen über den Schotter der Wege.

Du hattest in zehn Minuten sechs Finger von drei Menschen in dir. Wie war das?

Nicht schlimm. Aber natürlich mit so einer Selbstverständlichkeit, die komisch war.

Die machen das wahrscheinlich dreißigmal am Tag.

Deswegen ist ja auch klar, dass es für sie nichts Besonderes ist. Aber für jede Frau, die da zum ersten Mal ist, wahrscheinlich schon. Bei der zweiten Geburt kennt man das dann.

Das ist vielleicht der zentrale Denkfehler, dass alle glauben, sie selbst und ihr Verhalten seien normal. Deswegen nicht erklärungsbedürftig. Wollen wir was essen?

Vielleicht ja wirklich scharf.

Wir gehen zum Thai Food 2. Das ist ein Imbiss, der wirklich so heißt. Und ich habe mich immer gefragt, warum es kein Thai Food 1 gibt. Aber so interessant, dass ich dazu recherchiert hätte, fand ich den Namen dann doch nicht. Das Thai Food 2 ist ein unspektakulärer, aber aufgeräumter Imbiss direkt neben der Neustädter Kirche. Man kann draußen sitzen, und es gibt Kräuter und extra Chilis zu den Gerichten. Das ist für Riccarda das Wichtigste.

Ich frage: *Meinst du, viele gehen mit Wehen noch essen?*

Ich weiß nicht. Ich hab gelesen, dass manche durch Wehen auch kotzen müssen.

Und du meinst, weil Deutsche geizig sind, gehen sie dann eben nicht essen?

Ich weiß es einfach nicht.

Wie fühlst du dich?

Gut. Also wirklich. Es ist so ein bisschen wie Muskelkrämpfe alle paar Minuten. Aber ansonsten gut. Aber ich bin froh, wenn Edward endlich da ist. Die letzten Tage hab ich mich so voll gefühlt. So schwer. Wirklich, als ob ich platzen würde. Aber ich war gerne schwanger. Mein Körper hat mir gefallen.

Wir sprechen über den Geburtsvorbereitungskurs, den wir ganz am Anfang gemacht haben. Mit dieser kurzhaarigen, Motorrad fahrenden Hebamme. Nach den Kursen hat sie immer zwei Zigaretten geraucht und erzählt, dass sie nach Japan ziehen wolle. Die anderen Eltern waren auch interessant. Besonders dieses eine Paar, wo sie Kosmetikartikel verkauft hat und er so nach Ex-Knacki, Ex-Alkoholiker aussah. Aber die waren sehr nett. Nur irgendwie kaputt. Also sie haben so gewirkt. Ihre Augen sahen so leer aus.

So wie ich das verstanden habe, hatte sie einen Kredit aufgenommen, um einer Firma für 10 000 Euro Schminksachen abzukaufen, die sie dann im Auftrag der Firma an ihre Freundinnen verkaufen sollte.

Die Schminke wird sie nie verkaufen. Die Hälfte ihrer Freundinnen wird sie hassen, weil sie ihnen permanent Lippenstifte und Puder andrehen will. Und am Ende sind die 10 000 Euro einfach weg. Und sie sitzt mit Schulden und schrottigen Pflegeprodukten in ihrer Wohnung und wartet darauf, dass der Gerichtsvollzieher klingelt.

Das Pyramidensystem ist einer der ältesten Tricks im Kapitalismus. Und ich frage mich, wie das sein kann, dass es heute noch Leute gibt, die noch nie davon gehört haben. Wie gesagt, die waren wirklich nett.

Wir hatten nicht den Mut, ihnen zu sagen, dass das nichts wird mit der Selbstständigkeit. Das wäre übergriffig gewesen. Aber andererseits hätte es sie vielleicht vor Dummheiten bewahrt.

Und dann reden wir noch über die Sache mit dem Fiebermessen.

Und an die Eltern von Jungs. Keine Sorge, wenn er beim Fiebermessen mal groß wird da unten rum. Das hat nichts zu bedeuten. Ist ganz normal. Die meisten stehen später trotzdem auf Mädchen.

Das hat die wirklich gesagt, bekräftigt Riccarda noch einmal.

Und ich sage:

Dabei sah sie ja selber wie ne Lesbe von Dykes on Bikes aus.

Ich mag das nicht, wenn du so redest.

Über Lesben?

Ja. Das klingt immer so abwertend.

Aber ich bewundere Dykes on Bikes. Gibt es etwas Schöneres als Lesben auf Harleys? Ich meine das ernst. Weißt du, Lesben sind ja anders als Schwule nicht für ihren Hedonismus bekannt.

Das mein ich. Das ist abwertend.

Nenn mir eine hedonistische Errungenschaft, die von Lesben stammt. Siehst du, dir fällt nichts ein. Alles, was Spaß macht, wurde von Schwulen erfunden. Disco, Chemsex, Inneneinrichtung.

Riccarda schaut mich böse an.

Was denn?, frage ich.

Nur weil alle denken, du seist schwul, gibt dir das nicht das Recht, so zu reden.

Am Nachmittag kommen die Wehen in deutlich kürzeren Abständen. Aber der Muttermund, wieder überprüft von unzähligen Fingern, öffnet sich nur langsam. Riccarda hat jetzt starke Schmerzen bei den Wehen. Diese Leichtigkeit der Zeit zwischen Vor- und Nachmittag ist verschwunden.

Wir haben einen eigenen Kreißsaal zugewiesen bekommen. Mit Badewanne, Medizinball und einer Stereoanlage, falls man Musik hören möchte. Musik, die man auf CDs mitgebracht haben sollte. Wir besitzen keine einzige CD mehr.

Riccarda liegt auf einer Liege. So seitlich, ihr rechtes Bein ist auf einem Halter drauf. So einer bizarren Haltevorrichtung für Beine. Wir schauen *Twin Peaks* auf ihrem Handy.

Mit der Abendschicht kommt die dritte Belegschaft des Tages. Ich habe genau mitgezählt. Um 18 Uhr prüft die zehnte Person mit zwei Fingern in Riccardas Vagina, wie weit ihr Muttermund geöffnet ist.

Die Oberärztin legt eine PDA. Das ist eine örtliche Betäubung, die direkt ins Rückenmark gestochen wird. Um 23 Uhr empfiehlt sie ein Wehen-Einleitungsmedikament. Riccarda stimmt zu. Die letzten Stunden habe ich ihre Hand gehalten. Ich habe sie gefragt, ob das gut sei. Sie hat *Ja* gesagt. Fotos habe ich auch gemacht. Aber da hatten wir vorher darüber gesprochen. Sie wollte das auch. Ich möchte alles tun, was sie braucht. Es geht hier um sie.

Aber die Sache mit den Fotos, die fanden wir beide eben gut. Obwohl die Menschheit schon so lange Kinder bekommt, obwohl jeden Tag ungefähr 132 Millionen Kinder geboren werden, ist eine Geburt nach wie vor ein Mythos. Und wir wollten das irgendwie näher verstehen. Und neben dem eigenen Erfahren wollten wir eine andere Auseinandersetzung dazu. So kamen wir auf die Idee mit den Fotos.

Um Mitternacht beginnt das Wehen-Medikament zu wirken. Die Wehen und der Geburtsvorgang haben jetzt cineastische Ausmaße. Vorher war alles noch irgendwie ruhig. Aber jetzt hat sie Schmerzen, die sie noch nie gehabt hat. Die Wehen kommen in Sekundenabständen wie Wellen aus Schmerz. Mit ihrer rechten hält Riccarda meine linke Hand.

Bei jeder Welle drückt sie so fest, dass ich denke, dass sie mich ernsthaft verletzen könnte.

Ich zieh kurz den Ring aus, sage ich, *ist das in Ordnung?*

Die Knochen drücken so stark gegen das Gold unseres Eherings, dass ich Angst habe, dass einer meiner Finger bricht. Riccardas Augen sind geschlossen, sie kann weder *Ja* noch *Nein* sagen. Ihr Körper kämpft mit der Geburt, für die Geburt. Die PDA hilft nicht mehr gegen die Schmerzen. Sie bringen ihr Lachgas. Mit der linken Hand drückt sie sich bei Bedarf die Maske aufs Gesicht und atmet tief ein. Sie wirkt noch abwesender.

Das ist zu viel, bringt sie heraus. *Da wird mir schwindlig von.*

Inzwischen ist die Frühschicht dran. Die vierte komplett neue Mannschaft bei dieser Geburt.

Ein junger Arzt stellt sich vor. Dann wieder zwei Finger in Riccarda.

Wenn das in fünfzehn Minuten noch nicht weiter ist, sollten wir einen Kaiserschnitt machen.

Der Arzt geht. Die Schwester sagt: *Wir schaffen das schon noch. Sie versuchen es erst mal weiter so. Sie bestimmen das.*

Riccarda schreit nicht. Sie macht einen tiefen, fast meditativen Ton bei jeder Wehenwelle. Es klingt wie ein Didgeridoo. Ich mache mit.

Wuuu uuuu uuuuu uuu

Wuuu uuuu uuuu

Wuuu uuuu uuu

Ich spüre meine linke Hand nicht mehr, so stark drückt Riccarda zu. Ich kann mir nicht vorstellen, was Riccarda spürt. Aber ich finde das alles wunderschön. Diese Kraft. Diese Gewalt. Diese Natur. Gleichzeitig ist es einfach nur krass. Gewalt. Schmerz. Der Kreißsaal hört auf zu existieren. Ich höre auf zu existieren. Meinen Körper gibt es nicht mehr. Es gibt nur noch dieses Jetzt hier. Wir sind die Geburt.

Der Oberarzt stemmt sich mit seinem Gewicht auf Riccardas Bauch, er versucht, Edward herauszudrücken. Es geht nicht.

Die Schwester kontrolliert noch einmal mit ihren Fingern.

Der Kopf passt einfach nicht durch, sagt sie.

Wir bereiten dann den OP vor, sagt der Arzt.

Riccarda nickt.

Willst du das?, frag ich sie.

Riccarda nickt.

Wirklich?

Da kommt schon wieder eine Welle. Und wir werden wieder Didgeridoo-Töne.

Und dann sind wir im Operationssaal. Ich trage einen grünen Kittel. Ich habe mir die Hände desinfiziert und einen Mundschutz und eine Haube aufgezogen.

Vielleicht wollen Sie lieber am Kopfende stehen?

Riccarda ist bei Bewusstsein. Ein Pfleger, eine Schwester, der Oberarzt und die Assistenzärztin sowie die Anästhesistin stehen um Riccarda herum. Sie bekommt eine lokale Betäubung. Ich streichele ihren Kopf. Ich atme mit ihr.

Spüren Sie das?, fragt die Anästhesistin, die etwas aus einer Spraydose auf Riccardas Bauch sprüht.

Riccarda sagt: *Kalt. Mir ist so kalt.*

Das soll auch kalt sein. Damit überprüfen wir, ob die Betäubung wirkt. Braucht noch ein bisschen.

Mir ist so kalt. So kalt. Kalt.

Weil ich am Kopf von Riccarda stehe und über ihrem Bauch ein Tuch nach oben gespannt ist, sehe ich nichts von dem, was dort passiert. Manchmal guckt ein Stück Arm oder ein Stück Kopf neben oder über dem Tuch hervor.

Das tut so weh, sagt Riccarda. *Es tut einfach nur weh.*

Merken Sie das?, fragt der Oberarzt.

Es brennt.
Wir haben schon längst geschnitten.
Es tut wirklich weh.

Dann machen sie eine Vollnarkose. Ich werde aus dem OP geschickt. Ich ziehe den Kittel aus. Den Mundschutz. Die Haube. Ich wasche meine Hände. Ich setze mich auf den Gang vor den Operationssaal. Da bin ich dann. Ganz alleine. Ich höre nichts. Nur das leise Brummen der Leuchtröhren und der Belüftung.

Auf dem Boden liegt grünes Linoleum. Die Wand ist hellblau tapeziert. Ich rieche Desinfektionsmittel.

Ich beginne zu weinen. Obwohl ich seine Stimme noch nie gehört habe, obwohl ich noch nicht mal weiß, wie er aussieht, weil ich vor dem Kreißsaal sitze, spüre ich die größtmögliche Liebe, als ich Edwards ersten Schrei höre.

Ich spüre Tränen meine Wangen hinunterlaufen. Eine Schwester bringt mich in den Aufwachraum.

Gleich können Sie ihn halten.

Der Raum ist leer. Ein Bett. Zwei Schränke. Fenster.

Die Schwester sagt: *Ihre Frau wird noch zusammengenäht.*

Ich höre den zweiten, den dritten und den vierten Schrei meines Sohnes. Es ist wunderschön.

Ich setze mich auf das Bett. Ich stehe wieder auf. Ich schaue auf die Straße vor den Fenstern. Da sind wieder Müllmänner. Sie stellen Tonnen auf die Straße. Es wird hell. Amseln singen. Ich trinke den lauwarmen Fenchel-Tee aus der Thermoskanne, die auf dem Tisch steht. Ich esse die zwei Scheiben Zwieback, die eingeschweißt danebenliegen. Dann kommt ein Müllwagen. Die Männer hängen die Tonnen an das Fahrzeug. Unter Rütteln werden sie geleert.

Und dann kommt Edward. Ein kleines graues Etwas. Er ist wirklich grau oder grauweiß. Er ist bedeckt von einer Schicht, die man Käseschmiere nennt.

Ich habe keine Ahnung, wer sich dieses Wort ausgedacht hat. Ich glaube aber, dass dieser Jemand kein besonders inniges Verhältnis zu Schönheit im Allgemeinen hatte. Eine Schwester legt mir meinen Sohn in den Arm. Er ist in Handtücher gewickelt. Ich sehe nur seinen Kopf.

Ich liebe dich, sage ich.

Ich liebe dich.

Ich rieche an ihm. Edward riecht wie ein Tier aus dem Meer. Amphibisch irgendwie. Er ist warm und hat dunkle Haare am Hinterkopf. Oben hat er eine Glatze. Das ist ungefähr die Frisur aus dem Spätwerk von Hunter S. Thompson. Seine Augen sind schwarz.

Edward, ich liebe dich, sage ich.

Die Schwester nimmt ihn mir wieder ab. Da ist eine Waage auf einem Schrank gegenüber dem Bett. Sie wiegt ihn. 3850 Gramm. Sie steckt ihm eine Kanüle in eine Vene im Kopf. Er schreit. Sie tropft Blut aus der Kanüle auf ein Testpapier.

Sie legt mir Edward wieder auf den Arm. Obwohl ich nicht weiß, wie ich ihn halten soll, halte ich ihn. Ich halte ihn einfach, und deswegen ist es auch richtig. Man kann nichts falsch machen beim Kinderkriegen und Kinderhalten, denke ich. Also ich meine, wenn man nicht psychisch krank ist oder drogenabhängig oder so.

Sie schieben Riccarda rein. Sie ist blass.

Schön hier, sagt sie, kaum hörbar, ihre Augen fallen wieder zu.

Sie wird bald aufwachen, sagt die Schwester.

Mir ist kalt, sagt Riccarda. *Immer noch so kalt.*

Sie legen Decken auf sie. Drei übereinander. Vorgewärmte Decken.

Sie schläft. Ihr Haar liegt verschwitzt neben ihrem Kopf. Sie ist unglaublich schön.

Ich ziehe meine Schuhe aus. Ich ziehe mein Hemd und meine Hose aus. Ich lege mich mit Edward in das freie Bett neben Riccarda. Ich trage nur noch Shorts.

Die Schwestern schieben die zwei Betten zusammen und klappen diese Plastikteile in der Mitte hinunter, die einen sonst daran hindern, rauszufallen. So haben wir eine große zusammenhängende Liegefläche.

Edward liegt auf meiner nackten Brust. Ich decke uns beide zu.

Ich liebe dich, sage ich und schaue ihn an.

Ich liebe dich, sage ich zu Riccarda und schaue sie an.

Fast alles ist Gewalt. Eine Geburt auf jeden Fall. Wir werden zwischen Schweiß und Blut gezeugt und kommen in Schweiß und Blut auf die Welt. Wenn's gut läuft, ist unser Tod friedlich. Aber auch darauf können wir uns nicht verlassen. Die Mutter meiner Mutter spuckte Blut vor ihrem Tod in einem Pflegeheim. Sie starb mit weit aufgerissenen Augen. An der Wand hinter ihr war noch das erbrochene Blut vom Vortag.

Die Sache mit den Safe Spaces und der Vorstellung von Selbstbestimmung ist ja schön, aber das ganze Leben können wir nicht selbst bestimmen. Es passiert. Und manchmal können wir eingreifen. Aber einer Geburt kann man sich nur hingeben. Die Natur bezwingen zu wollen, funktioniert nie.

Zwei Tage nach der Geburt kommen Riccardas Eltern mit dem Tesla. Und auch meine Mutter. Ich hatte ihr ein Foto von Edward geschickt. Riccarda hatte mir gesagt, ich solle das tun. Und dann haben wir auch telefoniert. Über die Ausstellung und das Foto meines Vaters haben wir nicht gesprochen.

Sie steht da unter der Balkenhol-Skulptur am Eingang.

Wie immer in Marineblau. Ich weiß nicht, ob ich sie umarmen soll. Sie weiß es auch nicht.

Das Erste, was sie sagt, ist: *Meine Psychologin hat gesagt, dass es ja auch irgendwie ein Liebesbeweis deinem Vater gegenüber war.*

Du hast eine Psychologin?

Seit drei Monaten.

Und wie ist das?

Ich glaube, ich beginne, viel zu verstehen.

Wir setzen uns auf eine der Bänke vor dem Eingang.

Das ist gut.

Und sie meinte auch, dass sie das Bild an das Totenbild eines Königs erinnert. Das fand ich schön. Ich habe ein Haiku dazu geschrieben. Das hilft mir. Ich schreibe jetzt Gedichte. Und ich habe einen Bildhauer-Kurs begonnen. Es hat wehgetan, ihn so zu sehen.

Ich wollte dir nicht wehtun. Niemandem. Noch nicht mal ihm.

Warum hast du ihn so gezeigt?

Weil er auch so war. Als Kind hatte ich Angst vor ihm. Seit er tot ist, habe ich keine Angst mehr.

Das macht mich betroffen. Ich habe das nicht gesehen. Dann habe ich wohl versagt als Mutter.

Meine Mutter weint. Sie holt ein Stofftaschentuch aus ihrer Jackentasche. Sie nimmt die Brille ab. Sie schnäuzt sich und steckt das Taschentuch zurück in ihre Tasche. Ihre Haare sind wieder gefärbt. Der graue Ansatz ist verschwunden. Aber ihre Haut ist immer noch blass.

Junge Eltern laufen mit Kinderwägen an uns vorbei und verlassen die Station. Ein Krankenwagen bringt eine Frau in den Wehen in die Geburtsklinik.

Riccardas Eltern bleiben nur kurz. Ich glaube, sie wissen, dass man nach einer Geburt Zeit für sich braucht. Meine Mutter hat ein Hotel gebucht.

Sie sitzt mit ihren Händen auf dem Schoß gefaltet in Riccardas Zimmer.

Hätte er das nur gesehen. Er hätte Edward so viel erklären können. Wäre das nicht schön gewesen?

Sie erzählt von meiner Geburt. Sie trinkt Sprudel aus einer kleinen Plastikflasche.

Ich glaube, wir gehen jetzt mal was essen, sage ich.

Aber nur eine Kleinigkeit, sagt sie, *ich esse ja nicht mehr so viel. Ich schmecke ja kaum noch was.*

Riccarda und Edward bleiben in ihrem Zimmer. Meine Mutter schlägt vor, zu einem Italiener zu gehen, den mein Vater gemocht hat. *Darauf hab ich jetzt Lust.*

Sie bestellt Bruschetta und ein kleines Wasser.

Als wir gehen, liegen noch zwei der drei Brotstücke auf ihrem Teller. Ihr Glas ist voll.

12.

Der Ätna spuckt Feuer. Aus dem Flugzeug sehen wir Rauch und Lava. Edward ist zwei Monate alt, und wir sind im Landeanflug auf Catania, eine Stadt auf der Insel Sizilien. Edward liegt in einem Körbchen der Fluggesellschaft zwischen Riccarda und mir. Elias und sein Mann kommen seit Jahren in das Haus hier, das einem Werber-Paar aus Köln gehört. Dieses Jahr sind wir zum ersten Mal auch dort. Karl kommt noch, ein Maler aus Berlin. Sein französischer Boyfriend Alexandre. Und Sandra und Jan, ein Grafiker-Paar aus Köln mit ihren zwei Kindern, Anna und Anton, zwei und vier.

Wir kennen uns alle mehr oder weniger gut von Partys in Berlin. Ich glaube, wir haben uns das erste Mal bei Karl auf der Dachterrasse nach einer Ausstellungseröffnung von ihm gesehen. Sandra, Riccarda, Karl und ich sind zusammen immer in den Wandschrank gegangen, um Kokain zu nehmen. Das war in so einer sehr coolen Plattenbauwohnung über zwei Geschosse.

Im Wandschrank waren eigentlich Karls Jacken und Schuhe. Und auf Brusthöhe war ein Regalbrett, an dem man sehr bequem Linien konsumieren konnte. Irgendwann war es 6 Uhr morgens. Und Karl, der Maler, wollte noch mehr bestellen. Aber Riccarda und ich wollten nach Hause. Und Sandra hat sich mit Judith, so einer Konzeptkünstlerin, lautstark über Vibratoren unterhalten. Judith hatte sich gerade einen Satisfier gekauft. Das ist, so viel habe ich verstanden, ein Gerät, das man auf die Klitoris legt und sich wohl annähernd wie Oralsex anfühlen soll. Jedenfalls meinte Judith, dass wenn man den voll aufdrehe, dass da kein Mann rankomme.

Das fanden wir alles natürlich großartig. Aber Riccarda hat schon immer ein Problem mit der aufgehenden Sonne. Sie findet es deprimierend, immer weiter zu trinken. Als sie mir das das erste Mal erzählt hat, habe ich das nicht verstanden. Ich habe viele Sonnenaufgänge in Berlin erlebt. Ich fand das immer schön.

Sonnenaufgänge sind so verzweifelt, hat Riccarda gesagt.

Heute verstehe ich das. Wenn die Sonne aufgeht, hat man alles schon erlebt. Es passiert nichts Neues mehr. Auch die nächste Linie Kokain, das nächste Glas Weißwein ändern daran nichts. Die After-Hour ist der Versuch, an etwas festzuhalten, was längst vorbei ist. Der Abend und die Nacht sind so gesehen eine zweite Realitätsebene. Das Licht, die Geräusche, alles ist anders, und deswegen trinkt man ja auch viel lieber abends. Es ist ein anderer Bewusstseinszustand. Und morgens ist das eben vorbei, auch wenn man es nicht wahrhaben will. Morgens um sechs noch den Dealer anzurufen, ist reaktionär.

Aber eigentlich waren die Partys gar nicht so verdrogt. Eher nett. Da standen Kuratoren, Modedesignerinnen und Künstler herum, hatten Spaß, haben zu trockene Wachteln gegessen und sehr viel Weißwein getrunken. Und es war ziemlich verlässlich so, dass man über interessante Dinge gesprochen hat. Da war dieser sehr nette Winzer aus der Champagne, mit dem ich mich länger über die Unfähigkeit der Deutschen, ein gutes Kompliment zu machen, unterhalten habe, oder diese sehr dicke und sehr nette Israelin, die Künstlerin und DJ war und von der Schönheit des Galils, des israelischen Sturmgewehrs, geschwärmt hat.

Es sind 32 Grad, als wir am Flughafen ankommen. Die Miet-wagenausgabe verläuft ohne Zwischenfälle. Vom Flughafen bis zum Haus in den Bergen von Noto sind es etwas über 90 Kilometer.

Die Landschaft ist karg. Die Böden sind trocken. Auf bei-den Seiten der Schnellstraße stehen Bauruinen. Rohbauten von Villen, Mehrfamilienhäusern, Schwimmbädern und Krankenhäusern liegen in der Landschaft wie skelettierte Tote.

In einem Artikel im *Spiegel* hatte ich gelesen, dass die ita-lienischen Christdemokraten hier vor allem EU-Subventio-nen hingeleitet hätten. Das Geld sei irgendwo zwischen den Baufirmen, der Lokalpolitik und dem Parlament ver-schwunden. Fertig bauen wollte dann niemand mehr. Ein paar waren reich geworden. Das hatte genügt.

Warum sieht alles südlich von Südtirol eigentlich so kaputt aus?, frage ich Riccarda.

In Frankreich ist das auch so. Wir hatten ein Ferienhaus am Pont du Gard. Und vor den anderen Grundstücken waren Müll-berge und in den Vorgärten Plastikmöbel. Da standen Karosse-rien von Autos ohne Motor. Und das war ein gutes Viertel. Aber ich glaube, die Prioritäten sind anders. In Deutschland ist man ordentlich, und die Autos sind neu, aber dafür essen wir halt das ganze Jahr Mist.

Aber warum ist das so? Dass es so ist, sehen wir ja.

Ich weiß es nicht.

An einem Autogrill, so heißen die Tankstellen in Italien, die über ein Restaurant verfügen, kaufen wir Eis und Cola und zwei kleine Bier. Elias hat mal gesagt, Urlaub ist der Zu-stand, beim Autofahren Bier zu trinken, ohne dass es sich falsch anfühlt. Und er hat recht.

Das Beste an diesen Urlaubsbieren ist ihre wässrige Kon-sistenz. So ein Peroni zum Beispiel schmeckt nicht anders als Leitungswasser. Und gerade deshalb ist es so erfrischend.

In Noto biegen wir an einem Kreisverkehr ab. Wir fahren an der Stadt vorbei. Es wird wieder hügeliger. Rauch steigt von den Olivenfeldern auf. Elias hatte noch geschrieben, dass wir uns darüber nicht wundern sollten. Die Bauern würden um diese Zeit roden und manchmal auch die Versicherungen betrügen. Von einem Anwesen rennt ein Rudel aus bestimmt zehn Hunden auf die Straße. Ich mache eine Vollbremsung. Edward beginnt zu weinen. Riccarda schnallt sich ab, klettert vom Beifahrersitz nach hinten und setzt sich neben ihn. Sie küsst und streichelt ihn.

Die Hunde springen auf die Motorhaube. Sie bellen. Ich sehe ihre Zähne durch die Windschutzscheibe. Ich betätige die Scheibenwischer und das Spritzwasser, hupe und fahre langsam weiter. Die Hunde laufen uns ein Stück hinterher. Im Rückspiegel sehe ich, wie sie zurück zur Einfahrt laufen, aus der sie gekommen sind.

Das hast du gut gemacht, sagt Riccarda, *du bist ganz ruhig geblieben.*

Ich reiche ihr ein Bier aus dem Getränkehalter nach hinten. Wir stoßen an. Und erreichen wenig später das Haus.

Das Haus liegt auf dem Plateau eines Berges. Ein mit Splitt bedeckter Weg führt von der mit einer Schranke verschließbaren Einfahrt nach oben. Da stehen Palmen und Kakteen. Elias und Sascha winken uns von oben. Sie tragen kurze Hosen und Espadrilles. Sie sehen aus wie Zwillinge. So wie Aussteiger vom Anfang des zwanzigsten Jahrhunderts – mit ihren Ferien-Bärten und den kurzen Haaren. Das Haus ist wie ein Vierkanthof gebaut. Es hat einen quadratischen Grundriss. In der Mitte ist ein ebenfalls quadratischer Innenhof, in dem Zitronenbäume stehen.

Wow, ist das schön, sage ich.

Super, sagt Riccarda.

Jetzt erst mal einen Apéro, sagt Elias.

Sascha stupst Edward direkt mit dem Finger auf die Nase. *Wow, bist du schon groß. Und geflogen bist du auch schon.*

Nach einer kurzen Tour – *Hier der Pool, dort der Waschraum, euer Schlafzimmer und nachts auf jeden Fall die Moskitonetze über die Betten machen, ach ja, und waschen bitte nur nachts, dann ist der Strom günstiger* – gehen Riccarda mit Edward auf dem Arm und Sascha und Elias auf die Terrasse. Ich trage das Gepäck in unser Zimmer. Baue den Kinderwagen auf.

Sascha hat rohe Garnelen mit Tomaten und Burrata vorbereitet.

Das ist nach einem Rezept von Giovanni Santoro, der hat hier ein Restaurant nördlich von Catania.

Wir trinken Grillo.

Da gibt es so ein tolles Weingut fünfzehn Minuten von hier, sagt Elias. *Da fahren wir einmal die Woche hin.*

In der Ferne bellen Hunde. Die Sonne ist ein dunkelroter Ball, der am Horizont im Meer versinkt. Ein leichter Wind zieht durch die Landschaft. Es riecht nach Zitronen. Karl, sein Boyfriend Alexandre und die anderen kommen erst morgen. Wir sprühen uns mit Autan ein. Wir rauchen. Wir öffnen die zweite Flasche Grillo. Und ich denke, dass das wirklich gut ist so. So einfach alles.

Elias erzählt, dass der Schriftsteller Hans Magnus Enzensberger die Woche vorher abgereist sei. Er miete das Haus immer vor ihnen. Also das sei kein Gesetz und sie würden Enzensberger auch nicht näher kennen, aber das sei eben so, seit sie hierhinkommen.

Ich: *Meint ihr, Enzensberger trägt Badehose, wenn er alleine hier ist?*

Elias: *Speedos.*

Ich hatte darüber ja schon in Amerika nachgedacht. Diese Faszination für den Moment, wenn Menschen, deren Werk größer ist als ihr Alltag, und das ist ja immer so bei genialen

Menschen, banale Dinge tun. Wie die Sache mit dem Bio-Tee und Elfriede Jelinek. Oder jetzt mit Hans Magnus Enzensberger und der Badehose.

Sascha will noch etwas lesen. Er geht immer früher ins Bett als Elias. Auch wenn wir in Berlin waren und ich und Elias noch bis um 5 Uhr morgens getrunken und geredet haben, ist Sascha immer schon um elf, spätestens um halb zwölf ins Bett gegangen. Manchmal hat er noch Klavier geübt. An einem E-Piano mit Kopfhörern. Aber lange wach bleiben und Kokain, das war nie seins. Wobei, das hat mir Elias zumindest erzählt, einmal hätten sie zusammen in einem Urlaub Ecstasy genommen und fantastischen Sex gehabt. Aber das ist auch schon 15 Jahre her. Wie gesagt, Elias und sein Mann sind 20 Jahre älter als ich.

Riccarda will noch in den Pool. Edward schläft im Kinderwagen. Darüber ist ein Mückenschutz. Mit dem Fuß wiege ich den Wagen und rauche.

Ist das nicht herrlich, fragt Elias. Wobei das natürlich viel mehr eine Feststellung als eine Frage ist. Er öffnet die dritte Flasche. Er holt Eiswürfel. Sie klackern im Glas beim Trinken.

Ich weiß nicht wie und warum, aber wir sind dann irgendwann bei einem dieser betrunkenen MeToo-Gespräche.

Elias meint: *Das gibt es bei Schwulen einfach nicht. Das Kräfteverhältnis ist bei zwei Männern einfach anders.*

Meinst du real körperlich?

Nein. Zwei Männer, die miteinander Sex haben, sind einfach zwei Männer, die miteinander Sex haben. Das ist der gleiche Trieb. Das gleiche Verlangen.

Ich denke an Köln. An den Typen, dessen Namen ich bis heute nicht weiß. Von dem ich vergessen habe, wie er aussieht. Aber das Geräusch, das seine Hüfte gemacht hat, als er versucht hat, mich mit seinem halb steifen Schwanz zu ficken, das hör ich immer noch. Das Geräusch, wie das Klopfen der Schnitzel am Wochenende in einem der Lokale in der Fränkischen Schweiz. Und dann denke ich darüber nach, warum mich das immer noch so beschäftigt.

Mein Körper ist mir ziemlich egal. Ich finde diesen wahrscheinlich dogmatisch-religiösen Begriff der Schändung als Synonym für eine Vergewaltigung total falsch. Meinen Körper kann man nicht schänden. Natürlich würde ich gerne weniger wiegen, ein bisschen dünner sein, aber ich meine, der Körper definiert mich als Mensch ja nicht. Ich definiere mich über mein Werk, über mein Handeln, über mein Denken.

Natürlich gibt es Körper, die ich schön, hässlich oder interessant finde. Aber der Körper ist nur die notwendige Hülle für Werk und Wesen eines Menschen. Wäre der Körper wichtig, dann wären Sartre, Sibylle Berg oder Frida Kahlo nicht denkbar. Es gibt natürlich Menschen, deren Körper Werk und der Inhalt sind. Der junge Peter Berlin, die junge Kate Moss, die junge Miley Cyrus. Aber selbst diese Menschen werden irgendwann zu Inhaltsmenschen. Dann geht es nicht mehr um den Körper, sondern um die Idee. Die Idee Miley Cyrus hat den Körper Miley Cyrus überwunden, besiegt und abgelöst. Und so geht mir das auch. Deswegen finde ich eine Vergewaltigung auf körperlicher Ebene fast banal und nicht der Rede wert.

Es ist vielmehr so, dass ich mich schuldig fühle. Fast so, als hätte ich Riccarda offensiv betrogen. Weil ich nicht widersprochen habe. Weil ich es geschehen lassen habe. Ich wollte das alles definitiv nicht. Ich wollte nicht mit diesem Mann Sex haben. Ich wollte nicht mit ihm knutschen. Aber ich hatte einfach keine Kraft, etwas dagegen zu tun. Nichts zu tun, mich tot zu stellen, schien mir deeskalierend.

Elias meint dann, dass dieser minderjährige Junge, der auf dem Bett von Kevin Spacey saß und dann befummelt wurde oder so, dass er das ja eigentlich auch gewollt haben muss.

Man setzt sich doch nicht einfach auf das Bett im Schlafzimmer von einem aspiring actor, wenn man ein junger schwuler Mann ist. Da ist doch klar, was man will. Im Allgemeinen, glaube ich, können Männer nicht wie Frauen missbraucht werden. Das ist doch immer etwas anderes.

Ich erzähle ihm davon, wie ich mich mit 14 im Antenne-Bayern-Chat angemeldet hatte. Und wie ich dann ein paar Tage später mit einer Frau schrieb. Ich glaube, sie hieß Jessica. Sie studierte Medizin in München. Sie war zehn Jahre älter als ich. Und dann fragte sie mich nach Nacktbildern. Sie schickte mir auch welche. Und wir schrieben nächtelang, und ich onanierte dabei. Am Ende, das wollte sie unbedingt, habe ich eine Boxershorts von mir geschickt, in die ich ejakuliert hatte. Es war eine von H&M mit dem Pink Panther darauf.

Aber war das denn schlimm?, fragt Elias.

Rechtlich war es Missbrauch. Ich habe ihr Kinderpornos von mir geschickt.

Hat es dir geschadet?

Ich weiß es nicht. Aber ich würde nicht wollen, dass eine volljährige Person mit meinem vierzehnjährigen Kind solche Dinge macht.

Du bist ein Spießer.

Elias und ich schauen in die Dunkelheit, in der dann und wann die Glut der Feuer wie tausend rote Augen glüht.

Das glüht hier Tage vor sich hin. Und niemanden stört es. Es ist richtig unheimlich. Aber auch unheimlich schön, meint Elias.

Aber die Glut kann nicht auf das Haus überspringen?

Das ist noch nie passiert.

Ich gehe schlafen, sage ich.

Schlaf gut, Süßer.

Ich schiebe Edward in seinem Wagen in unser Zimmer und höre das Klackern der Eiswürfel und das Zirpen der Grillen.

Ich mache Edward noch eine Windel für die Nacht und ziehe ihm den Schlafanzug mit Erdbeeren an. Er wird gar nicht wach dabei. Ich höre seinen Atem. Ich lege mich mit dem Rücken aufs Bett, Edward lege ich auf meinen nackten Oberkörper. Sein Ohr liegt auf meiner Brust. Ich rieche seinen Milchatem. Riccarda kommt vom Pool. Ihr Körper ist angenehm kalt. Sie legt sich dazu. Unsere Füße berühren sich. Ich streiche über ihre Oberschenkel und ihren Po. Sie liegt auf dem Bauch.

Der Pool, so was habe ich mir immer gewünscht. Zwanzig Meter lang und nur Natur und Landschaft, sagt sie.

Gut, dass wir gefahren sind.

Wirklich gut.

Um 5 Uhr wache ich auf. Ich bin kein bisschen müde. Ich bin, so komisch sich das auch anfühlt, unangenehm wach. Ich schließe die Augen und versuche, wieder zu schlafen. Aber es geht nicht.

Edward hat sich von meinem Bauch zu Riccarda bewegt. Oder sie hat ihn vielleicht nachts zu sich geholt. Jedenfalls liegt er an ihrer Brust und trinkt schmatzend. Beide schlafen dabei. Ich habe selten etwas Schöneres und Friedlicheres gesehen. Der süße Milchgeruch liegt in der Luft wie ein kitschiges Parfüm, das sich ein Künstler ausgedacht hat.

Ich ziehe mir eine Badehose an. Die mit den Bären darauf. Von Moschino. Und einen gelben Pullover. Mit einem Handtuch gehe ich zum Pool. Die Sonne geht auf. Die Luft ist rosafarben. Ein Gecko, von der Morgenfrische noch gelähmt, bewegt sich in Zeitlupe über die Fliesen.

Ich springe ins Becken. Mein ganzer Körper ist von kaltem Wasser umgeben. Ich versuche, das Becken zu durchtauchen, schaffe es aber nur zu etwa drei Vierteln. Ich ziehe Bahnen und denke nach.

Mutter. Kontakt abbrechen?

Elternzeit, wenn ja, wie lange?

Was für ein Vater will ich sein?

Was für ein Künstler?

Trinke ich zu viel?

Mit den Drogen aufhören?

Bin ich vergewaltigt worden?

Oder war das einfach schlechter Sex?

Verklären wir unsere Körper?

Sind sie belanglose Hüllen?

Dann denke ich Bilder und Handlungen.

Der Ohrabdruck von Edward auf meiner Brust.

Der Blick aus dem Hotel in Köln.

Riccarda liegt im Bett.

Ich schaue über den Tisch gebeugt aus dem Fenster, während mich der Namenlose ficken will.

Ich im Proberaum mit dem Schlagzeuger der anderen Band damals. Wir onanieren nebeneinander.

Mein toter Vater.

Der Tropfen Blut, der aus Edwards Kopf auf den Teststreifen fällt.

Ich merke das erst gar nicht, aber ich schwimme immer schneller. Kraulen kann ich nicht. Ich schwimme Brust. Es fühlt sich an, als würde meine Lunge keinen Sauerstoff mehr in den Körper kriegen. Meine Beine und meine Finger kribbeln. Ich habe keine Kraft.

Ich denke:

Loslassen.

Treiben lassen.

Untergehen.

Wasser atmen.

Dann höre ich Riccardas Stimme.

Ich schaue zum Beckenrand.

Guck mal, wer auch schon wach ist.

Sie steht da in ihrem grünen Badeanzug. Hinter ihr die aufgehende Sonne. Edward ist auf dem Arm in eine Decke gewickelt. Ich weiß nicht, ob das schon ein echtes Lachen von ihm ist. Aber das ist auch egal. Es sieht so aus.

Ich atme schnell. Es brennt. Ich steige aus dem Wasser. Aus der Badehose und von meinen Haaren tropft es auf die Fliesen. Ich trockne mich ab. Lege mich auf eine der Liegen. Riccarda gibt mir Edward auf den Arm und springt ins Wasser.

Seine Haut ist warm. Meine ist kalt. Er riecht nach Brioche.

Weißt du, Edward, ich werde dich immer beschützen. Ich werde immer für dich da sein. Ich werde dich immer lieben. Egal was und wie.

Seine Augen schauen mich an, als würde er alles wissen. Als würde er mich verstehen. Als wüsste er längst alles, was ich mich selbst noch nie gefragt habe. Das ist auch die Gefahr von Kindern, glaube ich. Besonders von Säuglingen. Es liegt so nahe, ihnen alles zu erzählen. Und nichts wäre falscher, als sie mit den Dingen zu belasten, die für uns selbst zu schwer sind, um sie zu ertragen.

Die Tage plätschern angenehm nichtssagend dahin. Wir gehen zum Strand. Wir essen Krebse und Artischockenherzen. Wir hören Wind durch Gräser streichen, der nur manchmal durch das Summen von Fliegen oder Bienen übertönt wird. Dann und wann hören wir Hunde in der Ferne bellen, gefolgt vom Hupen eines Autos.

Am Anfang des Urlaubs habe ich Durchfall. Was aber, wie ich im Internet nachlese, relativ normal ist. Der menschliche Körper stellt bei großer Hitze zunächst die Durchblutung des Darms ein. Und das macht eben Durchfall. Tatsächlich gehen alle hier im Ferienhaus häufig auf die

Toilette und auch die Klopapier-Vorräte schwinden über-durchschnittlich schnell.

Ich muss dabei oft an Bill Gates denken. Ich habe gerade eine mehrteilige Dokumentation auf Netflix über ihn gesehen. Und das häufigste Wort, das er benutzt, ist:

Diarrhea.

Durchfall.

Bill Gates ist von Durchfall besessen. Die Geschichte der Dokumentation ist die Geschichte von Bill Gates' Kampf gegen den Durchfall Afrikas. Durchfall sei die häufigste Todesursache dort, betont Bill Gates immer wieder. Er trifft sich in dieser Dokumentation dauernd mit irgendwelchen Wissenschaftlern und redet mit ihnen über nichts anderes als Durchfall.

Aus dem Off sagt ein Sprecher in einer obszön sinnlichen Stimme:

In 1993, a man in Seattle had such an aha moment reading a study about diarrhea. The man was Bill Gates.

Mir kam das Ganze wie eine Mockumentary vor. Ich habe die ganze Zeit darauf gewartet, dass so jemand wie Seth Rogen die vierte Wand durchbricht. Und sagt, dass das alles nur ein Witz war. Aber dann sieht man Melinda Gates, wie sie auf von ihrem Mann finanzierte Toiletten-Entwicklungen starrt, die man ohne Strom oder Wasser betreiben kann und die so die hygienischen Bedingungen in Afrika verbessern sollen. Allein im Jahr 2006 habe Bill Gates, so die Dokumentation, 56 Millionen Dollar in den Kampf gegen den Durchfall Afrikas investiert.

Und dann kommt wieder diese sinnnliche Männer-stimme aus dem Off, die erklärt, dass seit Bill Gates' Kampf gegen den Durchfall die Zahl der Durchfalltoten unter fünf Jahren in Afrika seit 1993 um 75 Prozent zurückgegangen sei. Und dann sieht man das Gesicht von Bill Gates. Wie er lacht. Wie er mit einem Haufen Bücher in einem Jute-Beutel durch einen Wald geht, seine Füße dabei mehr über den Boden zieht, als dass er sie anhebt.

Und als ich daran denke und die Nachrichten auf meinem Handy scanne, lese ich, dass Melinda Gates gerade die Scheidung eingereicht hat.

Oft stehen Elias und Jan den ganzen Nachmittag bis in den späten Abend in der nach fast allen Seiten offenen Küche. Die Kinder von Jan und Sandra haben immer riesigen Hunger. Aber sie müssen warten, bis es dann vielleicht so gegen 23 Uhr Essen gibt. Einmal drücken Elias und Jan mehrere Kilo gekochten Fisch und Krustentiere durch eine Entenpresse, um aus den Säften der zerspringenden Körper eine Soße zu machen. Jan interessiert sich sehr für solche Dinge.

Jans Frau ist ein bisschen anstrengend.

Einmal, als wir Thunfisch kaufen, sagt sie zu uns: *Den essen wir ja wirklich nur hier. Anders könnten wir das gar nicht mit unserem Gewissen vereinbaren.*

Wieso?

Die werden ja total überfischt. Wir trinken ja auch nur noch Hafermilch zu Hause, um unseren Beitrag zu leisten.

Und sie werden weniger überfischt, wenn man mit einem Flugzeug von Köln nach Sizilien fliegt und sie dann hier isst und dazu Hafermilch trinkt?

Jan und Sandra sind wirklich sehr nett. Wir hatten uns schon vorher immer gut unterhalten. Aber sie sind, was das Essen angeht, Nazis. Sie verbringen die meiste Zeit des Urlaubs damit, irgendwelche Lebensmittelstände am Ende der Welt aufzusuchen, wo irgendeine sizilianische Großmutter Paprika auf einem Gasbrenner verkohlt oder drei dickbäuchige Typen mit rostigen Messern Seeigel aufschneiden. Sie sind davon überzeugt, dass das die besten Produkte der ganzen Insel seien. Wirklich, sie fahren dafür 90 Kilometer hin und her. Was bei den sizilianischen Straßen mindestens vier Stunden dauert.

Und ich finde das grundsätzlich auch in Ordnung. Mit Jan teile ich eine Faszination für obskure Gerichte und Kochbücher. Wir reden über *Les Dîners de Gala*, dieses Kochbuch von Salvador Dalí. Es ist, und das ist auch nicht überraschend, sehr hummerlastig. Dalí war besessen von Hummern. Für den britischen Millionär und Kunstsammler Edward James fertigte Dali ein Hummer-Telefon. Der Hummer symbolisierte für Dalí Lust und Schmerz. Die Farbe des Hummers ist rot und sinnlich, wie die durchbluteten Schamlippen einer Frau. Die Scheren sind gefährlich und hart. Der Hummer ist schön und angsteinflößend. Er ist die Verbindung einer prähistorischen Zeit ins Jetzt, er sieht aus wie ein Monster aus der Urzeit, lebt aber heute noch.

Auf der Weltausstellung 1939 zeigte Dali eine der ersten Multimedia-Performances, die jemals gemacht wurden. Finanziert wurde das unter anderem von jenem Edward James, für den Dalí das Hummer-Telefon gebaut hatte. Und so spielte auch in dieser Performance der Hummer eine große Rolle. Durch ein Portal aus gespreizten Frauenbeinen ging es in den Performance-Raum, da waren Schaufensterpuppen mit Leopardenköpfen. Auf einem Bett waren Frauen und Hummer und Champagnerflaschen.

Über solche Sachen rede ich mit Jan. Und er erzählt davon, wie er einmal in Frankreich einen Ortolan gegessen hat, einen Singvogel, der dadurch gemästet wird, dass man ihm die Augen aussticht und er durch den Verlust des Tages-und-Nacht-Rhythmus ständig frisst. Der Ortolan wird dann auch nicht auf herkömmliche Weise getötet, sondern in Armagnac ertränkt. Armagnac ist so etwas wie Cognac. Und dann wird der Vogel einfach in einem Topf voll Fett gekocht. Gegessen wird der Ortolan im Ganzen – mit Knochen und Schnabel. Und weil die Franzosen auch wissen, dass das ekelig ist, werfen sie sich dabei eine Stoffserviette über den Kopf, damit man davon nichts sieht. Offiziell argumentieren sie dabei bestimmt mit Höflichkeit und Manieren. Aber ich finde, das zeigt eindeutig die Scham, die sie dabei empfinden. Und das finde ich dann wieder wenig konsequent.

Jan erzählt, dass Jacques Chirac, der ehemalige französische Staatschef, immer zwei Ortolane in seinem Präsidentenwagen dabeihatte. Es war sein Leibgericht.

Aber der Unterschied ist eben, solche Dinge zu wissen oder ständig so kochen zu wollen. Ich meine damit nicht die Perversion. Wobei ich das ja auch alles gar nicht pervers, sondern einfach nur sehr interessant finde. Ich meine damit, dieses Ding, Essen zu einem kultischen Gegenstand hochzustilisieren. Das ganze Gekoche und Eingekaufe hat fast religiöse Züge. Es ist eine einzige Überhöhung. Ich esse auch gerne sehr gut, aber nicht auf Kosten meines Lebens.

Der Versuch, bei jeglicher Art von Essen das perfekte Erlebnis zu schaffen, führt zur maximalen Anstrengung. Natürlich ist das Eis im Café Sicilia in Noto fantastisch. Aber ein Magnum Mandel am Pool ist trotzdem erholsamer als 20 Minuten durch die Gegend zu fahren und dann genauso lange einen Parkplatz zu suchen und noch mal 20 Minuten auf einen freien Platz zu warten. Und dann ist es ja auch so, dass wenn man bis 23 Uhr kocht und die Kinder vor Hunger völlig durchdrehen, das ja auch nicht direkt entspannend ist.

Als wir einmal im Supermarkt einkaufen waren, so einem großen italienischen Spar in einem Industriegebiet von Noto, da haben sie gesagt, dass der Supermarktscheiß ja viel zu teuer sei. Und dass das auch nicht schmecken würde. Sandra hat dann an einem Abend noch einen Vortrag über den Zusammenhang von Kapitalismus und schlechter Ernährung gehalten.

Elias hat gefragt, warum sie als Grafiker unter anderem für McDonald's arbeiten würden, wenn sie Kapitalismus und schlechte Ernährung so scheiße fänden. Und dann hat sie erzählt, dass McDonald's das letzte Mal nicht pünktlich gezahlt habe. Und Elias hat gefragt, ob es vielleicht daran gelegen habe, dass sie McDonald's auf ihrem Facebook-Profil als *stupid fucks* bezeichnet habe. Das fand ich mutig. Weil man Sandra in solchen Dingen nicht widersprechen kann, ohne in irgendeine absurde Diskussion über Klasse, Herkunft, Geschlecht oder Kapitalismus verwickelt zu werden. Obwohl sie ja selber zu den größten Gewinnern des Kapitalismus gehört. Sie überlegen jetzt, ein Haus auf Sizilien zu bauen, mit den Kindern dort hinzuziehen und von dort zu arbeiten. Und letztens, das hat sie auch erzählt, habe sie ihre Rolex verloren. Aber dann trinken wir wieder Grillo, und alles ist ganz leicht.

Als ich am siebten Tag aufwache, sind weder Riccarda noch Edward im Bett. Ich schaue auf mein Telefon. Es ist 10:13 Uhr. Und ich bin immer noch müde. Es fühlt sich an, als würde die Matratze mich wie eine nach meinen Umrissen geformte Kuhle umschließen und nicht mehr loslassen.

Ich denke, dass ich schon in der Lage wäre, aufzustehen, aber ich tue es nicht. Ich bleibe liegen. Wie ein Käfer. Ich beschließe, eine neue Serie anzufangen.

24 habe ich noch nicht gesehen. Ich weiß, dass das eine Serie mit dem Schauspieler Kiefer Sutherland in der Rolle des CIA-Agenten Jack Bauer ist. Mehr aber auch nicht. Sutherland ist so ein Schauspieler, der jetzt auch Countrymusic macht und sich natürlich extrem um die Demokratie in Amerika sorgt. Das Prinzip von Hollywood ist, dass einem alles scheißegal ist, bis man mehr als zehn Millionen pro Film bekommt. Ab diesem Punkt muss man dann aber die

Welt retten und über andere Urteile fällen, die das nicht tun. Ich weiß nicht mehr, wer das erzählt hat, aber ich finde, das ergibt Sinn. Am Ende ist es ja auch nur Brecht.

Erst kommt das Fressen und dann die Moral.

Die Serie *24* ist tatsächlich unglaublich. Es ist eine einzige Posttraumatische Belastungsstörung als Serie – ausgelöst durch den elften September. Ich schaue Jack Bauer dabei zu, wie er Araber foltert, und schlafe ein.

Als ich wieder aufwache, foltert er wieder einen Araber. Es ist schon nach Mittag. Von den anderen höre ich nichts. Ich stehe auf. Ich fühle mich kraftlos, als ob meine Muskelmasse sich halbiert hätte. Ich klappe die bodentiefen Holzrollläden vor den Fenstern unseres Zimmers nach außen. Ich trete ins Licht. Der Boden ist warm. Zwei Geckos rennen die Wand hoch. Der Pool ist verlassen. Die Küche ist leer.

Auf dem Holztisch auf der Terrasse liegt ein Zettel.

Sind mit zum Strand. Konnten dich nicht wach kriegen.
Wir lieben dich,
Riccarda und Edward

Aus dem Kühlschrank hole ich eine Cola aus einer kleinen Dose. Ich trinke sie. Ich mache etwas von der Pasta des Vortages warm und reibe Bottarga darüber, diesen getrockneten Fischrogen, der ein wenig wie Parmesan oder Semmelbrösel schmeckt. Vor allem aber sehr salzig.

Ich versuche zu rauchen. Aber die Zigarette schmeckt scheußlich. Es ist viel zu heiß, um zu rauchen. Es ist viel zu hell, um etwas zu tun. Ich mache sie nach einem Zug aus. Obwohl wir am Vorabend gar nichts getrunken haben, habe ich Kopfschmerzen. Es fühlt sich fast so an, als könnte ich ohnmächtig werden.

Auf der Toilette neben der Küche habe ich wieder Durchfall. Da kommt nur noch braunes Wasser. Das spritzt richtig. Es brennt fürchterlich. Besonders beim Abwischen mit dem Toilettenpapier. Ich sehe Blut im Papier. Dann nehme ich einige Blätter Feuchttücher.

Ich lese die Aufschrift. Und obwohl es wirklich wehtut beim Abwischen, muss ich laut lachen.

Reinigt besser als Toilettenpapier allein
Mein Verwöhnmoment

Ich ziehe die Moschino-Badehose mit den Bären darauf wieder hoch, wasche mir die Hände und gehe zurück in unser Zimmer.

Die Hose ziehe ich aus. Ich stelle mich mit dem Po vor die verspiegelte Schrankwand. Ich bücke mich. Ziehe die Pobacken auseinander und schaue, den Kopf durch die Beine gebeugt, in den Spiegel, um herauszufinden, ob es einen Grund für das Brennen gibt. Ich sehe nichts. Ich lege mich mit dem Rücken auf das Bett. Ich drücke die Beine gespreizt neben meinen Kopf wie in so einem Pornofilm und fotografiere mit dem Handy mein Poloch. Die ersten Fotos sind unbrauchbar. Dann mache ich den Blitz an. Auf den neuen Fotos erkenne ich kleine Verletzungen, die wie Schnittwunden aussehen. Mit dem Finger ertaste ich einen dickeren Knubbel an meinem After. Ich nehme etwas von Edwards Babysalbe und creme mich damit ein.

Ich denke wieder an Köln. Ich google:

Tripper
Aids
Syphilis
Hämorrhoiden

Dann schaue ich wieder 24. Verfolgungsjagd. Schießerei. Entführung. Blut. Tote. Eine Verschwörung mit einem Star-Fotografen als Mörder. Bei der zehnten Folterszene schlafe ich ein.

Hallo, höre ich Riccarda sagen. Ich öffne die Augen und sehe sie und Edward in unserem Zimmer. Der Laptop liegt noch neben mir.

Hast du den ganzen Tag geschlafen?

Und 24 geschaut.

Wir sind wieder da.

Wie war's?

Schön. Das Meer war türkis und salzig. Und Edward hat die ganze Zeit gegluckst. Und er war sogar im Wasser. Sascha und Elias und Karl und Alexandre sind noch auf dem Wasser. Jan und Sandra und die Kinder sind aber wieder da. Wir haben zwei Boote genommen.

Da war kein Vorwurf in ihrer Stimme. Und trotzdem fühle ich mich schuldig. Ich weiß gar nicht warum. Aber es fühlt sich so falsch an, dass ich einfach nur dagelegen habe. Im Dunkeln. Vor dem Computer. Ich und Jack Bauer.

Sie legt Edward zu mir aufs Bett. Ich küsse ihn. Er riecht nach Salz. Fast wie nach seiner Geburt. Ich streichle seinen Kopf. In der Mitte der Schädelplatte ist ein Loch. Das nennt man Fontanelle. Die Schädelplatten wachsen bei Babys noch zusammen. Und in der Fontanelle pocht es im Takt seines Herzschlages. Das ist wie ein kleines zusätzliches Herz. Das ist unheimlich und schön zugleich. So außerirdisch. So kreatürlich.

Riccarda geht duschen. Ich lege Edward auf meinen Bauch. Er hält sich an meinem Brusthaar fest.

Gegen 20 Uhr versuchen wir, Elias und die anderen zu erreichen. Ihre Telefone sind ausgeschaltet.

Sandra meint: *Die sitzen garantiert im Café Sicilia und trinken Gin Tonics. Typisch.*

Jan sagt: *Ich mach jetzt mal das Milchzicklein.*

Die Kinder essen Nudeln mit Butter, Riccarda und ich trinken Peroni. Sandra raucht und regt sich über irgendwelche Frauen auf Instagram auf, die das falsche Hashtag verwenden, um auf irgendeinen sozialen Missstand aufmerksam zu machen, den ich nicht verstehe.

Edward liegt im Kinderwagen und spielt mit seinem Mobile, das aus lauter kreiselnden Stofftieren besteht. Ich fahre ihn zum Einschlafen auf den Fliesen um das Haus herum. In meinem Kopf ist wieder dieser Druck. Ich höre ein lauter werdendes Piepen. Ich weiß, dass das nur in meinem Kopf ist. Ich singe ihm *We're Going to Be Friends* von den White Stripes vor.

Walk with me, Suzy Lee
Through the park and by the tree
Auf der der Terrasse gegenüberliegenden Seite des Hauses beginne ich zu weinen. Ich beuge mich über Edward. Eine Träne fällt auf seine Stirn. Ich küsse sie weg. Ich singe weiter.

We can rest upon the ground
And look at all the bugs we've found
Safely walk to school without a sound
We safely walk to school without a sound

Ich weiß gar nicht genau, warum ich weine. Ich glaube, es hat etwas damit zu tun, dass ich auf keinen Fall ein schlechter Vater sein möchte. Aber gerade komme ich mir so vor, als würde ich komplett versagen. Es ist ja gar nichts Schlimmes passiert. Ich habe einfach einen Tag im Bett verbracht. Niemand ist mir böse. Alle hatten einen tollen Tag. Und trotzdem fühle ich mich falsch. Ich zünde mir eine Zigarette an. Und singe. Und weine. Und laufe weiter im Kreis um das Haus.

Riccarda liest irgendein Buch von Juli Zeh.

Und ich weiß natürlich gar nichts von Juli Zeh. Ich habe nur einmal ihr Autorenfoto gesehen und gemeint, dass jemand, der so aussieht, bestimmt keinen einzigen schönen Satz schreiben kann. Das war am zweiten Abend hier. Riccarda fand das dumm. Und Sandra hat daraus wieder so eine Feminismus-Diskussion gemacht, dass es ja unmöglich sei, dass Frauen auf Fotos gut auszusehen hätten. Und ich habe gesagt, dass jeder auf Fotos gut aussehen sollte.

Wer auf einem Foto nicht so aussieht, als würde man mit dieser Person schlafen wollen, dessen Buch interessiert mich einfach nicht. Es sind ja vor allem Männer, die sich unfassbar gehen lassen.

Ich habe dann lange über den Bart und die Zähne von Clemens Setz und seine Rasputinhaftigkeit gesprochen und über Stuckrad-Barres Strafkolonie-Look und dass ich das einfach daneben finde. Weil es respektlos seinem Gegenüber ist, wie der Tod auszusehen. Und dann hat Sandra gesagt, ich sei oberflächlich und zynisch. Und ich habe gesagt, dass es in der Postmoderne nichts Tieferes als die Oberfläche von Menschen gibt. Und dann haben Riccarda und Sandra gelacht. Und wir haben wieder Grillo getrunken. Und festgestellt, dass wir uns eigentlich doch sehr gerne haben. Ich glaube, dass so jemand wie Sandra und ich einfach diese Reibung brauchen. Dagegen sein als Prinzip und ein bisschen als Daseinsberechtigung.

Kurz vor Mitternacht essen wir das von Jan gekochte Milchzicklein. Dazu gibt es einen Spinatsalat und Kichererbsen. Je mehr ich trinke, desto leichter wird mein Kopf. Die Kopfschmerzen und die Schuldgefühle verschwinden. Ich habe mich den ganzen Tag, obwohl nüchtern, betrunken gefühlt. So dumm. So gedämpft. Aber jetzt ist es genau andersherum. Ich trinke gleichzeitig Peroni, Spumante und Grillo und fühle mich gut.

Glaubt ihr, die anderen kommen noch?, frage ich.

Sie können ja dann abspülen, sagt Sandra, *ich finde das unmöglich, einfach ohne sich zu melden. Und Handy aus.*

Die Kinder von Sandra und Jan sind auf den Liege-stühlen draußen in Decken eingeschlafen. Sie tragen sie ins Bett. Riccarda und ich machen die Küche. Edward liegt in seinem Wagen und schläft. Wir haben ein Moskito-Netz darübergelegt, damit er nicht zerstochen wird. Wir machen noch den Abwasch. Edward kriegt eine neue Windel von mir. Und dann liegen wir zu dritt im Bett.

Ich konnte einfach nicht aufstehen heute.

Jeder braucht mal so einen Tag. Und es ist doch ganz normal, dass die Anspannung erst nach ein paar Tagen weg ist. Du hat-test viel dieses Jahr. Wir haben ein Kind bekommen. Und Köln.

Ich erschrecke mich, wie Riccarda das Wort *Köln* sagt. Ich weiß, dass sie die Ausstellung meint, aber ich denke immer an diesen Typen. Und an das Geräusch seiner Hüften, die gegen meinen Hintern gestoßen haben.

Du hattest einen Kaiserschnitt. Du hast Edward auf die Welt gebracht. Du hast vier Ausstellungen dieses Jahr gemacht.

Wollen wir noch was anschauen?

Sie legt Edward auf meinen Bauch. Ich strecke den rech-ten Arm aus. Sie legt das Kissen darauf und dann ihren Kopf. Mit der linken Hand halte ich das Telefon. Wir schauen *Stranger Things* und schlafen ein.

Als ich aufwache, ist der Druck im Kopf wieder da. Und noch stärker als am Vortag. Edward schreit. Riccarda dreht sich auf die Seite. Sie sagt: *Kannst du ihn nehmen?*

Ich versuche, ganz ruhig zu bleiben. Ich wickele ihn. Ich küsse ihn. Ich gebe ihm abgepumpte Milch mit der Flasche. Es ist halb sechs am Morgen und schon wieder heiß und hell. Ich bette ihn nur in einer Windel in den Wagen. Und schiebe ihn zum Pool hinauf. Die anderen scheinen immer noch nicht gekommen zu sein. Sonst wären die Handtü-cher zum Trocknen auf der Leine. Sonst stünde ihr Auto vor dem Haus.

Edward schläft. Ich springe in den Pool. Dann höre ich ihn schreien. Da ist eine richtige Aggression in seiner Stimme, die mich wütend macht. Richtig wütend. Ich trockne mich ab und nehme ihn aus dem Wagen auf meinen Arm. Ich singe wieder *We're Going to Be Friends* und schaukle ihn in meinem Arm hin und her. Aber er schreit lauter. Und ich werde wütender. Das geht bestimmt 20 Minuten so. Nichts hilft. Keine Milch. Kein Schaukeln. Kein Singen. Kein Über-die-Schulter-Legen, wie man es bei Luft im Bauch machen soll. Die Windel ist nach wie vor leer. Er schreit.

Ich will ihm einen Kuss geben. Aber er sticht mir mit einem Finger ins linke Auge. Es brennt, es tränt, ich wische mir mit einer Hand darüber. Ich sehe Blut auf meinem Finger.

Ich kann nichts sehen, du Spasti, schreie ich.

Und dann, ich sehe das in Zeitlupe von außen, werfe ich Edward in den Pool. Ich stehe wie ein Beobachter neben mir und sehe das einfach passieren. Ich sehe seinen kleinen Körper über dem Wasser schweben. Wie er seine Arme suchend nach oben ausstreckt – ins Nichts. Wie sein Vater in der Bären-Badehose danebensteht, die Hände vom Wurf noch ausgestreckt. Das kann alles höchstens eine Sekunde dauern, aber es fühlt sich wie Minuten an.

Sein Körper schlägt auf dem Wasser auf. Ich springe hinterher. Er ist nur den Bruchteil einer Sekunde unter Wasser. Im nächsten Moment sitze ich mit ihm auf dem Arm am Beckenrand. Er schreit nicht mehr. Er zittert. Und wimmert. Er schaut mich an. Er gräbt seine Hände wieder in mein Brusthaar.

Es tut mir so leid. Ich wollte das nicht. Ich wollte das nicht. Verzeih mir. Bitte verzeih mir.

Ich weine.

Du bist das Wichtigste, was es gibt. Ich liebe dich. Bitte verzeih mir. Es tut mir leid. Edward.

Ich trockne ihn ab und ziehe ihm eine neue Windel an, die ich aus dem Wagen hole. Wir legen uns in einen der Liegestühle. Und ich streichle ihn. Sein Zittern wird langsam ruhiger. Zum Plätschern des Wassers schlafen wir ein.

Meine Männer, höre ich Riccardas Stimme. *Ihr seht so toll aus*, sagt sie, *so zufrieden und so friedlich.*

Sie nimmt Edward von meinem Arm. Er greift sofort nach ihrer Brust und trinkt gierig.

Du hast ja Hunger, sagt Riccarda, dann, *er hält sich so fest wie noch nie.*

Ich geh mal ins Bad, sage ich und laufe den Weg zum Haus hinunter. Ein toter Gecko liegt mit aufgerissenem Bauch neben einem Kaktus. Fliegen wühlen darin herum. Die letzten Schritte renne ich. Ich schaffe es noch, den Wasserhahn der Dusche aufzudrehen, damit meine Geräusche gemindert werden. Dann übergebe ich mich.

Ich denke dabei an Edward. Wie ich das tun konnte, ihn ins Wasser zu schmeißen. Ich schaue in den Spiegel und erkenne mich kaum. Dann übergebe ich mich noch mal. Ich hole mir eine Cola aus der Küche auf der anderen Seite des Hauses. Ich treffe niemanden. Ich lege mich wieder ins Bett und hoffe, dass die Welt um mich herum verschwindet, während Jack Bauer wieder Araber foltert.

Ist was passiert?, fragt Riccarda, als sie mit Edward zurückkommt.

Nein, gar nichts. Mir geht es einfach nicht gut. Mir ist schlecht. Und ich habe Kopfschmerzen.

Wenig getrunken hast du ja nicht gestern.

Was soll das heißen?

Einfach nur, dass es daher kommen könnte. Willst du mit uns frühstücken?

Nein.

Wie du willst.

Ich döse so vor mich hin. Und dann höre ich ein Auto. Und dann laute, aufgeregte Stimmen, die durcheinanderreden und schließlich nur noch *nein, nein, nein*. Gar nicht so cineastisch-theatralisch, sondern eher ungläubig. Ich gehe zum Parkplatz vor dem Haus, wo Riccarda mit Edward, Sandra, Jan, deren Kinder und Sascha und Karl und Alexandre stehen. Elias ist nicht dabei.

Sie sehen alle fertig aus. Blass. Mit Augenringen. Mit trockener Haut. Durchgeschwitzt.

Sie seien noch länger draußen auf dem Boot gewesen, erzählen sie durcheinander. Sie hätten weiter Weißwein getrunken. Sie hätten vergessen, den Anker auszuwerfen, und seien immer weiter rausgetrieben. Aber das hätten sie nicht gemerkt. Sie hätten kein Licht angehabt. Nur ein paar Teelichter. Das sei gegen Mitternacht gewesen. Und sie hätten eigentlich zurückfahren wollen. Und dann sei dieses Kreuzfahrtschiff an ihnen vorbeigefahren. Nicht wirklich dicht, aber das Schiff habe eine Riesenwelle gemacht und ihr kleines Boot habe gewackelt, es sei fast umgestürzt. Und Elias sei gerade Pinkeln gewesen. Ins Wasser habe er gepinkelt. Und sie hätten noch Witze vorher gemacht, dass er aufpassen solle wegen des Weins und weil es so dunkel war. Und nach dieser Welle sei er einfach weg gewesen.

Sie hätten seinen Namen gerufen und mit der einzigen Taschenlampe an Bord auf das schwarze Meer geleuchtet. Das hätten sie eine Stunde lang gemacht, und dann seien sie zurückgefahren. Hätten an Land die Polizei gerufen. Die Küstenwache sei rausgefahren. Sie hätten alle einen Alkoholtest machen müssen, die Nacht über seien sie in schlechtem Englisch vernommen worden.

Elias ist weg. Das ist der Stand. Das ist das Einzige, was sicher ist. Der Rest ist Konjunktiv.

Die nächsten zwei Tage bis zum Rückflug sind unwirklich. Die Sonne scheint ohne Unterbrechung. Keine Wolke ist am blauen Himmel. Alle sitzen stumm am Küchentisch. Anton und Anna fragen nach Onkel Elias.

Die Antwort auf die immer gleiche Frage ist: *Wir wissen es nicht.*

Sandra sagt, dass es ihr leidtue, dass sie in der Nacht noch den Abspülwitz gemacht hat, als die anderen nicht heimgekommen sind. Und ich sage, dass das nicht schlimm sei.

Einmal kommen Polizisten ins Haus und befragen Sascha, Karl und Alexandre im Beisein eines Dolmetschers. Elias ist jetzt ein Vermisstenfall. Die Polizei erklärt, sie tue alles Mögliche. Die Küstenwache sei Tag und Nacht im Einsatz. Aber das Meer, übersetzt Riccarda einen der Beamten, gibt Menschen ungern wieder frei.

Bis zur Abreise bleibe ich in unserem Zimmer. Ich schaue weiter 24. Riccarda, die als Einzige passabel Italienisch spricht, telefoniert mit den Behörden. Sie versucht wenigstens ein bisschen Ordnung und Ruhe in das Chaos zu bringen. Sie und Sandra spielen mit den Kindern. Sie liest ihnen vor. Karl und Sascha und Jan trinken stumm und starren in die Landschaft.

Ich merke, wie Riccarda das alles zu viel wird. Aber ich kann nicht aufstehen. Ich will nicht aufstehen. Ich glaube, das hat nichts mit Elias zu tun. Das kommt bestimmt auch dazu. Aber ähnlich wie beim Tod meines Vaters spüre ich nichts. Ich glaube das jedenfalls.

Ich denke an Köln. Ich denke daran, wie ich Edward in den Pool geworfen habe. Ich denke, es wäre besser gewesen, wenn ich einfach verschwunden wäre beim Pinkeln. Umarmt vom Meer. Ich will in diesem Zimmer liegen, denke ich. Hinter verschlossenen Rollläden. Unter dem Moskitonetz.

In den letzten Tagen des Urlaubs leben wir wie Geister, die sich nicht berühren können.

Nur einmal treffe ich Sandra abends beim Rauchen.

Dich sieht man auch nicht oft, sagt sie.

Das kommt dir nur so vor.

Nimmt dich das so mit mit Elias?

Sterben versteh ich. Verschwinden ist unerklärlich.

Wir sind auf den Mond geflogen, aber wir kennen nur fünf Prozent der Meere, sagt Sandra.

Und wir glauben, wir wären was Besonderes. Manchmal denk ich, dass die Menschheit eine einzige Enttäuschung ist. Ein Riesen-Betrug.

Ich find's ganz schön gerade.

Ich schau sie an.

Sie sagt: *Also das mit Elias natürlich nicht. Aber eigentlich ist doch alles gut. Kein Krieg. Keine Krankheit. Alles okay.*

Ja. Aber wir nehmen uns viel zu wichtig. Wir Menschen sind nichts. Unser Universum und die Erde gibt es schätzungsweise 13 bis 16 Milliarden Jahre. Und weißt du, wie lange es den Menschen überhaupt erst gibt? 300 000 Jahre. Wir tauchen in der gesamten bisherigen Zeitrechnung erst in der sechsten Nachkommastelle auf. Vielleicht ist es gut, wenn wir verschwinden.

Das ist mir jetzt zu dark. Also ehrlich, das ist doch zynisch.

Es ist wahr.

Als wir dann morgens mit dem Auto zum Flughafen nach Catania aufbrechen, und die Einfahrt des Hauses hinter uns lassen, nehme ich einen tiefen Atemzug. Im Rückspiegel sehe ich Sascha. Er will dableiben, hat er gesagt.

Bis Elias wieder da ist.

Auf dem Weg zum Flughafen ruft meine Tante an. Ich nehme nicht ab. Nach der Landung in Nürnberg lese ich eine Nachricht von ihr.

Seid ihr nicht auf Sizilien?! Bitte ruf mich zurück, es ist dringend.

Wir fahren mit dem Taxi nach Hause. Riccarda bringt Edward ins Bett. Ich rufe meine Tante an.

Christian ist auch auf Sizilien. Irgendwo bei Catania.

Wir nicht mehr. Wir sind heute zurückgekommen.

Von Elias erzähle ich ihr nichts.

Sie sagt: *Ich habe gestern mit ihm gesprochen. Er klang so komisch. So neben sich. So, als ob es ihn nur noch zur Hälfte geben würde. Ich habe ihn kaum verstanden. Ich dachte, ihr könntet mal nach ihm schauen.*

Wie meinst du das?

Wie ich es sage. Das war nicht mein Sohn. Das war ein Schatten von ihm. Das macht mir Angst. Ich habe ihn oft betrunken gehört. Mami hat mir auch von seinem Anruf bei ihr erzählt. Das kannte ich schon. Das Größenwahnsinnige. Aber nicht dieses Kaummehrdasein. Na gut, dann ruf ich ihn noch mal an, wenn ihr schon weg seid.

Riccarda kommt aus unserem Schlafzimmer. *Er schläft jetzt,* sagt sie.

Mit wem hast du telefoniert?

Mit meiner Tante. Sie meinte, Christian sei auch auf Sizilien. Und sie hat gestern mit ihm telefoniert. Und er hat wohl ganz komisch geklungen. Sie wollte, dass wir mal nach ihm schauen. Sie hatte gehört, dass wir da auch sind.

Warum ist dein Cousin auf Sizilien?

Ich weiß es nicht.

Was denkst du jetzt?

Gar nichts. Was soll ich dazu sagen? Ich denke an Elias. Und vor allem an Sascha.

Ein paar Tage später schickt mir meine Mutter eine Kurznachricht.

Christian ist in Hamburg im Krankenhaus gestorben.

Und ich denke, was soll ich denn jetzt damit? Kein Hallo. Kein Tschüss. Einfach nur dieser kurze Satz. Aber das ist so typisch für meine Familie. Als meine Oma die Treppe runterfiel, bekam ich von meiner Mutter die Nachricht: *Die Oma hat sich ein Bein gebrochen.* Da stand auch nicht mehr.

Ich rufe meine Mutter an.

Das muss ganz furchtbar gewesen sein, sagt sie. *Wie sie ihn da gefunden hat.*

Einen Tag nachdem wir telefoniert hatten, ist meine Tante nach Catania geflogen. Und dort hat Christian in einem Auto gewohnt. Da lagen nur Flaschen drin. Wein, Schnaps und Bier. Und er konnte kaum mehr laufen und kaum mehr sprechen. Und sie sind dann in ein Krankenhaus gefahren. Und die Ärztin ist nach den Untersuchungen zu ihr gegangen. Sie hat gesagt, setzen Sie sich. Und Lilo hat sich hingesetzt. Und die Ärztin hat gesagt, dass sie nur noch palliativ etwas machen könnten. Sie hätten noch nie solche Blut- und Leber-Werte gesehen.

Und dann?, frage ich.

Der ADAC hat ihn nach Hamburg geflogen. Im Flugzeug hat er noch gesagt: Ist es denn so schlimm, Mutti? Dann ist er eingeschlafen. Und nicht mehr aufgewacht. Zwei Tage später ist er im Krankenhaus gestorben. Multiples Organversagen.

Familientradition, sage ich.

Wieso sagst du das?

Weil es so ist. Mein Vater war Alkoholiker. Sein Vater war Alkoholiker. Christian war Alkoholiker. Das ist unsere Tradition, unser Erbe. Nur dass wir nie darüber gesprochen haben. Und nicht stolz darauf sind.

Früher hat man über so was nicht gesprochen.

Mama, früher, ist keine Entschuldigung.

Die Lilo ist jedenfalls traurig, das kannst du dir ja vorstellen. Die Beerdigung ist in ein paar Tagen.

Ich glaube, ich werde nicht kommen.

13.

An einem Dienstag gehe ich in die Urologie der Uniklinik. Das Bluten aus meinem Hintern hört nicht auf. Riccarda erzähle ich davon nichts.

Ich ziehe mir den Gucci-Anzug mit den Bienen und dem Karo-Muster an, damit ich ernst genommen werde. Ich meine, ich will nicht aussehen wie irgendein Crack-Abhängiger. Ich meine das nicht böse. Aber ich finde, wenn man sich etwas zurechtmacht für einen Arzt-Besuch, ist das ja nur höflich. Zum Anzug wähle ich eine dunkelgrüne, geflochtene Krawatte aus Baumwolle. Edward nehme ich im Kinderwagen mit.

Der Eingang der Uniklinik ist hinter dem Schlossgarten. Ein Krankenwagen fährt mit Blaulicht vor. Gegenüber dem Eingang sitzt eine Frau in einem Blumenkübel aus Beton. Sie sieht aus, als bräuchte sie Hilfe. Ihre Jeanshose ist unter ihren Knien. Sie trägt eine Windel, die hinten offen ist. Ich sehe Stuhl. Ihre Beine sind geschwollen und blutig gekratzt. Da sind Krampfadern. Und Geschwüre.

Hallo, sage ich, *geht es Ihnen gut?*

Die haben mich rausgeschmissen.

Die Frau ist in maximal kaputtem Zustand. Nicht nur ein bisschen. Sondern komplett. Jedes Mal, wenn ich so etwas sehe, spreche ich die Menschen an. Das ist kein Voyeurismus. Also ich gehe jetzt nicht in die Krebs-Therapie-Gruppe, um mich am Leid von Menschen zu ergötzen. Ich meine, das ist doch nichts, was man aushalten kann. Ich meine, da muss man doch zumindest fragen. Ich finde einfach, dass niemand es verdient hat, in der eigenen Kacke in einem Blumenkübel zu sitzen.

Wer hat Sie rausgeschmissen?

Die Ärzte. Mein Bauch tut so weh.

Ich sage ihr, dass ich mich kümmere. Ich gehe zum Eingang.

Da steht ein Security.

Universitäten und deren Krankenhäuser sind eigentlich öffentliche Orte, weil sie vom Staat finanziert werden. Das hat mir mein Vater mal erklärt. Er hat ja auch hier gearbeitet. Und er meinte, dass, außer wenn man Straftaten begeht, man Menschen nicht aus Gebäuden von Universitäten rausschmeißen kann.

Aber der Security steht da so wie ein Bouncer vor einer Diskothek.

Grüß Gott, sage ich. Ganz bewusst so fränkisch, damit er denkt, ich sei von hier. Und weil ich mir vorstelle, dass das eine Art von Nähe schafft. Und ich glaube auch, dass so ein Kind im Kinderwagen gut ist und natürlich ein Anzug. Da sagen die Leute nicht gleich: *Hau ab!*

Da ist eine Frau in sehr schlechtem Zustand, die sagt, sie habe Schmerzen, und sie sieht auch wirklich ungesund…

Ich weiß, unterbricht er mich. *Ich hab sie rausgebracht.*

Aber die braucht doch Hilfe.

In diesem Moment übergibt sie sich. Ich seh das erst gar nicht. Aber ich höre es. Und dann dreh ich mich weg von dem Security und schau in ihre Richtung. Sie kotzt auf ihre Oberschenkel und auf ihre heruntergelassene Jeans.

Das ist gelb. Und weiß. Und braun.

Finden Sie nicht, dass sie Hilfe braucht?

Doch, schon. Aber wegen der Schmerzen können wir sie nicht behandeln. Die war schon beim Arzt. Und der hat gesagt, er hat alles gemacht.

Aber sie hat ja nicht nur Schmerzen. Die Frau braucht auch andere Hilfe.

Aber dafür sind wir nicht da.

Für was sind Sie denn da?

Für Notfälle.

Aber das ist doch ein Notfall.

Ich seh das auch so. Aber das ist mehr Bezirkskrankenhaus Bayreuth als unsere Notaufnahme.

Sie kotzt weiter.

Können Sie da nicht jemanden anrufen?

Dafür sind wir nicht verantwortlich.

Ich rufe den Notarzt. Und sage, dass da eine orientierungslose Person liegt, direkt vor dem Krankenhaus in Erlangen. *Sie erbricht sich*, sag ich noch mal deutlich. *Sie ist orientierungslos.*

Ich denke kurz an meine Schwester, die bestimmt sagen würde, dass sie *aspiriert.*

Mehr als den Rettungswagen zu rufen, das weiß ich, kann ich nicht tun. Ich kann sie nicht zu Hause aufnehmen. Eigentlich kann ich gar nichts machen, denke ich.

Ich gehe hinein. Folge den Schildern zur Urologie und melde mich an. Edward schläft im Wagen.

Ich stelle mich in so einem Stasi-Zimmer vor. Das sieht wirklich so aus. Altes Holz an den Wänden. Eine Frau, die einen erst gar nicht anschaut, wenn man reingeht. Wobei das noch keine Ärztin oder Krankenschwester ist. Sondern nur eine Frau, die meine Versichertenkarte in ein Gerät steckt.

Da ist auch ein laminiertes Stück Papier an der Wand. Wenn man keine Krankenkassenkarte dabeihat, müsste man eine Kreditkarte vorlegen, von der dann wiederum 50 Euro abgebucht würden. Als Pfand sozusagen.

Und ich denke, das ist nicht mehr das Land, in dem ich leben will. Wenn ein Krankenhaus Kreditkarten sehen will, läuft was falsch.

War das nicht der deutsche Traum? Dass jeder behandelt wird? Egal ob man arm ist oder reich oder betrunken oder behindert?

Ich sitze da auf dem Gang. An den Wänden sind Plexiglas-Regale, in denen Flyer über künstliche Darmausgänge und Hodenkrebs liegen. Die Männer, die darauf abgebildet sind, sehen sehr fröhlich aus. Sie stehen lächelnd im Sonnenlicht auf Wiesen, in Wäldern oder auf ihren frisch renovierten Terrassen vor ihren großen Häusern, manchmal mit Frauen, die deutlich jünger sind.

Ich weiß natürlich, dass das Hoffnung geben soll. Aber ich finde es zynisch.

Hodenkrebs oder künstliche Darmausgänge scheinen auf diesen Broschüren nicht schlimm zu sein. Es wirkt sogar so, als würden Krebs und Darmausgang endgültig glücklich machen. Im Wartezimmer sitzen Männer, die älter sind als ich. Der eine hat so einen Beutel am Bauch unter der Jacke. Den sehe ich ganz kurz. Aber ich sehe nicht, ob und was da drin ist. Aber die Vorstellung allein reicht mir.

Nach vielleicht einer Stunde komme ich dran. Da sind ein Arzt und eine Schwester. Der Arzt ist, glaube ich, ein Inder. Sein Deutsch ist mittelgut. Im Raum ist eine Liege, auf die ich mich setze. Der Arzt schaut mich an.

Ich habe Blut im Stuhl. Meine Unterhose ist häufig blutig.
Er nickt.

Legen Sie sich bitte hin, sagt die Schwester.
Ich lege mich rücklings auf die Liege.

Auf die Seite, sagt sie, *Hose runter, bitte, Gesicht zur Wand.*
Ich ziehe die Hose hinunter.

Bis unter die Knie, bitte.

Sie zieht sich einen Handschuh an. Er zieht sich einen Handschuh an.

Sie steckt ihren Finger in meinen Po. Er steckt seinen Finger in meinen Po. Nacheinander. Nicht gleichzeitig.

Ich weiß nicht, warum beide das machen müssen, aber sie tun es. Und ich denke noch mal an die Geburt von Edward und wie ständig jemand seinen Finger in Riccarda gesteckt hat.

Edward schmatzt im Schlaf. Und ich liege auf der Seite und schaue auf die Wand, die beige ist und ganz kleine Noppen hat.

Locker lassen, sagt sie, während er in meinem Po ist.

Der Arzt zieht meine Pobacken etwas auseinander. Dann steckt er den Finger noch einmal hinein, macht Kreisbewegungen, winkelt den Finger etwas an.

Sie haben ein paar kleine Risse um Ihren After. Und Hämorrhoiden. Das ist für einen Mann in Ihrem Alter nicht ungewöhnlich.

In meinem Alter?

Ich hatte schon Patienten, die fünfzehn waren.

Und Sie sind sicher, dass es das ist?

Ja.

Nichts anderes?

Was soll es denn sein?

Aids?

Dafür müssen wir einen Bluttest machen. Hatten Sie Risikokontakt?

Ich bin mir nicht sicher.

Ich erzähle von Köln. Das erste Mal, dass ich es jemandem erzähle. Nicht alle Details. Aber so, dass er versteht, warum ich frage.

Dann machen wir besser einen Test, sagt er. *Die Schwester wird Ihnen Blut abnehmen. Ich verschreib Ihnen Zäpfchen und eine Salbe. Die nehmen Sie zwei Wochen. Wenn es dann nicht besser ist, kommen Sie noch einmal.*

Der Arzt geht. Die Schwester bleibt. Sie bindet meinen rechten Arm ab.

Machen Sie eine Faust.

Ich mache eine Faust.

Lassen Sie los.

Ich lasse los.

Sie nimmt zwei Ampullen Blut.

Und jetzt fest drücken, sagt sie und legt mir einen Tupfer in die Armbeuge. Ich drücke darauf.

Sie klebt Zettel auf die Ampullen.

Ohne mich anzuschauen, sagt sie: *Das tut mir leid, ich dachte, das passiert nur uns.*

Uns?

Frauen.

Ich sage nichts.

Sie sollten zur Polizei gehen.

Und dann?

Sie weiß keine Antwort. Weil wahrscheinlich niemand eine Antwort weiß. Weil es in dem Sinne keine wirkliche Frage gibt. Vor dem Spiegel rücke ich mir die Krawatte zurecht. Ich schiebe Edward in seinem Wagen durch die Tür aus dem Zimmer.

Wir rufen Sie dann an wegen dem Ergebnis, ruft sie hinterher.

Ich gehe vorbei an den Männern im Wartezimmer, die traurig aussehen, an den Männern auf den Broschüren, die glücklich aussehen. Ich rieche den Geruch von Krankenhaus.

Alles hat seinen eigenen Geruch. Krankenhäuser. Büros. Wohnungen. Häuser. Die Wohnungen von armen Menschen riechen anders als die von reichen. Seltsamerweise riecht es bei Armen immer nach gutem Essen und bei Reichen nach gewichsten Oberflächen aus Marmor. Auch wenn da gar kein Marmor ist. Es riecht immer so frisch. So als ob da niemand leben würde. So als wäre das ein Museum.

Beim Verlassen der Klinik nicke ich dem Security zu, der immer noch am Eingang steht. Am Blumenkübel sitzt wie vorhin die Frau. Sie hat jetzt ein Wasser neben sich stehen. Sie hat den Kopf auf ihre Hände gestützt und schaut nach unten.

Am Nachmittag gehe ich mit Edward zum Pikler-Kurs. Anfang des zwanzigsten Jahrhunderts war Pikler eine Kinderärztin. Sie kam aus Österreich oder Ungarn. Und ihre Idee war es, Säuglinge, Kleinkinder und Kinder eben nicht zu bremsen, sondern einfach nur machen zu lassen und darauf zu achten, was deren Bedürfnisse sind.

Riccarda hatte diesen Kurs gefunden. Und ich fand das auch gut. Vielleicht war das unbewusst, aber wenn ich zurückdenke, dann war es ja immer so, dass meine Bedürfnisse in meinem Elternhaus keine Rolle gespielt haben. Ich musste funktionieren. Als Kind viel mehr, als ich es heute als Erwachsener muss.

Wir treffen uns je nach Wetter entweder in der Pikler-Praxis, einer Altbau-Wohnung, oder im Schlossgarten. Weil es heute warm ist, hat Agnieszka in der Pikler-Whatsapp-Gruppe geschrieben, dass wir uns im Schlossgarten treffen.

Da sind nur Mütter mit ihren Kindern und ich. Agnieszka hat Decken ausgelegt. Darauf liegen Rasseln, mit Backerbsen gefüllte Flaschen, ein Holzauto mit drehbaren Rädern, Würfel, Bälle und ein Kletterbogen. Das ist nichts anderes als eine Leiter, die wie eine Brücke geschwungen ist, also Streben, die zwischen einem Bogen montiert sind, sodass man darüberklettern kann.

Und dann legen wir die Kinder auf die Decken mit den Sachen darauf, und wir sollen einfach nur zuschauen und beobachten. Und uns merken, was die Kinder machen, wie sie auf die Dinge und die anderen Kinder reagieren. Das aber nicht bewerten. Einfach nur schauen.

Edward dreht an den Rädern des Holzautos. Er lutscht daran. Dann dreht er wieder. Auf die anderen Kinder, es sind acht, geht er nicht ein. Die ersten zehn Minuten ist er nur mit dem Holzauto beschäftigt. Andere Kinder interagieren da längst miteinander. Betasten gegenseitig Hände. Fahren sich durch die Haare.

Es sind vielleicht 25 Grad. Ein leichter Wind ist da. Auf der großen Wiese in der Mitte des Schlossgartens sitzen wieder Studenten und reden und rauchen und trinken Bier und Limonade. Die Arbeiter des Gartenbauamts wässern Beete und verdichten die Bepflanzung am Brunnen. Einer fährt mit einem Aufsitz-Rasenmäher herum.

Ich habe mit den anderen Müttern bisher wenig gesprochen. Nicht, weil ich es nicht wollte. Ich wollte nicht aufdringlich wirken. Ich weiß, dass ich auffällig bin. Laut gekleidet, könnte man vielleicht sagen. Den Anzug vom Morgen habe ich ausgezogen. Jetzt trage ich eine kurze Hose mit silbernen Pailletten darauf und dazu ein kurzärmeliges Seidenhemd mit einem Pick-up-Truck.

Edward krabbelt zu diesem Kind, das ich Snow Maggie nenne. Wie aus den *Simpsons*. Wo Maggie, das Baby, so einen dicken Schneeanzug anhat, der wie ein Stern geformt ist, und wo Hände und Füße auch von Stoff umschlossen sind, wie bei Leuten in der Psychiatrie, damit sie sich nicht selbst verletzen können.

Wie gesagt, es ist warm, aber dieses Kind in diesem Ganzkörper-Zwangsstrampler trägt darüber noch eine Jacke. Und eine dicke Mütze. Ich weiß natürlich, dass Babys viel Wärme über den Kopf verlieren, aber das wirkt komisch auf mich. Wie jemand, der aufgrund einer psychischen Disposition glaubt, in einer anderen Klimazone zu leben. Das Kind ist so dick eingepackt, dass es sich gar nicht bewegen kann. Es liegt wie eine angetrunkene Schildkröte auf dem Rücken.

Ich verstehe, dass Eltern ihre Kinder beschützen möchten. Aber ich verstehe nicht, warum manche ihre Kinder von sämtlichen Eindrücken fernhalten wollen. Manche lassen ihre Kinder wie in so einem Floating Isolation Tank vor sich hin leben. Eingepackt. Abgeschottet. Kein Wind in ihren Haaren. Keine Sonne auf ihrer Haut. Keine Berührungspunkte mit der Umwelt. Da gibt es dieses großartige Video von Hunter Biden, wie er Crack in so einem Floating Isolation Tank raucht. Und das ist ja etwas völlig anderes. Hunter Biden möchte sich wieder wie im Mutterleib fühlen, weil alles andere schlimm für ihn ist. Das ist total verständlich, wenn der eigene Vater mal Vizepräsident war. Oder mal Präsident werden will. Starke Väter sind immer das Schlimmste, was einem passieren kann. Väter, die alles richtig machen, die sich nie entschuldigen. Da weiß man von vornherein, da wird alles schiefgehen. Aber diese Babys, die kommen ja aus dem Mutterleib, die wollen ja erst mal schauen, wie die Welt überhaupt ist. Die wissen noch gar nichts. Aber die wollen alles wissen. Und wenn man die einpackt, dann macht man die kaputt.

Ich muss an Elias denken. Sein Körper wurde immer noch nicht gefunden. Sein Vater war nicht hart. Der war weich. Und trotzdem erfolgreich.

Edward krabbelt zu Snow Maggie. Er haut ihr mit der mit Backerbsen gefüllten Flasche auf den Kopf. Und es passiert nichts. Snow Maggie trägt über der Mütze noch eine Kapuze. Ich glaube, das Kind spürt gar nichts. Ich glaube, dieses Kind wird niemals etwas spüren, solange es das Kind dieser Mutter ist. Den Vater kenne ich nicht. Vielleicht ist er ja total herrisch und schlägt die Mutter, und deswegen wickelt die ihr Kind so ein. Aber ich glaube, das ist einfach das moderne Leben.

Dieses totale Beschützen. Die Illusion totaler Sicherheit. Sicherheit ist ein Gefängnis. Wer frei ist, kann sterben, aber vor allem leben.

Ich schaue einfach nur zu. Die Mutter von Snow Maggie hält das alles nicht aus. Sie sitzt auf ihren Knien. Und sobald ihr Kind einen Laut von sich gibt, geht ein Ruck durch ihren Körper. Wie von einem Magneten angezogen bewegt sich ihr Körper in Richtung des Kindes. Agnieszka bedeutet ihr, nichts zu machen. Ich merke das alles. Nichts zu machen, fällt mir leicht. Nicht weil ich faul bin. Sondern weil ich denke, dass alles gut wird. Was soll denn hier schon passieren?

So, und jetzt würde mich ich interessieren, wie ihr eure Kinder erlebt habt? Will jemand etwas sagen? Was habt ihr beobachtet?

Fritz klettert viel.

Greta braucht Ruhe.

Fritz mag runde Bälle. Er fasst sie gerne an.

Edward liebt alles, was sich dreht.

Jeden Montag fahre ich mit Edward um 9:36 Uhr mit dem 208er-Bus zum Hallenbad. Am Anfang bin ich noch unsicher. Manchmal habe ich noch Blut in der Unterhose. Und ich frage mich, ob man das dann im Wasser sieht. Aber ich nehme die Zäpfchen und die Salbe. Und ich denke, das wird schon. Der Aidstest war übrigens negativ.

Wie beim Pikler-Kurs bin ich der einzige Vater beim Babyschwimmen. Sonst sind da nur Mütter. Das sind größtenteils Hausfrauen in Bikinis, mit Stern-Tätowierungen, mit Piercings, mit Permanent-Make-up und ohne. Die haben Zeit für ihre Kinder. Die eröffnen keine Ausstellungen. Die fliegen nicht für ein Foto nach London. Vielleicht, irgendwann in zehn Jahren, fangen sie wieder an zu arbeiten, sagen einige. Aber die meisten erzählen davon, wie sehr sie die Zeit mit ihren Kindern genießen. Ihre Männer sind bei Siemens, haben Zahnarzt-Praxen oder sind selbstständig.

Weil es nur Mütter sind und ich der einzige Vater, haben Edward und ich die Männer-Umkleide ganz für uns. Er ist jetzt zehn Monate alt. Er krabbelt und sitzt, er zieht sich an Tischen und Stühlen hoch und steht dann unsicher da und plumpst wieder auf seinen Windel-Popo. Beim Schwimmen gluckst er vor sich hin. Das Wasser gefällt ihm. Er liebt es, Gummitierchen am Beckenrand der Größe nach aufzureihen und am Ende mit mir und den anderen Kindern das Kleine-Uhren-Lied zu singen. Dabei halten wir unsere Kinder mit ausgestreckten Armen im Wasser und je nach Uhrenart, die besungen wird, schütteln wir die Kinder schneller oder langsamer im Wasser hin und her.

Große Uhren machen: tick tack tick tack

Kleine Uhren machen: tikke takke tikke takke

Und die kleinen Taschenuhren: drrr drrrr drrr drrrr

Und die große Turmuhr, die schlägt: bim bam bim bam bam bim

Er lacht dabei jedes Mal. Und beim siebten Mal Schwimmkurs tauchen wir zusammen, und die Schwimmkursleiterin macht ein Foto von uns unter Wasser. Auf diesem Foto haben wir beide die Augen offen, wie gesagt, unter Wasser. Im Hintergrund sind grüne Fliesen. Ich halte Edward mit beiden Händen, und er sieht aus, als würde er davonfliegen wie ein Luftballon oder Major Tom in diesem David-Bowie-Song, und ich halte ihn fest. Aber nicht aus Angst, sondern weil wir beide das wollen.

Riccarda und ich hatten vorher beschlossen, dass ich eine Auszeit nehmen würde. Vier Monate würde ich zu Hause bleiben, nicht arbeiten, Zeit mit Edward verbringen, damit Riccarda wieder im Museum loslegen kann. Ich hatte mir das gut vorgestellt. Die Realität aber ist, dass ich zwischen permanenter Unruhe und Erschöpfung lebe. Die Unruhe ist da, weil ich es nicht aushalten kann, nichts zu tun.

Am Anfang kann ich mir das nicht eingestehen, aber es macht mich fertig, dass mich niemand mehr sieht. Dass niemand meine Arbeit wahrnimmt. Dass in keinem Magazin auch nur ein Foto von mir ist. Dass ich zwar E-Mails bekomme, meine Studio-Managerin aber alles absagt.

Ich fand die Vorstellung schön, eine Zeit lang nur Vater und Ehemann zu sein. Und die Zeit mit Edward ist schön. Ich liebe ihn. Ich liebe Riccarda. Ich liebe unsere Familie. Aber ich liebe eben auch meinen Beruf. Ich liebe mein Werk. Mein Werk ist meine Daseinsberechtigung. Ich bin nicht auf der Welt, um Vater oder Ehemann zu sein. Ich bin auf der Welt, um Bilder zu machen.

Damit Riccarda länger schlafen kann, stehe ich mit Edward jeden Morgen zwischen 4 und 5 Uhr auf. Da wird er meistens wach. Er patscht dann mit seinen Händen auf meinen oder Riccardas Oberkörper. So weckt er uns.

Ich lese ihm vor. Gerade das *Was ist was?*-Buch zum Thema Wikinger. Er liegt dabei auf dem Boden und kugelt herum und schaut mich an. Wir spielen mit der Klingel-Uschi. Die heißt nicht wirklich so. Das haben Riccarda und ich so gesagt mal. Das ist eine russische Plastikpuppe, mit einem Gewicht und einer Klingel darin, die sich, wenn man sie umwirft, von alleine wieder aufrichtet und klingelt. Dann mache ich Frühstück für alle.

Mit einem Kind zu Hause zu sein, ist ein Vollzeitjob. Elternsein bedeutet Selbstaufgabe. Selbstverleugnung. Ich meine das nicht negativ. Einfach nur faktisch.

Mein Ich, Riccardas Ich sind für Edward in den Hintergrund getreten. Natürlich ist unser Kind auch Selbstverwirklichung, Narzissmus, Erfüllung, aber eben auch ein Stück weit die Löschung des Ichs. Wenn man, wie ich, sein Ich über sein Werk definiert.

Einmal sprechen wir über eine Kinder-Betreuung.
Er kann ja erst mit fünfzehn Monaten in die Krippe, sage ich.
Ja. Aber willst du ihn irgendeinem Fremden geben?
Nein.

Was hältst du von einer Nanny oder einem Au-pair? Wir könnten dein Arbeitszimmer ausräumen.

Und dann kommt da irgendjemand Anfang zwanzig, wohnt bei uns, soll sich um Edward kümmern und ist selber noch ein Kind.

Du bist auch nur Ende zwanzig.

Ja, aber wir beide haben Berufe. Willst du das denn? Ein Au-pair?

Nein.

Früher wäre das einfach gewesen. Du hättest als Museumsdirektorin in einer Stadt-Villa gelebt, ganz von alleine. Da hätte die Stadt einem einfach so eine Stadt-Villa gestellt. Wir wären beide mit unserem Einkommen nicht nur überdurchschnittlich gut dabei gewesen, sondern wirklich reich. Früher hatten Professoren Hausangestellte. Das wäre ja bei uns jetzt das Mindeste gewesen.

Früher ist aber nicht heute.

Ja. Und ich frage mich das eh immer, wenn ich so wirklich reiche Menschen sehe. Ich könnte das ja gar nicht. Mit Personal leben. Stell dir vor, du bist Brad Pitt, und wenn du nachts ein Sandwich willst und in die Küche gehst, dann triffst du garantiert irgendjemanden, der für dich arbeitet in deinem Riesen-Anwesen.

Weißt du noch, als wir The Crown *gesehen haben? Die werden nach einem Abendessen von ihrem Personal ausgezogen.*

Furchtbar. Dann doch lieber kein Personal. Aber die Frage bleibt ja, wie machen wir das.

Na ja, es ist ja nicht mehr lange, bis Edward in die Krippe kommt.

Das stimmt. Wir schaffen das, oder?

Ja.

Um acht verlässt Riccarda die Wohnung. Und ich bin schon wieder müde. Wenn es gut läuft, schlafen wir von 9:30 bis

12 Uhr. Wenn Edward nicht müde ist, wird es anstrengend. Dann gehen wir schon morgens auf den Spielplatz oder in den Aroma-Garten, wo ich ihn an Kräutern riechen lasse. Manchmal gehen wir zu zweit in ein Café. Er sitzt da wirklich lange und schaut sich alles an. Er flirtet mit den Menschen um uns herum. Er strahlt sie an. Er beobachtet.

Nach dem Vormittagsschlaf koche ich. Natürlich noch eher weich. Etwas länger gekochte Nudeln mit Gemüse, selbst gemachte Breis, Kartoffelpüree und Suppen. Einmal rühre ich ihm Stopfleber in den Kartoffelbrei. Das schmeckt ihm sehr gut.

Seitdem er so viel selber isst und weniger Milch trinkt, riecht seine Windel anders. Am Anfang roch das nach Brioche. Also in der Zeit, in der er nur Milch getrunken hat. Aber jetzt stinkt es. Und die Farbe ist ganz anders. Am Anfang waren es eher helle Ocker-Töne, jetzt wird es deutlich dunkler und vor allem fester.

Nach dem Mittagessen spielen wir. Wir hören viel Musik dabei. Wobei mir wichtig ist, dass es da keine Hierarchie der Musik- oder Kunstrichtungen gibt. Lana Del Rey ist genauso viel wert wie Schostakowitsch. Wir hören die Beastie Boys, die Ramones und Edward Albee oder Julee Cruise. Oft schlafen wir zum *Twin Peaks*-Soundtrack ein. Der beruhigt uns beide. Und gegen drei gehen wir auf den Spielplatz.

Das erste Mal dort war ganz seltsam. So als ob man der neue Schüler an einer Schule irgendwo im Ausland ist. So wie gerade hergezogen. Man spricht die Sprache noch nicht. Man kennt die Codes nicht. Man kennt die verschiedenen Gruppen nicht. Man weiß nicht, wer cool, böse oder einfach egal ist.

Ich folge Edward einfach bei allem, was er tut. Er macht das schon. Er krabbelt über den gesamten Spielplatz. Zieht sich die Treppen zur Rutsche hoch. Rutscht auf dem Bauch rückwärts hinunter. Und dann wieder von vorne.

Er kennt keine Scheu. Und kaum Angst. Und ich denke, dass es schön wäre, wenn das so bleibt. Angst macht Menschen böse.

Obwohl ich mir einbilde, dass auch ich offen geblieben bin, ist das natürlich nicht so. Wenn man als Erwachsener Menschen kennenlernt oder anspricht, dann, weil man sie interessant findet, weil man in der gleichen Bar ist, auf der gleichen Ausstellung und schon irgendwas gemeinsam hat. Einkommen, Intellekt, Geschmack, politische Ansichten oder so. Dadurch lernt man meistens nur mittelinteressante Menschen kennen, weil man diese Art Mensch ja schon kennt. Das Gegenüber ist man selbst in Variationen.

Auf dem Spielplatz ist das anders. Da sind Menschen, mit denen man nur die Eigenschaft teilt, Kinder zu haben. Der Spielplatz ist eine Herausforderung für jeden. Für Arme, Reiche, Menschen, die kein Deutsch sprechen, für Homo-Eltern. Alle sind anders hier. Der Spielplatz ist ein seltener Ort der Gegenwart, der größer ist als die kleine Welt, in der man sonst lebt.

Da ist eine Mutter an der Rutsche. Unsere Kinder spielen miteinander. Edward gibt ihm seine Schaufel. Ihr Sohn gibt ihm seinen Bagger. Und irgendwie fangen wir ein Gespräch an. Langsam. Wir wissen beide nicht, was wir sagen sollen. Weil wir ganz anders aussehen. Weil wir andere Kleidung tragen. Weil wir merken, dass wir verschieden sind. Und dann sagt sie:

Sein Vater ist kaum da.
Wieso?
Lkw.
Fahrer?
Ja.

Fünf oder sechs Tage ist er unterwegs. Einsacht kommen raus.
Manchmal frag ich mich, warum wir das überhaupt machen.

Wieso?

Weil es keinen Sinn macht. Ich hab das durchgerechnet. Er
hat's nicht so mit Zahlen. Wenn wir uns beide arbeitslos melden,
hätten wir's besser.

Warum macht ihr es dann nicht?

Stolz. Nein. Er macht das gerne. Aber ich will auch wieder ar-
beiten. Was machst du?

Fotos.

Wir haben Hochzeitsfotos machen lassen. Auf unserem Motor-
rad. Schwarz-Weiß. Hast du so einen Fotoladen?

Nein. Ich mach mehr so Mode-Fotos.

Ich liebe Orsay.

Oder die anthroposophische Pfarrerin einer Freikirche, die
früher Architektin in London war. Sie hat Locken. Sie heißt
Luise. Ihre Tochter heißt Ayan. Luise ist alleinerziehend.

Ich kann mir vorstellen, nach London zu gehen, um für
so ein Architektur-Büro wie Foster & Partner zu arbeiten.
Das haben ja viele gewollt und einige gemacht. Und ich
kann mir auch vorstellen, dann im Türkei-Urlaub einen
Straßenmusiker kennenzulernen. Und ich verstehe auch,
warum man dann mit dem schläft. Und wie man dann aus
Versehen ein Kind bekommt.

Das ist Luises Geschichte. Ich versteh den Impuls. Das
Ausbrechenwollen. Das aber irgendwie immer damit endet,
dass man viel mehr eingesperrt ist als vorher.

Ich hatte mal was mit dieser Frau. Sie hieß auf Myspace
ChampagnerTanya. Das war 2009. Und ich glaube, sie hat
Modedesign studiert. Und sie war Borderlinerin.

Ritznarben auf den Armen. Kurzhaarfrisur. Blondiert.

Wir hatten uns im Magnet Club auf der Greifswalder
Straße in Berlin kennengelernt. Kurz nach der Trennung

von Anna. In dem Club ist heute ein Biomarkt. Was natürlich auch alles sagt über die Stadt und die Menschen dort.

Jedenfalls, Tanya und ich haben im Magnet auf dem Klo Sex gehabt. Ich trug eine Lederjacke. Sie trug eine Lederjacke. Und dann haben wir eben nicht Nummern ausgetauscht. Sondern unsere Myspace-Namen. Was heute absurd klingt. Weil niemand mehr auf Myspace ist. Tatsächlich weiß ich gar nicht, ob es das noch gibt.

Und dann haben wir uns immer wieder getroffen. Bei ihr meistens.

Ihr Freund hat bei *Domino's Pizza* gearbeitet. Als Pizza-Artist. Ich glaube, das hieß wirklich so. Und er war immer arbeiten. Und wir waren in der gemeinsamen Wohnung im Wedding und haben sein Speed geschnupft und gefickt.

Als ich dann ausgezogen bin aus der gemeinsamen Wohnung mit Anna, sind wir auch in mein neues WG-Zimmer gegangen. Sie hat das Speed mitgebracht. Wir haben gefickt und dabei Pornos geschaut. Wobei das ihre Idee war mit den Pornos.

Wir haben wirklich gefickt. So wie in den Pornos, die im Hintergrund liefen. Und noch mehr Speed gezogen. Und meine Mitbewohnerin Dana hat gegen die Tür gehämmert, weil wir zu laut waren. Wir waren kaputt. Und wollten es nicht wahrhaben. Wir haben uns eingeredet, dass man das genau so machen muss, dass ästhetische und inhaltliche Tiefe im Unten- und Kaputtsein entsteht.

Beziehungsweise, ich glaube eher, wir hielten es für Avantgarde, dass wir uns gegenseitig Dinge in den Hintern steckten. Und so Indie-Pornodarstellern dabei zusahen. Wir fühlten uns wie in einem Buch von Bukowski oder Despentes.

Was ich damit sagen will, ich verstehe dieses Gefühl, ausbrechen zu wollen. Aber ich weiß natürlich auch, dass das ein Versuch ist, irgendeinen Schmerz zu vergessen. So eine

Art von Sexualität hat man nicht, wenn alles gut ist. So was macht man nur, wenn alles kaputt ist.

Und als Architektin in einem wirklich guten Londoner Büro, da macht man ja nicht mit einem Straßenmusiker im Türkei-Urlaub ein Kind, weil man das will.

Das macht man, weil man jemanden sucht, der einen durchschüttelt und sagt: *Alles wird gut.* Oder: *Reiß dich zusammen.* Oder weil man einfach nur etwas fühlen will.

Luise ist also mit ihrer Tochter Ayan da. Und wir verstehen uns gut. Und sie ist in dieser anthroposophischen Freikirche Pfarrerin, nachdem sie vor drei Jahren ihren Job in London gekündigt hat. Und ich hatte gerade was gelesen über den Zusammenhang von Manufactum und Neonazis. Ich glaube das war so, dass der Gründer von Manufactum, diesem Garten-Geräte-Laden für Reiche, dass der jetzt Neonazi ist und im Manufactum-Verlag oder so Bücher von Björn Höcke verlegt. Was ja auch alles Sinn ergibt. Sortenreine Äpfel und Blut und Boden sind eigentlich das Gleiche.

Und dann mach ich darüber einen Witz, und sie lacht nicht, und ich denke, was für ein Idiot ich bin. Aber wir unterhalten uns trotzdem weiter und verabreden uns lose für den nächsten Tag.

Manchmal ist auch die Ärztin da. Sie ist blond und groß und dünn. Sie trägt Jacken von Mammut oder Jack Wolfskin und Barfußschuhe oder Wander-Sandalen, die, die Füße komplett umschließen und an der Seite Luftlöcher haben.

Sie erinnert mich an Ellen Kositza, diese Rechtsrock-Bäuerin, die mit ihrem Ehemann und Ziegen auf einem Rittergut lebt und manchmal Literaturkritiken für Nazi-Blogs schreibt. Sie ist furchtbar dünn. Und hat eine sehr hohe Stirn. Ihr Kinn ist so kantig, dass man damit Bierflaschen öffnen könnte.

Ich weiß, dass man Menschen nicht wegen ihres Körpers bewerten sollte. Aber diese Art von Dünnheit macht mir Angst. Weil in dieser Askese, das ist ja bei linken Hungerkünstlern nicht anders, eine faschistische Überlegenheit liegt. Weil sie so hungern und darben, glauben diese Leute, dass sie alles ganz klar sehen – als einziger Mensch. Aber in Wahrheit fantasieren die den ganzen Tag, wegen der Mangelernährung. Wie August Engelhardt am Anfang des zwanzigsten Jahrhunderts. Oder dieser junge Deutsche, der geglaubt hat, sich von Licht ernähren zu können, und der dann auf irgendeiner Südseeinsel gestorben ist. Das war vor fünf Jahren oder so.

Einmal krabbelt Edward zu einem Tretroller, der vor einem Baum neben den Tischtennisplatten auf dem Boden liegt. Und weil er sich ja wie gesagt für Räder interessiert, interessiert er sich für den Tretroller. Er versucht, an den Rädern zu drehen. Das gelingt auch. Er versucht ihn hochzuheben, was noch nicht so wirklich klappt. Ich sehe das alles von der Bank aus, auf der ich sitze. Ich sehe Erik, einen anderen Jungen, die Rutsche runtersausen. Und Greta. Und Finn. Und Benjamin. Und Luzie. Und dann kommt die Ärztin in ihrer Funktionskleidung angerannt.

Sehen Sie das denn nicht?, fragt sie panisch.

Was denn?

Ihr Sohn am Roller. Ich kann da für nichts garantieren.

Ich denke erst, dass sie das stört, dass ein für sie fremdes Kind den Roller ihrer Tochter anfasst. Was natürlich auch albern wäre. Weil es das ungeschriebene Gesetz gibt, dass jeder alles auf dem Spielplatz benutzen darf. Am Ende sammelt man die Sachen, die einem gehören, wieder ein, und alles ist gut. Aber darum geht es gar nicht.

Wenn was passiert, übernehme ich keine Verantwortung, sagt sie.

Was soll denn passieren?

Er kann sich den auf den Kopf hauen.

Aber warum sollten Sie die Verantwortung übernehmen?

Das ist unser Roller.

Ja, ja. Aber das ist ja mein Sohn. Und wenn er sich verletzt, bin ich dafür verantwortlich.

Ich wollt's ja nur sagen.

Sie geht. Schnaubend. Wenn ich jetzt sage, im Stechschritt, dann stimmt das natürlich nicht. Aber ich stell mir das vor. Und ich frag mich, woher das kommt, dass die Leute so viel Angst haben. Und in allem eine Gefahr sehen.

Nach so einem Nachmittag gehen wir nach Hause. Manchmal gehen wir noch am Marktstand von Bernhard vorbei. Manchmal schieb ich Edward in seinem Kinderwagen. Manchmal fahr ich mit unserem E-Bike und dem Anhänger hintendran. Und ich denke dabei immer, wie lächerlich Erwachsensein ist.

Das ist alles so zwanghaft. Kaum hat man Kinder und ein bisschen Geld, wird man ein Klischee auf einem E-Bike mit Anhänger. Man fährt in den Bio- oder auf den Wochenmarkt. Ich habe sogar einen ETF-Sparplan angefangen.

Andererseits, ist man nicht immer ein Klischee? War ich nicht immer eins? Jung und unglücklich in einer Stadt wie Berlin sein, Drogen nehmen und Sex haben, um das Unglück zu vergessen, ist ja auch nicht weniger als ein Klischee. Wir alle sind Klischees. Und nur wenn wir das einsehen, haben wir die Möglichkeit, überraschend zu sein.

Und dann geht alles wieder von vorne los. Nach zwei Monaten fühle ich mich wie ein Haufen Biomasse. Wie ein Klumpen. Ich glaube, ich habe zugenommen. Wir haben keine Waage. Aber die Hosen in Größe 48 werden eng.

Alltag, das merke ich erst jetzt, durch die Regelmäßigkeit, durch die Verantwortung, ist für mich gefährlich. Immer das Gleiche zu tun, macht mich fertig. Mein Beruf hat ja auch einen gewissen Alltag. Ich fahre oder fliege irgendwohin. Ich fotografiere jemanden oder etwas. Dann geht es wieder nach Hause. Aber ich treffe dabei immer unterschiedliche Menschen an unterschiedlichen Orten. Gar nicht mal während des Arbeitens.

Aber wenn ich in Paris bin, dann lauf ich so lange, bis ich im Araber-Viertel bin, und lass mir da bei irgendeinem Trash-Friseur die Haare schneiden und rede mit den Leuten da. Ich habe auch mit Obdachlosen eine ganze Nacht getrunken, weil ich den letzten Zug verpasst habe.

Das war in München. Und als ich den letzten Zug um 21:44 Uhr verpasst hatte, da habe ich mir einfach am Kiosk ein Bier geholt und vor dem Hauptbahnhof geraucht. Und so ein junger Typ hat mich angesprochen und nach einer Zigarette gefragt. Und dann haben wir uns unterhalten. Er war Syrer und als Flüchtling nach Deutschland gekommen. Sein Deutsch war sehr gut. Er konnte relativ viele Deutsch-Rap-Song rezitieren. Das fand ich fantastisch. Und ich holte uns einen Sixpack Desperados, dieses Kinder-Getränk von früher. Irgendwie hatte ich Lust darauf. Und wir tranken und sprachen über Rap, bis ich den nächsten Zug um 4:37 Uhr nahm. Und das war schön, weil unerwartet.

Aber jetzt sehe ich jeden Tag die gleichen Menschen an den gleichen Orten und tue das Gleiche. Und ich unterhalte mich über Schnuller, Fahrradanhänger, Stoffwindeln und Pikler-Kurse.

Sosehr ich über das Wunder der Geburt gestaunt habe, so banal finde ich den Alltag jetzt. Ein Problem für mich ist auch, dass ich mit Edward noch nicht wirklich sprechen kann. Er lacht natürlich bei bestimmten Dingen, ich lache, dann schüttelt er manchmal den Kopf, wenn er was nicht will. Aber wir können eben nicht richtig miteinander reden. Weil Edward noch keine Worte sprechen kann. Und das fällt mir einfach sehr schwer. Weil ich ein Mensch bin, der Kommunikation über Worte braucht.

Der Druck in meinem Kopf wird größer, und er bleibt. Manchmal schreie ich Edward an. Dann entschuldige ich mich wieder. Dann spielen wir. Dann schreie ich wieder. Er schreit. Einmal, als so was in der Küche passiert, greife ich nach einem Küchentuch, das am Griff der Backofentür hängt. Ich lege es um meinen Hals und ziehe so fest ich kann.

Alles wird dunkel. Ich habe keine Kraft und keine Kontrolle über meinen Körper. Ich falle auf den Boden.

Bin noch wach. Zu schwach für alles.

Edward sitzt in seinem Hochstuhl und schaut auf mich herunter. Die Klingel geht. Ein Paketbote. Er klopft gegen die Wohnungstür.

Ich kann nicht aufstehen. Will nicht aufstehen.

Er legt das Paket vor die Tür. Später hole ich das Paket hinein. Es ist Kinderkleidung.

Und dann ist dieser Abend. Mein Freund, der Pianist Malakoff Kowalski, spielt ein Konzert in Nürnberg. Riccarda bleibt mit Edward zu Hause. Ich fahre mit dem Regionalexpress nach Nürnberg. Damit ich etwas trinken kann. Malakoff spielt im Neuen Museum.

Es ist das erste Mal seit drei Monaten, dass ich alleine ausgehe.

Es ist ein museales Konzert. Eine Mischung aus Installation und Performance. Wie Anne Imhof, ohne peinlich zu sein.

Malakoff, das muss man wissen, heißt eigentlich gar nicht Malakoff. Ich glaube, er heißt Aram. Aber so nennt ihn nur der Schriftsteller Maxim Biller. Der jetzt bald 60 wird und tatsächlich so gut aussieht wie nie zuvor. So jung. So witzig. So gut. Aber das ist eine andere Geschichte.

Früher hat Malakoff Hip-Hop gemacht. Es gibt Youtube-Videos davon. Aber er hat sich irgendwann neu erfunden. Als Malakoff Kowalski. Er hat sich eine Prinz-Heinrich-Mütze aufgesetzt und blütenweiße Hemden angezogen. Mit Manschetten-Knöpfen. Er hat sich ein Silber-Armband gekauft. Er hat angefangen, Klavier zu spielen.

Ich finde, das ist Aufzug-Musik. Aber das meine ich nicht despektierlich. Ich meine das aufrichtig bewundernd und voller Liebe für seine Kunst. Das ist keine Aufzug-Musik, wie man sie aus schlechten Resorts auf Hawaii kennt. Das ist Musik, die in dem Aufzug läuft, der in allen neun Kreisen der Hölle hält.

Seine Musik scheint auf den ersten Blick ganz leicht. So Programmmusik für Tee-Nachmittage im Adlon. Aber da ist eine Tiefe drin, eine Verzweiflung. Ich höre darin dunkle Wälder, leere Betten, trockene Münder und Menschen, die an ihrem eigenen Fieber verbrennen.

Kowalski ist dieser Perser, der vom Himmel fiel wie ein abtrünniger Engel, der einen berührt und verführt. Wenn Kowalski über Drogen spricht, dann sagt er

Rauschgift.

Nachrichten unterschreibt er mit

K.

Er ist eine Romangestalt in einem Buch, das sich keiner zu schreiben traut. Und er weiß das auch. Er will das auch. Deswegen hat er sich aus dem Himmel auf die Welt gestürzt.

Ich zeichne ihn während seines Konzerts. Ich habe mir so ein neues Handy gekauft, mit einem Stift dazu, mit dem man auf dem Display zeichnen kann. Ich zeichne seine Mütze, die wenige Zentimeter über das Klavier ragt. Ansonsten höre ich nichts von ihm. Er spielt sein 30 Minuten dauerndes Stück »Piano Aphorisms«.

Eigentlich schlafe ich bei Konzerten immer ein. Ich bin in der Schule schon immer eingeschlafen. Egal, ob erste oder letzte Reihe. Wenn ich geschlafen habe, war ich sicher. Ich habe das ja schon mal erklärt.

Nach dem Konzert unterschreibt Malakoff Vinyls. Rentner, Studenten, Klassik-Radio-Hörer und seine übliche Entourage aus heißen Art-Girls umringen ihn. Malakoff bedeutet seinem Manager, mir ein Glas zu bringen. Ich denke, es ist Wasser. Ich habe kein Bargeld dabei. Ich konnte mir nichts zu trinken kaufen hier. Ich habe großen Durst und freue mich wie lange nicht über ein Glas Wasser.

Ich trinke einen großen Schluck und merke: Es ist Wodka.

Wir laufen durch Nürnberg. Da läuft eine Gruppe junger Frauen vor uns. Und zum ersten Mal schaue ich auf Hintern von Frauen. Ich merke richtig, wie mich das erregt. Und ich habe eine richtige Angst davor. Fast einen Ekel. Weil ich diese stumpfe Geilheit noch nie gefühlt habe. Ist das das Älterwerden? Und ist das normal? Ich schaue schnell wieder zu Kowalski.

Ich hatte Kowalski groß angekündigt, in den *Grill Royal* Nürnbergs zu gehen. Er wollte lieber in ein Gasthaus. Es ist 23:19 Uhr. Das Gasthaus hat schon geschlossen. Wir gehen in die *Brasserie NITZ*, so wie ich mir das ursprünglich ausgedacht hatte.

Ich hatte Kowalski Austern versprochen. Tatar. Muscheln. Hummer.

Wir bekommen einen Tisch. Ich bestelle eine Flasche Champagner.

Eine Flasche Krug, bitte.

Eine sehr gute Wahl, sagt der Kellner.

Ich finde nicht, dass Krug-Champagner besonders gut schmeckt. Schon gut. Schon etwas mehr Säure, etwas herber, manchmal hat Krug etwas Sherryhaftes. Aber ich sehe das vor allen Dingen als Gesprächsangebot. Weil es ja so spezifisch und absurd teuer ist. Jeder normale Mensch findet es anrüchig, eine Flasche Champagner für 100 Euro zu bestellen, die im Laden 35 Euro kostet. 280 Euro aber verstehen die wenigsten. Aber ich muss gestehen, dass das die Grenze meines Humors ist. 500 Euro für eine Flasche habe ich noch nie ausgegeben.

Es gibt weder Austern noch Tatar. Die Küche hat schon geschlossen. Ich denke, dass das schlimm ist. Aber Kowalski ist zufrieden. Er trinkt Champagner, sie haben ihm etwas Brot hingestellt.

Aber ohne Butter, hat er mit dieser tiefen Vampir-Stimme gesagt. Er ist, das merke ich jetzt, das, was Udo Lindenberg, wie im Prinzip jeder deutsche Popstar, immer sein wollte, aber nie konnte: eine Karikatur, ohne lächerlich zu wirken. Er ist absolut überzeichnet, aber nicht Drag. Er ist, obwohl er so dünn und so schwarz angezogen ist, auf eine gänzlich undeutsche Art Barock.

Ich fühl mich dick in letzter Zeit, sage ich.

Das Geheimnis ist vegane Schokolade ohne Fett, sagt er. *Und Wodka anstatt Bier.*

Warum trinkst du Wodka aus Wassergläsern?

Ich kann betrunken nicht spielen. Das geht nicht. Meine Finger funktionieren nicht. Ich muss klar sein. Hundert Prozent. Tausend Prozent. Turboklar.

Ich hab früher vor Auftritten immer getrunken. Und Drogen genommen.

Kein Alkohol. Kein Rauschgift.

Und wo bleibt da der Spaß?

Das ist kein Spaß. Das sind Konzerte. Aber weil alle vor und während der Konzerte trinken, haben die einen Vorsprung. Und damit der Abend nach dem Konzert noch was wird, muss ich aufholen. Wodka aus dem Wasserglas ist die Abkürzung. Der Turbo. Die Bombe. Der Rollercoaster durch die Zirbeldrüse.

Die *Brasserie NITZ* ist in einem großen Neubau-Komplex an einem Fluss mitten in Nürnberg. Ein Beton-Haus, mit breiten und hohen Fenstern. Wie man das jetzt überall baut. Das Stuttgarter Milaneo, ein Einkaufszentrum, sieht genauso aus. Da ist noch ein Hotel mit einem Pool drin. Und die Architekten und Marketing-Leute überlegen sich seit einiger Zeit immer den gleichen Quatsch zu ihren Projekten. Einerseits schreiben sie auf ihren Prospekten und Homepages von *Exklusivität,* und andererseits nennen sie sich *a neighborhood hotel.* Und dann schreiben sie noch irgendwas von Einheimischen. Als ob die Leute, die da früher unter dem Spielzeugmuseum gewohnt hätten, da jetzt hingehen. Die sind ja weg deswegen.

Das Publikum in der *Brasserie NITZ* ist provinzreich mit einem leichten Münchner Einschlag. Die Frauen tragen sehr hohe Schuhe und vor allen Dingen enge Jeans, meist mit einem Gucci-Gürtel. Sie haben blonde lange Haare und eine gebrandete Tasche von Louis Vuitton. Die Männer tragen weiße Sneaker. Für Mode interessiert sich hier keiner. Alle sind 50. Hier gibt es weder alte noch junge Leute. Das ist ganz komisch. In wirklichen Städten sind solche Restaurants und Hotels viel durchmischter. Da sind die Künstler, die rich Kids, die trophy wives, die Huren, die Affären, die Stricher, die Kokser und die Spießer. Aber hier sind, so stelle ich mir das jedenfalls vor, nur Bauunternehmer und ihre Frauen.

Umso mehr fallen mir die zwei Herren in Anzügen auf. Die zu zweit an einem Tisch neben ihrem Champagnerkühler sitzen und einfach nur gute Laune haben. Die die anderen beobachten und nicht darauf hoffen, gesehen zu werden.

Die einzige junge Frau im ganzen Laden läuft telefonierend in einem silbernen Pailletten-Kleid an uns vorbei.

Ich hab dir nichts ins Getränk getan, sagt sie etwas zu laut.

Warum sollte ich das machen? Ich muss jetzt wieder zu meinem Date. Ich ruf dich später an.

Kowalski stopft sich eine Pfeife. Es ist Mitternacht. Ein Kuchen, auf dem Wunderkerzen abbrennen, wird an den Nebentisch gebracht. Eine Frau, gut geschminkt, schlecht operiert, hat Geburtstag. Eine ihrer Freundinnen singt *Die Königin der Nacht*. Zuerst applaudiert ihre Tischgesellschaft, dann das ganze Restaurant. Kowalski und ich prosten ihr zu.

Würdest du mit ihr schlafen?, frage ich ihn.

Ich bin Hypochonder und Keimphobiker.

Du bist wie Trump.

Wie?

Er hasst es, Hände zu schütteln, und isst deswegen Fast Food, weil es mehrfach eingepackt kommt.

Hände schütteln hasse ich auch.

Würdest du mit ihr schlafen?

Wie gesagt, ich bin Keimphobiker. Aber was Sex und Rauschgift angeht, bin ich irrational. Da habe ich keine Angst.

Ich bestelle noch eine zweite Flasche. Dazu zwei Old Fashioned. Das Restaurant leert sich. Die Geburtstagsfeier verlässt den Saal. Die Frau steckt Kowalski eine Karte zu. Dann hakt sie sich bei ihrem Mann ein.

Entschuldigung, sagt Kowalski zum Kellner, *wir hätten gerne einen Nachtisch.*

Die Küche hat leider schon geschlossen. Das ist jetzt auch die letzte Runde.

Unsere Flasche ist noch halb voll. Der Kellner nimmt die leeren Old-Fashioned-Gläser mit. Kowalski steht auf. Er geht zum Tisch, an dem gerade noch die Geburtstagsgesellschaft saß. Die Hälfte des Kuchens steht noch da. Er zieht die Wunderkerzen raus. Er nimmt sich zwei Teller. Er schneidet zwei Stücke herunter. Er kommt mit den Tellern und den Kuchenstücken zu unserem Tisch zurück. Wir essen die zwei Stücke mit den Händen. Der Kellner schaut uns amüsiert zu. Er findet das gar nicht unangemessen. Eher erheiternd, so, als ob Till Eulenspiegel auf einem Seil balanciert.

Wir bestellen die Rechnung. Ich zahle natürlich. Ich zahle eigentlich immer. Auch Leute, die viel mehr haben als ich, lade ich gerne ein. Es ist die Wiedergutmachung für den Geiz meiner Eltern. Ich gebe hundert Euro Trinkgeld.

Der Kuchen war ein Gedicht, sagt Kowalski. Und ich weiß genau, wie er das meint und warum er das gesagt hat.

Ich bringe Kowalski zu seinem Hotel. Mache noch ein Foto von ihm auf einem Stromkasten. Wir umarmen uns. Mit dem Taxi fahre ich von Nürnberg nach Erlangen. Es wird wieder hell.

14.

Im Flur liegen Riccardas Schuhe direkt vor der Tür auf den Boden geworfen. Ihr Mantel ist daneben. Am Morgen ist sie nach London auf die Frieze, eine Kunstmesse, gefahren. Sie will dort einen Künstler treffen, um über die gemeinsame Ausstellung zu sprechen, die sie für das nächste Frühjahr planen. Edward hat sie mitgenommen. Sie hat gemerkt, dass es mir schlechter geht. Mir war alles zu viel geworden. Mehr als sonst. Es ist 13 Uhr, als ich aufstehe. Und ich ärgere mich über den Mantel und die Schuhe. Ich weiß, dass das falsch ist. Ich weiß, dass sie alles versucht und tut. Sie, die Museumsleiterin, die Mutter, die Ehefrau.

Sie telefoniert inzwischen sogar mit meiner Mutter. Also meine Mutter ruft sie manchmal an. Sie erzählt ihr dann vom Querflötespielen, davon, dass die Rosen blühen oder dass in der Nachbarschaft wieder eingebrochen worden ist. Riccarda müsste das natürlich nicht tun. Aber sie tut es. Sie ist ein guter Mensch.

Ich, der Fotograf, der Mann, der Vater, ich bin inzwischen nutzlos geworden. Ein Mensch ohne Werk, ohne Aufgabe. Ich lag nur rum die letzten paar Tage. Ab vier Uhr nachmittags habe ich das erste Bier aufgemacht und erst gegen Mitternacht aufgehört zu trinken. Ich habe den gleichen Schluckauf bekommen wie mein Vater, wenn er betrunken durch das Haus gestolpert ist, bevor er mich angeschrien hat. Ich habe die gleiche trockene Haut im Gesicht bekommen wie er.

Manchmal habe ich mich übergeben. Ich bin dann ins Bad gegangen. Extra langsam, damit es nicht so aussieht, als müsste ich irgendetwas. Dann habe ich bedacht leise die Tür geschlossen, den Wasserhahn aufgedreht und vom Rauschen des Wassers überdeckt versucht, möglichst lautlos zu kotzen. Wenn ich dann in den Spiegel geschaut habe, dann hab ich die gleichen geplatzten Adern gesehen wie bei ihm damals. Ich hab mir dann Wasser ins Gesicht geschüttet, die Kotze aus der Nase geschnäuzt, Zähne geputzt und noch ein Bier aufgemacht.

Die Schuhe und der Mantel machen mich wütend. Als ich beim zweiten Mal daran vorbeigehe, darüber stolpere, fang ich an zu schreien. Ich schmeiß die Schuhe gegen die Wand. Ich treffe ein Bild. Das Glas zerspringt. Der Rahmen fällt auf eine Lampe, die fällt um, auch sie zerspringt.

Ich lasse das alles liegen und bestelle eine Pizza und eine große Flasche Cola. Die Pizza kommt. Ich lege mich aufs Sofa. Esse. Trinke die Cola. Und schaue Akte X. Ich bin zu jung, um die Sendung damals im Fernsehen gesehen zu haben. Und auch wenn ich weiß, dass ich eigentlich ein Problem habe gerade, denke ich, dass ich etwas Sinnvolles tue, während ich diese Serie Folge für Folge schaue, während die Zeit vergeht, ohne dass etwas passiert. Ich sehe das als Bildung. Wie eine Woche Wagner-Festspiele, nur in den Neunzigern und mit David Duchovny und Gillian Anderson.

Das Gute an meinem Zustand ist, dass ich jetzt wieder eine Aufgabe habe. Ich komme mir fast bedeutsam vor, wie ich mir Pizza essend, auf dem Sofa liegend Gedanken über die Serie mache. Fast wie ein Feuilletonist, denke ich.

Akte X lief 1993 zum ersten Mal im Fernsehen. Auf Fox. Das war das Jahr, in dem Clinton Präsident wurde. Vor ihm waren George H. W. Bush senior und Ronald Reagan, beide Republikaner, Präsidenten. Der Golfkrieg war vorbei. Amerika wollte wieder von einem Demokraten regiert werden. Und genauso sehe ich *Akte X* jetzt. Als Abrechnung mit den Konservativen.

Die Verschwörung, gegen die die Agenten Mulder und Scully ankämpfen, ist eine Verschwörung alter weißer Männer mit übermächtigen Außerirdischen, um die Welt zu unterdrücken. Mulder und Scully sind FBI-Agenten, aber nach heutigem Verständnis nicht konservativ. Sie sind junge Demokraten. Scully könnte man sogar als erste zeitreisende Millennial deuten. Sie ist genderfluide und noch weiblich. Sie ist eine Frau der Wissenschaft, lange bevor irgendwelche Studienabbrecher*innen *follow the science* rufen. Sie ist als einzige Frau allen Männern der Serie überlegen, was Intellekt und Stil angeht.

Besonders interessant finde ich, dass diejenigen, die bei *Akte X* als Verschwörungstheoretiker auftreten, durchweg linksliberale Demokraten sind. Es sind keine Rednecks, sondern gebildete Nerds und Hacker. Heute ist das ja andersrum.

Ich erkläre mir das so, dass Verschwörungstheoretiker immer nur relativ zum Zeitgeist existieren können. Genauso wie Progressive und Reaktionäre, die auch nur in Abgrenzung zum Jetzt-Zustand ein Programm entwickeln können. Und weil 1993 der Status quo ein konservatives Amerika war, Clinton war zum Zeitpunkt des Drehs ja noch nicht gewählt, waren Verschwörungstheoretiker damals eben links. Und deswegen sind sie heute rechts. Weil wir viel linker leben und denken als jemals zuvor. Gerade habe ich gelesen, dass 55 Prozent der Deutschen sagen, dass der Kapitalismus mehr schadet als hilft. Und in Amerika lehnen 51 Prozent der unter Neunundzwanzigjährigen den Kapitalismus ab.

Wie gesagt, ich komme mir fast bedeutsam vor. Wie ich das alles denke. Aber dann rülpse ich. Und schlafe nur mit Boxershorts bekleidet vor dem Fernseher ein.

Immer wieder schlafe ich ein. Und wache wieder auf. Ich spule die Folgen zurück, die ich verschlafen habe. So geht das jeden Tag, seit Riccarda mit Edward in London ist. Ich habe seit drei Tagen nicht geduscht. Da stehen Pizzakartons und leere Flaschen auf dem Tisch im Wohnzimmer. In der Küche sieht es noch schlimmer aus.

Ich höre, wie ein Schlüssel ins Schlüsselloch geschoben wird. Ich höre das Drehen des Schließmechanismus.

Ich springe vom Sofa auf. Und laufe zur Tür.

Was ist denn hier los?, sagt Riccarda. *Was ist denn passiert?*, fragt sie in der Tür stehend.

Ich bin überrascht, dass sie schon da ist. Ich muss drei Tage lang *Akte X* geschaut haben.

Aber ich freue mich auf Riccarda. Auf ihren Geruch. Auf ihre Haare. Auf die Sätze, die sie sagt. Auf ihre Augen. Auf ihren Atem neben mir. Auf die Witze, die sie macht. Sie hat mir gefehlt. Ich freue mich auf Edward. Wie er guckt. Wie er lacht. Wie er an Rädern dreht. An Möhren saugt.

Ich vergesse die Scherben. Die da aber immer noch liegen. Ich renne hinein. Und sehe Blut. Und spüre Schmerz.

Anstatt beide zu umarmen. Anstatt beide zu küssen. Schreie ich.

Fuck! Fuck! Fuck! Fuck! Fuck!

Ich springe vom einen Fuß auf den anderen. Teilweise lösen sich Scherben von meinen Fußsohlen. Teilweise drücke ich sie tiefer ins Fleisch hinein. Ich trage dabei immer noch die gleiche Unterhose, die ich trug, als die beiden gefahren sind.

Ich schreie wieder.

Fuck! Fuck! Fuck!

Die Schmerzen in den Füßen sind so groß, dass ich mir mit der Faust ins Gesicht schlage, um die Schmerzen in den Füßen zu überdecken. Auf der Kommode im Flur steht eine

Thermoskanne, nach der ich greife. Ich schlage mir mit ihr fünfmal auf den Hinterkopf.

Riccarda hält Edward auf dem linken Arm. Im rechten hält sie den kleinen Koffer. Sie lässt ihn fallen, um ihre rechte Hand schützend vor Edward zu halten.

Du spinnst, ruft sie, *du brauchst Hilfe.*

Dann dreht sie sich um und geht die Treppe hinunter. Sie rennt nicht, aber sie geht sehr bestimmt.

Ich ziehe mir meinen Ehering vom Finger und werfe ihn ihr hinterher. Ich höre ihn die Treppen runterkullern.

Ich sitze auf dem Boden. Blute am Hinterkopf. Blute an den Füßen. Die Tür steht offen. Ein Wind zieht vom Treppenhaus durch die Wohnung. Als die Haustür unten ins Schloss fällt, ist es ruhig. Ich spüre den Luftzug auf meiner Haut.

Mit der Fischgrätenpinzette ziehe ich die Scherben aus meinen Füßen. Dann wasche ich sie mit warmem Wasser in der Badewanne. Das Wasser färbt sich rot und läuft drehend in den Abfluss. Es sind nur kleine Schnitte in meinen Fußsohlen, aber sie brennen, als ich Desinfektionsmittel darauf sprühe.

Ich ziehe mir etwas an und gehe das Treppenhaus hinunter und suche meinen Ring. Er liegt vor einer Fußmatte ein Stockwerk tiefer. Ich ziehe ihn wieder an und wähle Riccardas Nummer. Sie geht nicht ran.

Ich schreibe ihr:

Es tut mir leid. Ich wollte das nicht. Ich habe mich so auf euch gefreut.

Ich sehe die zwei Gelesen-Haken neben der Nachricht. Sie antwortet nicht.

Ich schreibe wieder:

Bitte komm zurück.

Sie antwortet:

Du brauchst wirklich Hilfe. Ich komme wieder, aber erst, wenn du etwas unternommen hast. Ich liebe dich, aber nicht so. Das macht mich kaputt. Mein Herz rast. Ich habe Panik. Und ich will nicht, dass Edward so etwas abbekommt.

Ich will das doch auch nicht. Mir geht es schlecht. Ich komm da nicht raus.

Du musst dir helfen lassen.

Zwei Tage später sitze ich morgens um 8 Uhr im Wartezimmer einer Psychiaterin. Von allen Wartezimmern, in denen ich je war, ist es das altmodischste. Viel Holz. Schwere Polster. Die *FAZ*, der *Spiegel*, *Texte zur Kunst* und *Landlust* liegen aus. Ich bin alleine hier. Ich blättere nicht in den Zeitschriften.

Meine Hausärztin, eine Bekannte aus Erlangen, hat mir die Psychiaterin empfohlen. Sie hat mir sofort einen Termin besorgt, nachdem ich bei ihr einen Depressions-Diagnosebogen ausgefüllt hatte. Es wurde eine schwere depressive Episode festgestellt. Und sie meinte, dass die Psychiaterin besser weiterhelfen könnte.

Ich habe absolut keine Ahnung, was ich hier machen soll und kann. Was das bringen soll. Ich meine, als ich mir einmal den Arm gebrochen habe beim Radfahren, da wusste ich, was passieren wird. Röntgen. Gips. Sechs Wochen. Fertig. Aber hier?

Die Psychiaterin Frau Dr. Schulz-Keller-Seiffert, wirklich, sie hat drei Nachnamen, ist eine ältere Frau. Irgendwas kurz vor siebzig. Sie trägt eine Cordhose und Mephisto-Schuhe. Sie sieht aus wie eine typische Grünen-Wählerin auf dem Land. Also wie eine, die den alten Mercedes weiterfährt, weil sie Elektroautos unheimlich findet.

Die Beine hat sie übereinandergeschlagen. Sie sitzt da an ihrem Schreibtisch, ich glaube, das ist Mahagoni, und da ist eine Lederschreibunterlage darauf und sonst nichts. Hinter ihr hängt deutsche Landschaftsmalerei. Die Vorhänge sind schwer. Die Decke und die Wände sind holzvertäfelt. Das Licht ist schummrig. Modelle von Gehirnen stehen nicht herum. Das find ich gut.

Wie geht es Ihnen?, ist die erste Frage nach der Begrüßung.

Ich bin leer. Ich will nicht mehr raus. Ich will einfach nur liegen und schlafen.

Wie lange ist das schon so?

Seit einer Woche? Eigentlich länger. Das kommt und geht. Diesen Sommer war das schon mal so. Im Urlaub. Und dann. Ich bin ziemlich gut darin, das einfach so weiterlaufen zu lassen. Zu funktionieren. Bis ich dann wieder ausraste.

Was heißt das?

Ich schreie rum. Ich schreie meine Frau an. Meinen Sohn. Ich verletze mich. Also ich ritze nicht oder so. Ich bekomme so eine Wut dann. Und dann schlag ich mich. Ins Gesicht. Oder ich werfe Sachen an die Wand. Ich mach das eigentlich nicht, weil ich mir wirklich wehtun möchte. Ich will einfach raus da, aus dieser Situation.

Aus welcher Situation?

Wenn mich etwas überfordert. Wenn etwas passiert. Ich will dann weg. Der Schmerz ist wie eine Ablenkung. Und danach fühl ich mich noch leerer, noch schwächer. Alleine. Und dann schlaf ich und will nicht aufstehen.

Hatten Sie jemals Selbstmordgedanken?

Niemals.

Haben Sie sich schon mal so gefühlt wie jetzt gerade?

Immer wieder. Jetzt, wo Sie mich fragen, als Kind hab ich mich in den Arm gebissen, wenn ich Dinge nicht richtig gemacht habe. Wenn ich in der Schule etwas nicht wusste. Wenn ich meine Eltern enttäuscht habe. Und ich war auch oft krank. Also ich war gar nicht krank. Aber ich habe das meinen Eltern gesagt, und dann war ich richtig lange zu Hause. Teilweise zwei Wochen. Ich habe nur geschlafen. Und ferngesehen. So wie jetzt.

Wie schlafen Sie gerade?

Wenig. Und dann wieder viel. Also gerade sehr viel. Davor bin ich morgens um vier aufgewacht. Manchmal um drei. Bevor mein Sohn um fünf aufsteht, bin ich immer wach geworden. So hellwach war ich dann. Wie angeknipst.

Sie sind nicht in ambulanter psychologischer Behandlung?

Ich habe in den letzten zwei Tagen dreißig E-Mails geschrieben. Weil meine Frau gesagt hat, dass ich was ändern soll. Und schon vierzehn Absagen bekommen. Die sind alle voll.

Denken Sie, dass Sie etwas ändern sollen?

Ja.

Haben Sie über eine stationäre Behandlung nachgedacht?

Ja, aber ich glaube, ich bin da nicht so der Typ für.

Warum glauben Sie das?

Ich mein das nicht abwertend, aber ich bin nicht so der Typ, der im Kreis sitzt und Mal-Therapie macht.

Sie werden überrascht sein, wie toll Malen sein kann. Oder Töpfern. Oder Sport.

Ja.

Unsere Psychiatrie hier in Erlangen ist sehr gut. Rufen Sie dort einfach mal an, schauen Sie sich die Homepage an. Ich glaube, das könnte Ihnen guttun.

Wenn, dann eher was in den Bergen. Hier in Erlangen, in so einem Turm, das macht mich doch noch trauriger. Das soll jetzt nicht abgehoben klingen. Aber mir ist, und das soll nicht versnobbt klingen, Schönheit sehr wichtig.

Sie schreibt mir ein paar Kliniken auf, die sie empfehlen kann. Was im Allgäu. Was in den Alpen.

Wie lange wäre das denn?, frage ich.

Die meisten Behandlungen gehen acht bis zwölf Wochen.

Aber ich hab einen Beruf und eine Frau und ein Kind. Das, das geht doch nicht. Wie soll das denn gehen? Meine Frau leitet ein Museum. Arbeitet Vollzeit. Unser Sohn ist ein Jahr alt. Ich bin gerade in Elternzeit. Aber ich muss doch wieder arbeiten.

280

Ich würde Ihnen dazu raten.

Eine Zeit lang sagen wir gar nichts.

Haben Sie etwas gegen Medikamente?

Nein.

Haben Sie schon mal Psychopharmaka genommen?

Nein.

Ich verschreibe Ihnen Sertralin und Trimipramin. Das Sertralin nehmen Sie morgens. Wir starten mit fünfzig Milligramm und erhöhen es jede Woche um weitere fünfzig Milligramm. Das Trimipramin können Sie abends vor dem Schlafengehen nehmen, wenn Sie nicht schlafen können. Und wieder so früh aufwachen. Aber das nur bei Bedarf. Sie sagen ja, Sie schlafen gerade viel. Also noch nicht. Da nehmen Sie zwanzig Tropfen abends, sollten Sie in der Nacht vorher gemerkt haben, dass Sie wieder hellwach aufwachen in der Früh. Haben Sie noch Fragen?

Nein.

Wir sehen uns in einer Woche wieder. Die Medikamente fangen aber wahrscheinlich erst richtig nach etwa zwei Wochen an zu wirken. Das müssen wir jetzt sehen. Gehen Sie spazieren. In den Wald. In die Natur. Machen Sie etwas Schönes mit Ihrer Familie. Versuchen Sie es.

Mit einem Rezept, der Dosierung auf einem extra Zettel und einer Liste mit Kliniken in der Hand, verlasse ich die Praxis. Ich laufe am Gemüseladen vorbei. Am Nagelstudio. Am Handygeschäft. Ich fühle mich erleichtert und beschwert zugleich.

In der Apotheke lege ich das Rezept auf den Tresen.

Sie kennen sich aus?, fragt die Verkäuferin.

Ja, ja, sag ich. Nicht weil ich mich schäme. Ich kann Psychopharmaka wie Durchfallmedikamente oder Kondome ohne Probleme kaufen. Ich habe damit kein Problem. Ich will nur nicht mit Menschen darüber reden. Weil ich beim

Kaufen von Dingen eigentlich nie mit Menschen reden möchte. Ich weiß meistens sehr genau, was ich will.

Und dann geh ich raus. Eine Packung Sertralin. Das Design gefällt mir. Die Schachtel ist an der linken oberen Ecke lilafarben. Und in dem Lila sind kleine Waben drin. Dann ist da ein weißer Schwung, und ein grüner Schwung und eine große weiße Fläche. Das sieht ein bisschen so aus wie ein Schnellzug, der ins Deepweb fährt. Die Verpackung des Trimipramin sieht komisch aus. Da ist ein grünes *S* in der rechten unteren Ecke. Es sieht wie ein Dollar-Zeichen aus.

Auf dem Weg nach Hause überlege ich, ob ich jemanden anrufen soll. Aber wen denn? Elias ist tot. Also, sie haben seine Leiche immer noch nicht gefunden. Aber der kann ja nur tot sein. Meine Mutter möchte ich auf keinen Fall sprechen. Meine Schwester auch nicht. Ich stecke mir Kopfhörer in die Ohren. Ich drücke auf Play.

VCR von The XX.

You, you still have all the answers
And you, you still have them too
And we, we live half in the day time
And we, we live half at night

Ich singe mit, wie ich nach Hause gehe. Mein Adamsapfel drückt gegen meine Stimmbänder. Es tut ein bisschen weh. Aus meinen Augen laufen Tränen.

When I find myself by the sea,
In another's company by the sea
When I go out the pier, gonna dive and have no fear
Because you, you just know, you just do

Im Treppenhaus begegne ich der Hebamme, die im Erdgeschoss mit ihrem Mann wohnt. Ich sage *Guten Morgen*, aber schaue sie nicht an. Im zweiten Stock öffnet die Kinderärztin die Tür. Im dritten die Biologin. Die müssen zur Arbeit, denke ich.

Ich gehe an allen vorbei. Ich schließe die Tür auf. Da, wo das Bild von der Wand gefallen war und die Lampe kaputtgegangen ist, steht jetzt eine Vase mit Blumen. So eine orange-braune Fat-Lava aus den Sechzigern. Die ich mit Riccarda auf einem Flohmarkt in Belgien gekauft habe.

Na, sagt Riccarda, die Edward auf dem Arm hat. Sie schaut mich an. *Hast du geweint?*

Ich nehme sie in den Arm. Ich küsse sie. Und Edward. Und dann heule ich wirklich. Nicht nur ein paar Tränen. Das läuft einfach raus. Aus den Augen. Aus der Nase. Und ich fühle mich unendlich verletzlich. Und gleichzeitig sicher. Ganz alleine. Und doch geborgen.

Ich zeig ihr die Tabletten.

Ich habe solche Angst davor. Weißt du, ich hab alle Drogen genommen, die es gibt. Da hatte ich nie Angst. Aber keine Ahnung. Meinst du, ich kann dann noch fotografieren? Meinst du, ich bin dann noch da? Ich mein, ich weiß, das sind so Horror-Dinge aus Filmen. Und das ist ja gar nicht so. Und Anna ist ja auch Psychologin. Und die weiß das ja auch, dass das nicht so ist. Aber ich habe einfach Angst. Ich habe zum ersten Mal in meinem Leben richtige Angst. Ich will euch nicht verlieren. Ich will kein lobotomierter Mongo im Narrenturm werden.

Das wirst du nicht.

Und wenn doch?

Sie sagt: *Weißt du, als Kind habe ich immer gedacht, dass ich Trisomie 21 hätte. Die haben doch so eine Daumenfalte. Und wir hatten das in Bio. Und dann hab ich gedacht, dass ich das auch habe. Weil meine Augen ja auch so mandelförmig sind. Und dann hab ich mir vorgestellt, dass ich besonders stolz auf mich wäre, weil ich ja Abitur gemacht hätte, trotz meines Downsyndroms.*

Du spinnst.

Vielleicht. Aber vielleicht habe ich ja Downsyndrom, und dann würden wir doch noch besser zusammenpassen.

Mein Weinen und Schluchzen gehen in ein Lachen über. Ich lache so sehr, dass eine große Blase Rotz aus meiner Nase wächst und dann platzt.

Ich liebe dich. Und ich will euch nie wieder anschreien. Ich will euch nicht wehtun. Ich will einfach normal werden. Ich hasse normal. Aber du weißt, was ich meine.

Ja.

Dann schlucke ich die erste Tablette Sertralin hinunter.

Die Nebenwirkungen lese ich Riccarda vor:

Übelkeit, Erbrechen, Mundtrockenheit, Appetitsteigerung, Appetitverlust, Gewichtszunahme, Gewichtsverlust, Müdigkeit, Koordinationsstörung, Halluzinationen, Nasenbluten, Magenblutungen, Störung der Sexualfunktion, Euphorie, Manie, Depressionen, Angstzustände, Selbstmordgedanken. Und so was kriegt man verschrieben, wenn man fünfzehn Minuten bei einer Psychiaterin sitzt. Auf eine Art haben mich meine Dealer besser aufgeklärt. Und wirklich, da steht Selbstmordgedanken bei einem Mittel gegen Depressionen!

Riccarda schaut mich an. Verliebt. Zärtlich. Beschützend. Aber auch hoffend. Unsicher. Fragend und noch auf hundert andere Arten gleichzeitig. In dem Moment fühlt es sich so an, als ob alles Gute der Welt aus ihr in mich übergeht. Und ich kann das nicht glauben. Ich glaube, ich bin der glücklichste Mensch der Welt. Ich weiß, dass das komisch klingt an so einem Tag, an dem man furchtbare Angst hat, wie ich gerade.

Vor den Medikamenten. Vor der Therapie. Vor mir selbst, vor dem, was kommt, was ich über mich herausfinde. Aber ich glaube, das kann alles ziemlich gut werden. Weil ich mich zum ersten Mal in meinem Leben nicht mehr alleine fühlen muss.

Familie kann das Schlimmste der Welt sein. Ich habe das erlebt. Und ich meine, ich hatte Glück. Also, es geht alles immer schlimmer. So relativ Leid ist, so absolut fühlt es sich an. Und auch wenn ich es jetzt noch nicht wirklich kann, ich glaube, ich muss meinen Eltern vergeben. Das heißt nicht, dass ich das alles vergessen werde. Aber das heißt, dass es mir besser gehen wird.

Wer seine Vergangenheit immer mit sich herumträgt, kann niemals frei sein.

Gegen Nachmittag merke ich, dass das Sertralin wirkt. Ich habe auf einmal einen trockenen Mund. Und der Druck in meinem Kopf nimmt ab. Das fühlt sich jetzt eher so an wie Watte. Ein bisschen, wie wenn Ecstasy zu wirken beginnt.

Ich finde das zunächst unheimlich, weil die Situation dazu nicht passt. Ich habe ja gar kein Ecstasy genommen, und deswegen ist dieses körperliche Empfinden auch komisch. Aber ich gewöhne mich schnell daran. Mir wird dazu ganz heiß im ganzen Körper. Ich trinke Unmengen an Wasser. Auch das kenne ich vom Ecstasy. Wenn ich aufs Klo gehe, fühlt sich mein Penis sonderbar an. Abwesend trifft es vielleicht ganz gut. Und wenn ich mit dem Pinkeln fertig bin beziehungsweise denke, dass ich fertig bin, kommt immer noch etwas nach, sodass ich mir bei den ersten Malen nach dem Beginn der Medikation ein wenig in die Hose mache. In der Nacht schlafe ich ganz dicht an Riccarda dran. Ich halte sie fest. Und sie hält mich fest.

Am nächsten Tag fahren wir nach München. Das war meine Idee. Ich dachte, wir sollten das feiern, dass ich eingesehen habe, dass ich Hilfe brauche. Dass jetzt hoffentlich alles gut wird. Riccarda fand das auch. Und so haben wir das größte Zimmer in unserem Lieblingshotel in München direkt gegenüber dem Bahnhof gebucht. Da sind Fliesen aus marokkanischem Zement auf dem Boden und eine große begehbare Dusche. Und die Wände sind holzvertäfelt, und es gibt ein riesiges Boxspringbett. Und das Frühstück ist einfach nur gut.

Edward isst eine Banane im ICE. Und ich mache ein Foto davon. Das erste Foto seit Langem. Die Fahrt vergeht schnell. Kaum sind wir in Erlangen eingestiegen, fahren wir schon durch Nürnberg, das Altmühltal und schließlich durch Ingolstadt, ehe wir am Hauptbahnhof München ankommen.

Da ist wie immer diese riesige Ritter-Sport-Werbung und der Leberkäs-Stand der Metzgerkette vinzenzmurr. Und wie ich das sehe, wie ich Riccardas Hand in meiner spüre und dabei den Kinderwagen mit der anderen schiebe, da spüre ich einfach nur pures Glück. Mir wird warm und golden im Bauch.

So wie damals, als ich die ersten Male nach München gefahren bin, um Riccarda in ihrer Wohnung zu besuchen. Da war auch ein vinzenzmurr neben ihrem Wohnhaus am Rosenheimer Platz. Und oft habe ich dort ein Leberkäsbrötchen mit süßem Senf und eine Spezi gekauft. Da waren Dosen mit saurem Lüngerl in der Auslage, und die Verkäuferinnen waren auf eine gute Art übergewichtig. Und genauso fühl ich mich gerade. Frisch verliebt in einer Stadt, die schön und gut und richtig ist.

Wir gehen zuerst ins Hotel. Vorbei an diesem großen Pfau aus Neon-Schnüren am Eingang. In den Aufzug. Unser

Zimmer ist schon frei. Ich gehe auf die Toilette und lese einige E-Mails. Riccarda macht Edward eine frische Windel.

Ich überfliege die Nachrichten. Und bleibe an einer hängen.

Hey, kennst du mich noch ☺
Wir haben damals gechattet.

Ich war gerade in Köln und hab deine Ausstellung gesehen. Ich wusste gar nicht, dass du Fotograf geworden bist. Ich hab dich auf den Bildern erkannt, und dann hab ich an dich gedacht und mich gefragt, was du wohl machst.

Deine Shorts hab ich immer noch. In einem Schuhkarton in meinem Kleiderschrank.

Jessica

Ich gucke nach, ob die Tür auch verschlossen ist. Von Jessica hatte ich bis auf Elias noch nie jemandem erzählt. Und ich frage mich, warum alles immer so zusammenkommen muss. Dann tippe ich:

Hey. Bist du immer noch pädophil?
Aber ich lösche den Text und schicke ihn nicht ab. Und ich lösche ihre E-Mail. Ich wasche mir die Hände. Und sage in Richtung Edward und Riccarda: *Wir spazieren zum Viktualienmarkt.*

Am Glockenspiel vom Rathaus stehen die Touristen und schauen nach oben und warten, bis die Figuren rauskommen. Wir kaufen Rubbellose. Wir haben zwei Nieten und fühlen uns trotzdem als Gewinner. Wir laufen am Spielzeug- und am Karl-Valentin-Museum vorbei.

Riccarda holt sich ein Matjes-Brötchen beim Laden neben Fisch Witte, wo schon die ersten in Bootsschuhen und über die hellblauen Hemden geworfenen Pullovern stehen und Austern essen. Und ich hole mir einen Hirschkäsekrainer. Edward isst seine dritte Banane an diesem Tag. Wir setzen uns auf eine der Bierbänke und trinken jeder eine Halbe. Edward sitzt auf meinem Schoß und schüttelt die Klingel-Uschi. Ich geb ihm einen Kuss. Und noch einen. Und noch einen. Und er gluckst und lacht. Und saugt an meinem Finger.

Weißt du, worauf ich jetzt Lust habe?, sage ich zu Riccarda. Aber ich warte ihre Antwort gar nicht ab.

Auf eine Zigarette.

Aus ihrem Rucksack holt sie eine Schachtel rote Gauloises. Sie gibt mir eine Zigarette. Ich gebe ihr Edward über den Tisch. Ich zünde mir die Zigarette an.

Vor mir sitzen Edward und Riccarda. Die Mittagssonne scheint auf ihre Gesichter. Das ist meine Familie, denke ich.

Um uns herum sitzen alte Männer in Lederhosen mit Schnauzbärten und chinesische Touristen. Eine arabische Familie trinkt Apfelschorle. Und irgendjemand verkauft uns eine Straßenzeitung.

DANKSAGUNG

Ich danke meiner Familie, meinen Freunden, meinem Lektor und meiner Verlegerin. Amely, Du hast mir ein Zuhause gegeben und die Angst genommen. Ragnar und Flora, ohne Euch gibt es keinen Sinn. Adriano, André, Affa und Matze, ihr seid klug, schön und empathisch. Frau Pia, Sie sind der reichste Mensch der Welt und Sie wissen, warum. Olaf, wir trafen uns als Fremde, aber schon im ersten Moment spürte ich, dass Du mehr über mich weißt, als ich selbst – Du hast mir geholfen, aus meinem Scheitern Kunst zu machen, die strahlt und funkelt. Felicitas, Dein Mut und Dein Glaube versetzen Berge und ermöglichen Bücher, die hundert Welten sprengen und aufs neue erschaffen. Alles daran ist schön.